国家を超える宗教

相国寺教化活動委員会 監修
田中 滋 編

東方出版

巻頭によせて

臨済宗相国寺派管長　有馬　頼底

洗建氏は不撓不屈の人である。その穏やかな風貌や言葉遣いからは想像できない鉄の意志を感ずる。思えば30年前、京都の「古都税問題」が一応の終結を見た昭和62年当時、京都仏教会は二度とこのような問題が起こらないよう詳細な記録を残そうと『古都税問題の軌跡と展望』を刊行した。

その中、「古都税と宗教―宗教学的考察」と題する論文を発表していただき、日本人の宗教生活や古都保存協力税条例、また宗教をめぐる訴訟事件の解釈等について厳密に述べていただいた。特に「何が宗教であるかを国家が決定するという過ちを犯してはならない」と強く言っておられた事が印象深い。社会現象にもなった京都の古都税闘争は仏教会にとってまさに「信教の自由」を勝ち取る戦いであったことを確信した次第である。

後に京都仏教会は洗建氏を中心に宗教学、税法学、社会学、仏教学の専門分野の先生方にご参集いただき「宗教と政治検討委員会」を発足させることになる。その間、国家と宗教をめぐる問題として「オウム真理教事件」とそれに伴う「宗教法人法改正問題」が起こる。その頃には洗建氏は京都仏教会の精神的支柱として精力的に東京と京都を往復されており、社会状況に翻弄されることなく本質を見極め、宗教たらんとする処を冷静に見極める姿勢に徹せられたことを記憶している。それは学者の傍ら文化庁宗務課に在籍しておられたことも大きく影響したに違いないと思う。

「現代の宗教法人法は、戦前の〝宗教団体法〟の反省から〝信教の自由〟〝政教分離の原則〟を明確に述べたものである。戦後の混乱の中、ＧＨＱのウッダードが日本各地に足を運び、多くの宗教団体と交流し情報収集を重ね導きだした法律である」というのが洗建氏の持論であり、私どももつくづくそう思う。いつの世でも時の政治の都合によって人の自由は翻弄される。あの悲惨な戦争から勝ち得た「信教の自由」。学問の自由、表現の自由、思想信条の自由を樹の枝葉とするならば、信教の自由はそれらを束ねる太い幹である。人が心を込めて手を合わせる、拝する行為は国家さえも入り込めない。それゆえ、宗教は国境も超えて拡がってゆく。

私は中国を訪問すること90回になるが、１９９９年に北京を訪問し、宗教局の方々と会談をした時のことである。その頃香港では宗教団体「法輪功」の問題が起きた。宗教局の方々は「あれは邪教です」と言った。その時私は「邪教だという事を誰が判断するのですか」と聞いたところ「勿論、国が決めます」と即答された。仏教の立場から見て、中国を父とし、朝鮮半島を兄として千年の間大いなる交流があり、様々な影響を受けて現在に至ったと考える私は、それゆえ何度も何度も中国に足を運び、文化大革命で荒廃した臨済寺院の復興に微力ながら尽力してきたが、この「国が決めます」という言葉には落胆した。時の国家の都合によって人の心の中の自由が奪われることに落胆したのである。

「オウム真理教事件」について振り返ると、法に触れる事項は刑法によって犯罪として処理されるのは法治国家として当然であるが、その事が同時に「宗教法人法」の改正をすることには繋がらない。一般の方々は「宗教法人法」に馴染みがない。それゆえ、宗教法人法は宗教法人を取り締まる法律だと誤解される。オウム事件のようなことが二度と起こらないよう宗教法人法はより厳しくすべきだという方向に世論が動く可能性を政治は見逃さない。そうして宗教法人法改正は宗教法人審議会における宗教界代表者の異論が多数出る中で強引にまとめられた。洗建氏は宗教界に対し、このように申されたいのだと思う。「いつの時代も国家と宗教の問題は起こりうる。その時、人々は、とりわけ宗教者は社会状況に流されることなく、政治の思惑を注視し、人々の心の安寧の根本である信教の自由、政教分離の原則を牙城のようにして守り抜く心構えを忘れずにしていただきたい」と。仏教に曰く、諦念とはあきらめることではない。「あきらかに見る」ことである。明治以降、近現代日本の宗教はどのような変遷をたどったか。先般、憲法が疎かにされ強引に安保法制が可決された情況下、今まさに予断は許されない。私は、特にこれからの若い宗教者に本書を必読としていただきたい。末法の時代、この著作は大いなる光明だと思う。

洗建氏に心からの感謝と共にこの禅語を捧げたい。

万里《ばんり》一條鉄《いちじょうのてつ》

「一條鉄」というのは、少しも曲がることなく真っ直ぐに続く一本道のことで、いわゆる私ども自身の心が、混じり気がなく純粋で真っ直ぐなことを意味している。さらに言うならば、真っ直ぐに一つのことを追及していくということ。千里万里、どこまでも仏法を極め尽くしていこうということ。苦しくても辛くても、途中で脱落することなく、最後までその一つの道を歩き続けるということ。そのためには、常に自分自身を反省して、本当に本道を歩いているのかどうか、横道にそれていないかどうかを確かめていかなければならないのである。

国家を超える宗教　**目次**

目次

本書は平成26年7月28日から27年2月12日にかけて、京都の大本山相国寺で行った計8回の座談会を基にまとめたものです。質問はゴチックで示し、末尾に括弧で発言者を記しました。

主な出席者

洗　建　駒澤大学名誉教授（宗教学）

田中　滋　龍谷大学教授（社会学）

田中　治　同志社大学教授（税法・財政法）

佐分宗順　臨済宗相国寺派宗務総長

長澤香静　京都仏教会事務局長

藤田和敏　大本山相国寺寺史編纂室研究員（日本近世近代史）

津村恵史　㈱中外日報社論説委員長・取締役東京本社代表

1　宗務課という役所

宗務課専門職員の仕事

――お集まりいただきましてありがとうございます。この座談会の趣旨は、京都仏教会の『宗教と政治』検討委員会」の委員を長年務めておられる洗建先生に「国家と宗教」についてのお話をうかがうことです。信教の自由、政教分離などのテーマについて世界のさまざまな事例や歴史を交えながら語っていただけたらと考えています。先生は文化庁宗務課の専門職員を務めておられた経験があり、それを踏まえた議論になることを期待しております。（佐分）

洗　私の専攻は一応、宗教学ですが、特に宗教と法律、宗教法の問題を今は専門にしています。しかし、昔から宗教に関心が深かったわけではありません。高等学校の頃は人文社会よりも理数系が好きで、東大の理Ⅰで数学か物理をやろうかなと思ったのですが、受験で見事に落第しまして、1年浪人している間に宗教と関係を持つことになったのです。

今はパーフェクトリバティー（通称PL）という名称ですが、戦前は「ひとのみち教団」といって大本とともに大弾圧を受けた教団があります。私の姉は幼い頃、小児ぜんそくで身体が非常に弱かったので、親がそこに入信していました。父は朝鮮鉄道で働いていて、私たち家族も京城に住んでいましたが、戦後すぐ日本に引き揚げてきた。そして弾圧で解散させられていたひとのみちがPLとして再建される話を父が聞き参加した。そこで私も宗教と関係ができたわけです。私自身はあまり信仰しようという気持ちにはならなかったのですが、布教の第一線に半年ほど関わったこともあります。ちょうどPLの財政が非常に悪化した時期で、教団から学生もみんな一度宗教の最前線に出ろ、金を使う側ではなくて、金を儲ける側に加われ、とかり出されたわけです。ちょうど、浪人していた頃です。

その時に、自分の目の前で結核の人が死んでゆくのをみる体験をして、理数系の学問が何か非常に空疎なものに感じるようになりました。布教の第一線から解放されて大学に進むことができるようになった時、人間が理解できるようなことをやってみたい思いがあって、最初は早稲田大学の国文学に進んだのです。大学院の修士まで早稲田に在籍しましたが、夏目漱石も晩年になると「則天去私」などと東洋的な宗教に近づいてゆくし、人間の問題を考えるならば宗教を理解しなければ駄目だと考え、東大の宗教学に3年から入りなおして、学部と修士、博士まで宗教学をやりました。

新宗教が私の研究テーマで、戦後に発展した立正佼成会や創価学会などが一番注目されていた時期ですから、それが研究対象だったわけです。戦時中は新宗教の歴史は国家による弾圧の歴史のようなところがありまして、国家と宗教という問題も研究に深く関わっていました。

博士課程を終わって、東大で助手に採用されましたが、宗教学は大学の勤め口がほとんどない学問なのです。調査先で、宗教学を研究しているなどということが知られると、お祭りでおにぎりを作ったりしているおばちゃんたちに「あなたたち大学を出たら拝み屋さんになるの？」なんて言われる、そういう学問だったのですよ。

宗教学の講座を持っている大学は、私立では大正大、愛知学院大と天理大、他はみんな旧帝国大学で、北大と東北大、東京大、京都大、九州大だけでした。旧帝大は講座の後継者は自家生産で、宗教系大学はその宗教と関係ある人でないとなかなか就職できない。私も助手を2期ほど勤めたのですが、どこにも行く場所が見つからないわけです。

そんな時に、たまたま文化庁の宗務課に来ないか、という話があった。ここの専門員・専門職員は歴代、宗教学の研究者が入る伝統が出来ていました。宗務課の専門職員の前身は、戦時中、宗教課の宗務官（注1）といわれたものだそうです。宗務官というのは、戦時中は宗教団体の調査などを行い、実質的に教団に干渉していたのですが、宗務課専門職員はその後身で、当初、仏教から1人、神道から1人、キリスト教から1人、宗教一般から1人と4人採用していました。しかし、予算の削減で、専門職員がだんだんと切られていきまして、私が行った当時は、宗教一般から1人、仏教学で1人の枠があり、宗教一般をやっているからと私のところに話が来たのです。

私は官庁には行きたくなかったし、大学の就職口があれば東京でなくても良いと思っていたのですが、仕方がないから宗務課に入りました。嫌で嫌で仕方がなかったのですが、宗務課に勤めていた時はとても反抗なんてできません。タテ社会で、課長がこうだと言ったら反対の意見なんて全然言えない。そういう職場です。けれども、宗務行政に関わる中で、国家と宗教の関係の問題が私にとって一番の中心のテーマになり、結局私のライフワークになった。きっかけはやはり宗務課の専門職員をやったことにあったと思います。

――先生は何年間文化庁宗務課におられたのですか？（**田中滋**）

洗　昭和49年から53年まで4年間いたのですが、最初3年ぐらいが専門職員で、これは係長待遇でしょうか。その上に出世すると専門員という地位になる。最後の1年を専門員で過ごしました。

――宗務課は戦前の宗教局を直接に引き継ぐ組織であったわけですか。（田中滋）

洗　宗教局を引き継ぐという側面が色濃く残っていたとはいえませんが、やはり官僚組織としてガチッとした職場ではありましたね。いろんな調査をやって、その調査結果をまとめて報告する、そういう報告書を作るのが専門職員の主たる仕事です。大学でしたら私個人の業績として私の名前で出しますね。しかし、官庁出版物は書いた人の名前ではなく、文化庁の名で刊行するわけですよ。私が基本を書きましても、一応、課内で閲覧され、課長補佐とか課長の朱が入る。書き換えられるわけで、だから私の著ではなくなって文化庁刊ということなのでしょう。

今はひどい行政裁量をやっていますが、当時はまだ役人たちも宗教法人法に定められていることはきっちり守らなければいけないという意識をもっていましたね。宗教法人法という法律は、他の行政領域から見ると性格が非常に変わっているのです。通常、役人が作った原案をもとに法律を制定するわけですから、役人が自由に解釈して、自由に運用していく。ところが、宗教法人法という法律はGHQと日本との合作です。ですから、まさに法治国アメリカの伝統で、役所が裁量でやってはいけないことを明文化し、規制をかけている法律なのです。役人たちはやりたいけれど、法律が禁止しているからできないことがいっぱいあって、フラストレーションが溜まる。新任の課長などは一体何をやったらいいのかだいぶ迷うようです。最初2ヵ月か3ヵ月くらいはちょっとおとなしくしていて、先輩の課長のところに聞きに行ったりする。そして、「宗務行政は消極行政でなければいけない。積極的に役所がこうしろああしろとやってはいけないよ」とアドバイスを受ける。そして3ヵ月もして宗教団体を集める研修会などに行くと、「法律はこうなっておりますから」と、いかにもその筋の専門家のように立派に話をするのです。
　ところが、私が現役でいた頃、宗務課のOB会のようなところに行きますと、「こんな宗教法人法は宗教性善説に立っているから駄目だよ」、「ザル法で抜け穴だらけだから、悪い宗教を抑えられない」などと、本音が爆発する。それを聞いて私は、こういう役人たちに宗務行政を任せていたら、日本の信教の自由はまったく駄目になってしまうと危機感を抱きました。宗教というものがわかっていない法律の専門家に宗教法人法を扱わせたらとんでもないことになる、と。そして、今は実際にそういう状況になってきていると思いますよ。
　そもそも「悪い宗教団体」などが出ても、それは宗教法人法の問題ではないのです。しかし、役人たちは、自分たちが何とかしたいという考えを露骨に示し、本音がいっぱいでてくる。宗教の立場から宗教法人法というものをきちんと見ていかなければ、これはとてもじゃないけど日本の信教の自由は守れないぞと強く感じました
――当時のOB会には、戦前の宗教課の人達も来ていたのですか？（田中滋）
洗　そうですね。私の知っている戦前の宗教局の宗務官だった人で、東京学芸大学の教授になっていたFという先生がいらっしゃいました。東大宗教学の先輩後輩の関係から、その人に戦時中の話を聞いたことがあります。
　F先生の話だと、敗戦間際の宗教課の宗務官は、各宗教団体の出版物や教義書などを全部提出させて、それを毎日見ながら国体の思想に反する部分はないかどうか調べていくのが仕事だったそうです。戦前の宗教弾圧といえば新宗教の教団が解散させられたというケースや、日本基督教

団の第6部に入っていたホーリネス系などが閉鎖されたり、それらが目立った例としてありますが、日常的には仏教に対する圧力もさまざまにあったと思われますね。

国体の思想と言いますが、それぞれの宗派の開祖たちの時代にはそんな思想があるわけがない。ですから開祖の残している文章の中には、戦前の国体の思想から見ると不敬にあたるような部分が出てきて当然です。例えば日蓮は日本の神々も所詮は東洋の小さな島の小さな神々であるというようなことを言っているし、親鸞も神社に参拝するのは雑行で、念仏一筋の信仰の邪魔になる、と神祇不拝を言っていますね。

戦時中の国体の思想からすると、日本の神々に対する不敬であるから、これらの文書は公にするなとか、出版物に引用してはいけないとか、そういった指導を日常的に行ってきたようですね。宗教に関する国家の介入、干渉は戦時中、あからさまに行われていたことになるでしょう。

——彼らは戦後、日本国憲法のもとで仕事をする時、矛盾を感じなかったのでしょうか。（田中滋）

洗　それはむろん、表向きは憲法の政教分離原則に従わざるを得ないわけです。宗教法人法の制定に関わった井上恵行先生は天台の僧籍を持ち、『宗教法人法の基礎的研究』という論文で東北大学で法学博士の学位を取った方です。あの本を見れば、戦前はこうしたことは許されていたが、戦後の政教分離原則の下では、やってはいけない、などと書いてある箇所が幾つかありますね。

そうした状況の中で、宗教法人をこのように野放しにしているのは問題だという本音の思いは、専門職員より、様々な部署を渡り歩いて宗務課に一時席を置く課長や課長補佐など、もともとの行政官の人たちに非常に強いようですね。

予算を取れば名課長

――宗教法人法は行政が何にも出来ない法律だ、という事実を宗務課に来て身にしみて分かるわけですね。「何のために宗務課は存在しているんだ」とそういう気持ちを募らせて任期を過ごす。（田中滋）

洗　そうした人がけっこうたくさんいるということですね。

あとでもまた触れますが、宗務課でも名課長といわれる人は何人かいて、それは予算を取ってきた人なのですね。消極行政では予算は要らない。経常的な予算がつかないから、臨時の調査を考えて、そして何年間かの予算を確保する形が多いのです。そのなかで、継続的に行える事業を考えて経常予算を獲得してきた人は名課長として名を残す。予算を取ることが役人の世界では仕事ができることと同義だという風に考えられているようです。宗教法人法で定められてはいない宗務課の事業に宗教法人実務研修会というのがあり、全国各地区で毎年行われています。この予算を取ってきたのが萬波教という課長です。私が入る以前の方ですね。

そもそもお役所が宗教団体を指導するのはおかしいのです、基本的にはね。ではなぜ予算を獲得できたか。宗教法人法では宗教団体の自律性が非常に大切だ、法人意識を持ってもらうことが非常に重要だからその啓発活動のために必要なんだ、とする論理です。それで恒久化した予算を取ってきたのですね。

確かに宗教法人法制定直後はそうした必要はあったのかもしれない。しかし、法が制定されて60年以上経ち、現在の宗教法人の実務担当者は全てこの法律の下でずっと活動してきたわけです。本当に現在なお啓蒙活動が必要なのか、疑問のあるところですよね。でも恒久予算が付いているから、今なおずっと続いている。

そのほかに包括法人の研究会というものがあって、考えたのは私が在籍していた当時の石井久夫という課長です。彼もやり手の課長と言われていました。私は研究会の案を作れと言われ、結局作らなかった。そんなことはやるべきじゃない、と思っていましたので。

――先生は抵抗していたのですね。（田中滋）

洗　まあ無言の抵抗でしょうか。

コラム

「文化庁宗務課」

文化庁宗務課は大正2年に文部省に宗教局が設けられたのを起点に、平成25年を百周年と規定した。この時、内務省から文部省へ宗教行政の所管が移ったわけで、いかにもお役所的発想ではある。

文部省内では宗教局から教化局宗教課、教学局宗教課と変わり、戦後は宗務課と名称を変えて社会教育局、大臣官房、調査局、文化局と所属が変遷。昭和43年に文化庁文化部宗務課となり、現在に至る。平成7年の宗教法人法改正後には、宗教法人室が開設されている。28年夏現在、宗務課は課長の下に、課長補佐1人、専門職2人。宗教法人室は室長、室長補佐1人を擁し、宗務課に調査係、宗教法人室には法規係、法人係、認証係がある。職員は非常勤を含め14人という。

文部科学省組織令は同課の所掌事務を「宗教法人の規則、規則の変更、合併及び任意解散の認証並びに宗教に関する情報資料の収集及び宗教団体との連絡に関すること。都道府県知事に対し、宗教に係る専門的、技術的な指導及び助言を行うこと」と規定している。「情報資料の収集」は、「信仰の対象と象徴」「宗教教師養成機関」「海外布教の実情」「宗教法人の経営する事業」など様々なテーマで実施され、『宗教年鑑』などで発表されてきた。近年のものとしては宗教研究者を委員・協力者とした「海外の宗教事情に関する調査報告書（第4次）」（平成24年）などがある。

（津村）

2 「信教の自由」はいつどこで生まれたか

修道士ルターの回心

――最初に、国家と宗教の関係を語る上でもっとも重要な信教の自由や政教分離についてお話しいただきたいと思います。（田中滋）

洗　日本が「宗教と国家」の関係について基本的に何を定めているかといえば、「信教の自由は、何人に対してもこれを保証する」という憲法20条第1項前段、これが一番基本ですね。それを実のあるものにするために、政教分離という原則が現憲法では取り入れられております。大日本帝国憲法でも「信教ノ自由」とは言われていますが、「安寧秩序ヲ妨ケス及臣民タルノ義務ニ背カサル限ニ於テ」の但し書きがあり、戦前、新宗教を中心に信教の自由が弾圧されてきた歴史がある。

信教の自由は日本には近代になって欧米から入ってきたもので、日本の中で生み出された理念ではありません。欧米でも、昔から信教の自由の理念があったわけではない。そもそもキリスト教は排他性の強い宗教ですからね。

中世の西ヨーロッパを支配していたのはローマ・カトリックです。カトリックの語自体に、聖・公・一の意味がある。この地上における唯一の聖なる公の教会という意味を持っていて、その正しい宗教に全ての人が従っていくのが正しい在り方だとする考え方がずっと支配していたわけです。

中世カトリックでは「教会の外に救いなし」という教義が確立されていくわけですが、そうした状況のもとでは信教の自由、つまり一人ひとりが自分の正しいと思う宗教を選び取ってよいなどとする考え方は許されない。この締め付けは近代以前の日本よりはるかに強かっただろうと思います。日本では複数の宗教が共存している状況があったのに対して、一つしかなかったわけですからね。教会から破門されるのは社会から追放されることで、教会はとんでもない大きな支配力を持っていた。そこでは信教の自由は許容されるはずがないのです。

この状況が破られるきっかけになっていくのは有名なマルティン・ルター（1483〜1546）の免罪符批判から始まる宗教改革です。ルター自身には信教の自由という理念はなかったが、それが生まれてくるための基礎になるような思想はあったと思います。彼は自分自身の信仰の問題として「信仰のみ」の教えを説いた。「信仰のみ」とは何が「のみ」なのかといえば、人間が神によって救われる道は、信仰によるしかないということです。

「のみ」と言ったのは、カトリックでは人間が救われるための道が複数示されていたからです。信仰によって救われるのはもちろんキリスト教の基本教義ですが、それだけではない。善き行いをすることによって救われる道もカトリックは認めておりました。修道院とは実はそういうものとして生まれたのです。世俗生活の中では、イエスの教えを完全に守るのは非常に難しい。情欲を持って女を見る者は心の中で姦淫を犯したのだと言われるわけですから。そこで、イエスの教えを実際に文字通り行っていくために世俗から切り離されたところでもっぱら神に仕える生活を送りたいと、ベネディクトスという人が教皇に願い出て出来たのが瞑想修道会です。ルターの時代には瞑想修道会しかありませんでしたが、その後、宣教修道会なども生まれます。

ルター自身は修道士として非常にまじめにイエスの教えを行おうとしたのですが、どうしても自分にはできないと悩んだ。それはそうでしょう。イエスの山の上の教え、山上の垂訓（マタイによる福音書5〜7章など）等にも、人間にとって完全には守れない要求が多分に含まれている。それが出来ないのは罪であるとされることに悩んで、自分は神から見捨てられているという思いに苦しんでいたのですね。

その彼が自分自身の信仰に目覚めたのは、院長に命じられて神学校で聖書を教え始めたのがきっかけです。受け身で学ぶことと、自分で教えることの違いはかなりあるということでしょうか。

聖書の中で、十字架にかけられたイエスが最後に発した「神よ、神よ、なぜ私をお見捨てになったのですか」との言葉がありますね。神の子、イエスも神に見捨てられたことに彼は改めて大変なショックを受ける。伝統的には、自分で罪を贖えない人類の為にその罪を背負って十字架で亡くなってくれたとするのがキリスト教の基本の教えで、もちろんルターも知っています。ルターは、それまで「裁きの神」の面から、自分は神の命令を守れず見捨てられている、裁かれて地獄に落ちると悩んでいたのですが、イエスも神から見捨てられた意味を考えはじめる。そして、自分で自分の罪を償うことのできない人間の罪をイエスが背負ってくれるという神の愛、神による許しに目を向けるようになる。

彼は罪人とともに歩んでくれる神がいることに気が付く。「イエスが救い主である」と信じること、人間にとってはこれ以外に救われる道はない、と確信する。これが彼の回心、コンバージョンだったわけです。そういう視点からみると、免罪符などはとんでもないということになりますね。

カトリックにはそういう信仰による救いや、善き行いによる救いだけでなく、儀礼による救いもあります。秘跡、サクラメントといわれるもので、七つある。洗礼、パンと葡萄酒の聖餐式。ほかに堅信礼、自意識がついてきたころに信仰を固める儀式です。結婚、もそうですね。それから終油、神父さんから油を塗ってもらって赦しを受ける儀式。日常的に行われるのは懺悔、告解の儀式。罪を犯しても教会に行って神父さんに赦しをしてもらえばその罪は消えるという気楽なところが実はカトリックの信心にはあるのです。プロテスタントの方は一般的に固いですね。教派によっては酒・タバコはもちろん、コーヒーや紅茶も駄目とするところがある。一方、カトリックの信者は酒も飲むし、タバコも吸います。浮気をしても神父の儀式によって赦される。

もう一つは叙階という聖職者になるための儀式です。カトリックでは人が神と直結していない。神のことは全て教皇を通して人間に示されるのですね。しかし、教皇が全世界の信者に直接指導するのは無理ですから、聖職者の役割がうまれる。当時八つあった聖職階級の一番上は司教で、司教裁治権と言って司教区内のことに対する信仰上の独裁権を持っています。司教区内はそこの司教が全部治める形ですね。司教の下に各教会の司祭がいて、その司祭から儀式を受けて一般信者が救われる。免罪符も、教皇と神の特殊な契約によって、亡くなった人が生前に犯した罪が、それを買えば許されるとされていた。しかし教皇がいくら偉いといっても、やはり人間ではないか。「救い」という神の専権事項について人間が関与し、左右するなんてことができるはずないじゃないか、との思いからルターは教学論争を始め、それが広がっていくわけです。

彼は結局、教皇権を否定して万人祭司説を主張する。全ての人が祭司階級と同じであって、人と神との仲保者はイエス・キリスト以外にいない。個々の人間が直接キリストを通して神とつながっているとする万人祭司という信仰を広げるわけです。万人祭司説が、人が直接神とつながる構造を持つため、個々の人間が「神から受けた教え」を主張し始める可能性に道を開いたことになるかと思います。ただルター自身にそういう思いがあったわけではありません。信教の自由などは考えていませんでしたから。

これは同じ宗教改革者のジャン・カルヴァン（1509〜64）の場合もそうですね。彼も正しいキリスト教は一つしかない、カトリックは間違っていて、私たちの信仰こそ正しいキリスト教で、全人類がこれに従うべきだと考えた。これはカルヴァンの信念であり、ルターの信念であり、また早く死んだためほとんど名前は知られていませんが、スイスで指導したツヴィングリ（1484〜1531）の信仰でもあったわけです。

「危険な教派」アナバプテスト（再洗礼派）

宗教改革によって複数の宗教が社会の中に生まれる状況になった。お互いに自分のところが正しいのであって他は間違っている、という主張が角を突き合わせる。これは結局、戦争をするしかないわけです。

ただこの時期にも、信教の自由の萌芽と見られる思考が存在したとする説もあります。再洗礼派と言われた人達、当時非常に危険な教派だとしてカトリックだけでなくて、プロテスタントの主流派の方からも武力攻撃を受けて結局歴史の表舞台から姿を消す人々です。再洗礼派（アナバプテスト）とは自称ではありません。成人洗礼を主張したのですが、結果的に2回洗礼をすることになるので再洗礼派と呼ばれた。当時としては非常に個人主義的な考え方で、私はルターの万人祭司説がその原点にあると思います。

彼らは、儀礼の意味を知らない赤ん坊が洗礼を受けたところで意味はない、大人になって自分の意志で洗礼を受けるべきだと主張しました。その当時はみんな幼児洗礼を受けていますから、彼らの教派に入ればもう1回洗礼を受け、合わせて2回受けたことになるのですね。

その主張のどこが危険なのか。それはたぶん非常に個人主義的な考え方が、当時は危険視されたのだろうと思います。つまり、個々の人間が自らの意思で、これこそ正しいと主張し始めたら、社会がバラバラになって解体してしまうというのが当時の常識だったのかもしれません。中世カトリックには、コルプス・クリスチアーノと呼ばれ、キリスト教社会などと訳されている重要な神学テーマがあります。コルプスというラテン語は身体という意味ですね。キリスト教社会とか共同体と訳されると非常に弱い。全体が有機的につながっているイメージです。つまり中世ヨーロッパにおける個人の地位は全体の中の一部でしかなかったのですね。非常に全体主義的な傾向が中世カトリックにはあったと言っていいかと思います。個人がバラバラに発言しだすと社会全体が壊れてしまい、非常に危険だという感覚は、カトリックとプロテスタント主流派に共通して存在したのでしょう

国教制もルターの遺産

しかし時代を経て、アナバプテストの系譜を直接受け継ぐわけではないが、彼らの考え方の影響が広まってゆく。個人の尊厳、個人という存在が大切だとする思想がなければ、信教の自由が正当だとする考え方にもつながらない。そういうものが生まれてくるまでにはまだ百年くらいの時間が必要でした。最も早くヨーロッパ社会で宗教的寛容の政策をとるのはオランダです。オランダはカルヴァン派の思想が主流ですが、国はそれを強制しなかった。海外と交易をしていく必要から、宗教的寛容の政策がとられる。ただ、信教の自由が正しい、として思想的に基礎づけられる形にはまだ至っていないと私は思っています。

信教の自由こそ正しい、とする考え方は、イギリスでピューリタン達が台頭してから生まれます。イギリスはカトリック側でしたが、国王の離婚問題をきっかけにしてカトリックから離れ、英国国教会（聖公会）が作られた。これはカルヴァン派の神学を中心に置きながら、組織的にはルター派に学ぶ、非常に折衷的な教会です。プロテスタントの中でも一番カトリックに近い。国教制度のはじまりを作ったのはルターですね。世俗の側面では国王に、精神的な側面では教会に、国民を両面から統治する権限が神から与えられている。そして国の教会については国王や君主が決めるべきだというのがルターの考え方で、領邦教会制といわれます。

カトリックはインターナショナルで、国の宗教という考え方はありません。日本のカトリックも、包括法人のカトリック中央協議会がありますけれども、あそこが日本の教会の問題を全部決める権限、特に宗教上の事柄についての権限を持っているわけではない。それぞれの司教区内のことに全権を握っていて、その司教がバチカンから直接任命されるシステムです。各司教は直接ローマにつながっているのですね。中央協議会は地域的なまとまりとして、お互いに協力をしようという組織で、決定権を握ってはいない。日本に限らずどこでもそうで、国や民族との結びつきは基本的にないと言っていいでしょう。個別の国家内におけるカトリック教会の地位の問題で、カトリック側が最初に対応したのはイタリアです。ムッソリーニとの間で、イタリアとの政教条約という外交条約のような取り決めを結ぶ形で、イタリア国内のカトリック教会の法的地位を決めました。この方式は一時期、南米でも広がっていたのですが、廃止するところが多くなっていますね。

それに対して、国単位の宗教が誕生する原点はルターの思想です。ルター派教会が広がっていた北欧地域ではデンマーク、スウェーデン、ノルウェーなど今でも国教制を取っています。ドイツのドイツ基本法(注2)は憲法にあたるものですが、この中で教会は国家と対等な公法人とされております。これはまさにルターの二統治説のなごりだろうと私は思っています。だからドイツでは教会税があって、税金で教会の人達の給料が払われてきた。

――ルターの領邦教会制はヨーロッパの国民国家のルーツになっていきますね。そして、そこに宗教と国家との新しい関係も、そしてまた政教分離という課題も生まれてくる。(田中滋)

洗　ちょうど国民国家形成期にあたるわけですが、ただルターの二統治説を政教分離と捉えるのは違うでしょう。政教分離は、信仰は個々の人間の私的事項だとする考え方が生まれてきてから、信教の自由と結びついて出てきた思想だと思います。

日本にも平安時代の天台真言を中心に「王仏相依論」、つまり王法と仏法がお互いに助け合って国を統治するという考え方がありました。しかし、それを政教分離と呼んだのではおかしなことになります。

カルヴァンと日蓮のテオクラシー

――ルターの宗教改革は16世紀、鎌倉新仏教の誕生は12世紀か13世紀ですね。親鸞は自力を否定して、全ての人間は阿弥陀如来によって救われているという他力の立場に至る。これもある種の宗教改革で、日本の方がヨーロッパよりも何百年か早い形になりますね。（田中滋）

洗　たしかに何百年も早いといえるところはいくつかあります。国家と仏教との関係についても先ほど言った「王仏相依」、「王法栄えて仏法あり、仏法栄えて王法あり」の思想は、ルターの考えと似ていますね。同様に日蓮の「王仏冥合論」は、両者が一体になって仏法に基づいて世俗の政治が行われるべきだとする考え方で、これはカルヴァンが言ったことと同じです。

カルヴァンは、世俗の政治は、正しい信仰を持つ神に選ばれたものが行うべきだという、まさに王仏冥合論です。政治そのものが神の宗教の原理に基づいて行われるべきだとする主張で、類型化すればテオクラシー、神聖政治というタイプになりますが、日蓮もそうですね。彼もカルヴァンよりずっと早い。

ただ、鎌倉新仏教は体制から弾圧を受け、庶民の間にずっと広がっていきましたが、宗教の側が体制権力と戦争を起こすという方向には発展しなかった。その辺りの経過はヨーロッパの宗教改革とかなり違っているところがあると思います。

日本の場合、宗教がカトリックのように権力をしっかり握った時期が実はなかった。公家と武家に対する第3の権力といえる地位は、信長以前に限定的にはあったと思います。比叡山は不入特権を持っていた。逃れてきた罪人を比叡山が保護する立場をとれば、武家は逮捕することができない。比叡山の大衆と呼ばれる人達は弁慶のように武装していて、大衆一万人などといわれました。平時で一万人の武装集団を持つのは、大名を超える大変な兵力です。信長の比叡山焼き討ちで、これが徹底的に叩かれた。戦国時代には真宗（一向宗）が加賀国を支配したというような、一時的な権力奪取は日本でもなかったわけではない。しかし、ヨーロッパでは神聖ローマ帝国の皇帝と教皇が時期によってどちらが上に立つかという、その力比べをずっとやってきた。それだけ宗教の持つ権力は強かったといえますね。

——教団としての組織の問題でしょうか。**（田中滋）**

洗　そうですね、出発点で考えれば組織力にあまり変わりはない。お釈迦さまは自分では何も書かなかったが、それはイエスも同じことです。イエスはこう言った、お釈迦さまはこうおっしゃったと、口承で教えを伝えていった点も同じだったと思いますし、口伝えだと消えてしまうかもしれないから、伝承を集めて文字に記していくプロセスを取ったのも同様です。

ただキリスト教の場合は、西暦325年にニケイア公会議という会議を開いて、多くの伝承の中からどれが正しいかを決めました。ですからキリスト教の聖典はバイブル一冊でおさまる分量になっているわけです。違う伝承はどうなったのかといえば、それはアポクリファ（外典）として正典から排除された。カトリックはアポクリファをずっと残していますが、プロテスタントは全く見向きもしない。それはあくまで正しい伝承ではないとして受け止めているからです。

それに対して仏教は結集《けつじゅう》という形で、しかも第1次結集、第2次結集と重ねて、経典はどんどん膨らんでいった。『大正新脩大蔵経』だと百巻ありますから、天井までの高さの本棚を全部占領するほどですね。日本に伝わった大乗仏教はお釈迦さまが亡くなって400年ほど後に成立したと定説的に言われていると思います。経典の中に上座部系（小乗系）といわれるような経典と、大乗系の経典があり、書かれている内容には矛盾もあるが、そのまま経典集、「三蔵」として蓄積されてきた。その辺りから、キリスト教と仏教の違いが生まれてくる。

もう一点はキリスト教では教皇制という制度が作られていったことですね。イエスがそんなものを作れと言ったわけではないと思いますが、カトリックの命脈は正に教皇制にある。これは神と人をつなぐ仲保者という教義に支えられる。全信者数は10数億とされ、教団規模としては最大です。信者数が一番多いのはイスラムだと思いますが、このような規模の教団は形成されていない。主流派のスンニ派の場合、ウンマと呼ばれる共同体があり、教義上の疑問が生じた時、それが解釈権を持つという形で展開してきました。カトリックは教皇制のもと、信仰上の疑問点はローマに問い合わせればこれが正当な解釈として確定します。

仏教の場合は、原始仏教から上座部仏教と大乗仏教に分かれ、上座部系は南の方に、大乗系は北に伝わってゆきますが、世界的大組織はもっていません。大乗経典と小乗経典との間に矛盾が生じ、違うことを言っている場合、それぞれ現地の人が解釈するしかなかった。そのために中国で発達してきたのが教相判釈《きょうそうはんじゃく》で、そのやり方によって華厳宗など南都六宗が生まれた。これは学派の違いのようなもので、教団的性格を持っていなかったといわれていますが、平安時代はそれに天台・真言を加えた八宗を兼学、全部を勉強するのが偉いお坊さんだとされていました。

日本の歴史の中では律令体制の崩壊とともに、口分田制度が維持できなくなり、貴族たちが地方有力者から寄進された荘園を広げ始める。それと併行するように宗派の教団化が進みます。それぞれ地方の寺院が中央の有力な本山の配下に入ることによって自分の財産を守ってもらう。その代わりに本山に仕える。いわゆる本末制度が生まれてくるのは平安期になると思います。宗団としての天台の場合、山門派に対して寺門派が生まれていきますし、真言は京都に有力な寺院がたくさんあったので、どの配下につくかで教団が分立してくる。そういう形態では、世俗権力を凌駕するような一つの権力にはなりえなかったという事情があるでしょう。

自然法思想の土壌、国家を超えた人権

信教の自由の思想の成立についても、歴史的な伝統の違いを問題にする必要がある。一つは自然法思想の流れです。信教の自由は人権の筆頭項目だと言われており、その信教の自由から様々な市民的自由権が生まれてきたと指摘されていますが、「人権」の考え方は実は自然法の思想に基づきます。自然法の考え方そのものは古くギリシャのストア派に遡ります。

そもそも、法とは何か。悪しきものを規制するのが法律だとすると、法律は正義を代表すると

考えられるわけですが、実際の法律をみれば、実定法は時代によって、国によって違いがあります。それで彼らギリシャの哲学者たちは普遍的な正義とは何かと考えた。盗んではいけない、殺してはいけない、人を傷つけてはいけない、これは人類に共通するような普遍的な正義といえる。人間性の自然のなかに普遍的な正義があり、それを表す法というものがある。それをギリシャの哲学者たちは実定法をこえた自然法と呼んだわけです。

高等学校の教科書では、自然法の思想はギリシャから近代に一挙に飛んでしまうのですが、中世はなかったかというと、カトリックの教会法に引き継がれていく。つまり自然法の思想は、この世界を生み出した創造主、人格的な存在が世界の根源にあるとするキリスト教の信仰と出会うことで、その「神の法」の位置づけで根拠を得たと言われています。カトリックでもカトリック教会法という一つの法体系があり、これも時代によって変えていかなければならないのですが、そうした変化する実定法の根源には普遍的で永遠に変わらない神の法、自然法があると考えられる。近代以前の西洋ではそのように、「法とは発見すべきもの」だったのです。実定法を根拠づけるものとしての自然法はヨーロッパ社会でこうして受け継がれていきました。これが信教の自由が生まれてくる上で非常に重要な基盤になります。

「信教の自由」を歴史上初めて主張するのはイギリスで生まれたピューリタン達です。ピューリタン革命の時に彼らは自分たちの信仰の権利は、国王の法には書いてないが、「神の法」に書かれている。これは人間としての権利である、国家を超えた人権だと主張する。人権という言葉の使い方も彼らに始まる。

この人権という考え方が世俗の思想家に受け継がれて、洗練されていくわけです。近代自然法思想家の最初とされるのはトマス・ホッブズ（1588〜1679）ですね。ホッブズは自分自身ではピューリタンの影響を受けたとは全く言っていませんが、ピューリタン革命の時代を生きた人で、影響が全く無かったとは思えない。ただし、ホッブズの場合は神を抜いた権利ですね。人は人に対して狼である。人間はそれぞれに幸福を追求する権利を持っている。だが、それぞれが勝手に権利を主張すれば、他人の権利を阻害することとなるので社会が成り立たない。それで本来は持っている権利を放棄して国王に委ねることによって社会が成立する、それがホッブズの考え方です。

これを継承したのがジョン・ロック（1632〜1704）です。ロックは、国王が悪をはたらく場合はどうなのかという問題を提起し、抵抗権を主張した。国王に統治権を委ねているが、国王が悪を働く場合は人民がこれに抵抗して倒す権利がある、と修正を加えたわけです。それを受け継いだのはジャン＝ジャック・ルソー（1712〜78）です。ルソーは、権利を国王に託すのではなくて、人々が相互に契約を結んで国家の統治権を認めていく、人民が選んだ代表者に統治権を委ねるという社会契約論を唱えた。それがフランス革命の理念になっていったとされ、近代民主主義につながるといわれる。実定法の根拠としての自然法という観点は、自然権によって実定法を定める視点に移り、国王に反旗を翻す根拠とされていった点が近代自然法思想の非常に新しいところだったと思いますし、それが民主主義を生み出したと考えることができます。

イギリスの政治思想家リンゼイの『民主主義の本質（エッセンシャル・オブ・デモクラシー）』と

いう本が、敗戦直後に同志社大学の神学部で翻訳され、みすず書房から出版されましたが、彼は近代民主主義はピューリタンの教会運営から生まれてきたと言っています。ルターの個人を中心とする思想を原点として、ピューリタン達のもとでそれが結実したと言っていいでしょう。英国ではエリザベス一世の時代に、全国民は国教会を信じなければならないと強制され、ピューリタン達は厳しく弾圧されます。最初、ピューリタン達は正しいカルヴィニズムに基づく長老主義の教会を英国でも作れと主張していたのですが、あまりに国王の権力が強く、到底実現できないので、せめて自分達の教会で自分たちの信仰を行うことを認めてくれと要求しました。これはピューリタンの中でも少数派、異端とされた。セパラティスト、分離主義者として非難されました。

やがて、ピューリタンの中で「教会とは一体何か」という議論が深まります。教会は地域全体の人を包み込まなければならないのか。教会とは結局、神と人間が交わる場ではないか。同じ信仰を持つ人が集まって、交わりの場として形成されるのが教会ではないのか——これは契約教会、つまり同じ信仰を持つ人達が契約を結んで一つの教会を作る考え方ですね。アメリカに移民したピューリタン、ピルグリム・ファーザー達も契約によって集団を作る教会運営の方法をメイフラワー契約としてまとめた。さらに、彼らは契約によって政治団体を作るということを１６２０年に言っていますので、ルソーよりも随分早いですね。政治の方向にも「契約にもとづく社会」の考え方を持ち込もうとした。このように契約社会の考え方はピューリタンの教会運営の中から出てきた。

教会を運営する上で、「一人ひとりが神と直接結ばれている」という徹底した個人主義では意見の違いが当然生じます。それを解決するために、討論と多数決という手段が生まれてきた。『民主主義の本質』で、リンゼイは民主主義の本質的な部分は多数決にあるのではなく、率直に討論することこそが基本なのだと強調しています。つまり、教会の運営は神の意思に基づいて行われるべきだが、考えに違いがあるとすれば、お互いに率直に討論し、違う意見に耳を傾け、なるほどと思えば賛同する。そうしたあり方が民主主義の本質的要素だということです。現実的にはアメリカでもイギリスでも党派を組んで多数決でゴリ押しをする状況があるが、それは堕落した形だ。しかし、オピニオン集団のようなものが社会に存在し、議論を交わしていれば民主主義には未来がある、と言っています。

日本の現状を見ると、党議拘束なんてことをやっていて討論もへったくれもない。これは本当の民主主義なのかと思いますね。

信教の自由は、古典的な定義では信仰告白の自由、宗教的礼拝の自由、それから宗教的結社の自由という三つの要素を含む、とするのが古典的なアンシュッツの説です。これは現在でも否定はされていません。ラスキによれば、信仰告白の自由（非常にキリスト教的な言い方ですが）は単に心の中で考えるというのではなく、その意見を表に出す自由でなければいけない。こうした信仰告白の自由は、学問の自由、思想・良心の自由とともに市民的な自由の根幹をなしてゆく。宗教的礼拝の自由とは信仰に基づいて行為をする自由で、それは表現の自由、言論・出版の自由などの市民的自由を生み出す根幹になった。宗教的結社の自由は、集会、結社の自由という近代の市民権を生み出す基になり、それらは相互に連関している。つまり、信教の自由は、実は民主主義が形成される過程で一番大切なものだったといえます。ところが信教の自由や民主主義を根底で裏付けている自然法の思想の流れはどうも日本では根付いていない。これは実は人間観の問題と関係していると思いますね。

ユダヤ教やキリスト教では、人間は不完全な存在とされながら自由な意思を持つものとして作られたとされている。エデンの園の神話も、神との約束を破り、契約違反を行った、だから罪に堕ちたのだ、とする神話です。これは旧約聖書の中でも度々繰り返されるテーマですね。ユダヤ民族が神の選民として選ばれるという問題も、お前たちは正しい信仰を持っているから、約束の地としてカナンを与えるとする話です。そこで神は産めよ、増やせよ、地に満ちよ、と祝福を与える。そしてお前たちの祖先、アブラハムの子孫であることの印として、男の子は割礼をしろ、と。割礼はあまり倫理的ではないですけれども、そういう約束を神と交わしたという物語です。これがモーセの十戒になるともっと倫理的ですね。ユダヤ民族が建国をするにあたって、これを守れとモーセに与えられたのが十戒で、それがユダヤ教の根本です。ユダヤ教は律法の宗教と言われますが、律法というのは英語で言うとＬａｗです。明治に入って、宗教上の規律については律法と訳し、世俗の規律については法律と訳しただけで、英語では同じなんです。宗教上の戒律が法律の根幹をなし、世俗の法律が生まれて来た。そもそも法とは神の命令で、守らなければ社会が制裁を受けるということです。

そういう関係は仏教にもあることに極めて早い段階で目を付けたのが、小野清一郎という東大の刑法学の先生だった方です。東洋にも宗教上の戒律はあるが、それは法の根幹にならなかったのだろうか、との問題意識を持って、昭和11年に『佛教の法律思想』という本（共著）を出版しています。ただ、仏教の戒律についてさほどお詳しいわけでもなかったので、当時の仏教の戒律論、律蔵研究の第一人者だった長井真琴という先生と共著で出版された。長井先生は、仏教の戒律について小乗四分律から始まって日本の現在に至るまでの歴史を述べています。

目の付け所はすごいと感心はしましたけれども、長井先生は小野先生の問題意識を必ずしも十分に受け止めていなかったようにみえますね。というのは小乗四分律には法律の原点になるような集団の規律、それに違反するものに対する罰の規定は確かにあるのですが、しかし、大乗十善戒になると集団の規律としての律よりも個人の守るべき道徳・戒になる。宗教団体が本来持っていた規律としての性格は薄れてゆくのです。

最澄が潰した戒律の可能性

最も徹底的に社会の法の根幹になる可能性を潰したのが伝教大師最澄でしょう。鑑真が日本に来て、奈良に律宗を開いた。最澄は比叡山に戒壇を独自に作りたかったが、朝廷がなかなかＯＫと言わない。そこで、最澄は律宗の戒律は小乗戒だと批判したのです。実際は梵網戒で大乗戒なのですが、あれは本当の大乗の戒律ではないと彼はいう。では本当の大乗戒は何なのかということで、最澄は本性具足の円頓戒を主張するのですね。自分の内にある仏としての本性におのずから備わっている、努力しなくてもおのずと出てくる円頓戒、ポーンと完全なものがいきなり出てくるのが本当の意味での大乗戒である。努力しながら戒を守っていくのは小乗であって大乗ではないと主張した。そうなると仏教者が守るべき規律という意味は非常に薄くなってゆく。日本で不殺生戒を踏まえて四足を食べない歴史はありましたが、魚を食べなかったことはないと思います。不飲酒戒にしても、お寺の中でお酒を飲む伝統はもう相当に古くからありますね。つまり日本仏教の戒律は法律の根拠としての性格は弱かった。実定法が仏教の理念から出ているとは言えないですね。

日本は契約の関係よりもタテの血のつながりを社会形成の一番根幹にしている社会で、それを基にした規律が日本では形成されていったと思います。例えば、仏教教団の本末組織などは仏教の理念から生まれたとは思えません。日本の社会ではおそらくは神道的な世界観の枠組みが根幹にあって、それを理論的に裏付けることになったのが江戸時代の儒教だったのではないでしょうか。親たるものは仁でなければならないし、子たるものは孝でなければならないとする理論づけは近世以降の儒教によって決定され、それが社会形成の根幹をなしていったのでしょう。

日本と西洋の違いの根幹には仏教とキリスト教それぞれの人間観があります。キリスト教の場合は自由な意思を持つ主体、神に背くこともできる存在として、人間が考えられている。これは近代法における権利能力の主体という考え方と基本的につながっている。自由な意思を持って、他者との間で契約を結び、その契約によって権利が生じ義務が生ずるとする、権利義務の関係で社会が考えられている。近代法の考え方の根底にはそうした人間観があると思います。仏教の場合は全て縁起生のものとされ、原始仏教では五蘊仮和合《ごうんけわごう》と呼ばれたわけですね。五蘊つまり、色、受、想、行、識、五つの要素がたまたま一つになって人間という仮の姿を取っている。だから人が死ぬとそれはまたバラバラになる。縁によってそのように存在し、因と縁によって変遷していくという因縁の思想。こういう人間観の中で、権利義務の考え方を生み出すのは非常に難しいと思います。

駒澤大学で私の同僚だった吉津宜英先生という仏教学の先生がいまして、かつてアメリカに留学しました。そして、何でもかんでも権利を主張して訴訟に持ち込む社会、ギスギスした社会に非常にショックを受けましてね、仏教ならばもっと何とかできるのではないかと、帰ってきてから『縁の社会学』という本を書きました。全て人と人との関係は縁起、因縁があって生まれてくるのであって、お互いの権利と義務の契約の関係で生まれるようなものではない。そうした見方をすればもっと穏やかな社会を作れるはずだ、と彼は言ったのです。非常に面白いと思ったし、仏教にはそれを可能にする思想もあると思うけれども、しかし縁起を基本にした社会秩序をどのように形成していくのかとなると、どうも雲をつかむようでしてね。近代法に取ってかわる、社会秩序の根幹を仏教が果たして提示できるかどうか疑問だな、というのが私の感想ではあります。ただキリスト教的な権利義務関係で、確かに人間社会がギスギスしている。これを和らげる知恵は仏教が提示できるかもしれませんね。

コラム
「アナバプテスト（再洗礼派）の系譜」

再洗礼派の流れを汲む教団としては、16世紀前半にオランダのメノー・シモンズがはじめたメノナイトや、アメリカなどで近代以前の生活形態を守り続けるアーミッシュ（メノナイトから分かれたヤコブ・アマンを祖とする派）がよく知られる。日本では日本メノナイト・ブレザレン教会などの諸教会が再洗礼派の系譜を継ぐ。

再洗礼派の系統に分類される一派にランドマーク派があり、彼らはカトリックの歴史的な使徒継承そのものを認めず、カトリックから分かれたプロテスタントと自派との関係をも否認している。

日本におけるランドマーク派に日本バプテスト連合がある。同連合に属する我孫子教会（千葉県）のホームページによれば、ローマ帝国によるキリスト教国教化の際、「国家と教会の分離を主張していた教会」は袂を分かち、「国教会化した教会」から弾圧され、歴史の表舞台から姿を消した。彼らは古代から中世にかけてドナトゥス派、パウロ派、カタリ派、ワルドー派などの異端者として名を残し、宗教改革期にはアナバプテストなどと呼ばれ、それが現代のバプテストにつながる、としている。

バプテストの起源に関するランドマーク派の歴史観である。

（津村）

3

紆余曲折の神道国教化の道程

祭政一致の詔

――国家神道という問題は、靖国神社への首相や閣僚の参拝が中国、韓国との関係の中で取り上げられ、今日でも重要なテーマとなっています。国家神道体制は、どういうルーツを持ち、明治以降どのような歴史を経て、戦争に突入していく時にどのような働きをしたのでしょうか。

(田中滋)

洗　明治維新後の初期段階を国家神道体制とは普通は言いません。明治15年の「自今神官ハ教導職兼補ヲ廃シ、葬儀ニ関係セザルモノトス」という通達が国家神道体制の出発点だと言われており、私もそう思います。

明治政府の最初の考え方はもっとダイレクトで、神道を国教にしてゆく方向でした。薩長どちらも神道、国学の影響は強くあったのですが、そこから直接的に出てくる考えというより、倒幕のため、尊皇で天皇を引っ張り出してくる大義名分の問題につながっていたと思います。尊皇の思想は歴史的には水戸学、つまり儒教の中にもあったようですし、北畠親房など様々な流れがありますが、維新政府と直接結びついていったのは国学の流れです。これは吉田松陰らの影響もあるのかと思われます。

最初に明治政府が出すのは祭政一致の詔です。神武天皇が行った政治、それが天皇の政治であり、これからの政治の模範となるというイデオロギーを示した。神武天皇は東征をするにあたって、神のお告げに導かれ、神が鵄《とび》を遣わしたと伝えられている。こうした惟神《かんながら》の道、神のままの道を歩むという形で行った政治、つまり祭政一致の政治をやると打ち出したわけです。

神武天皇のはじめに帰ると言っても、具体的に何をするかと言えば、平安初期、天皇が実権を握っていた最後の頃の朝廷の在り方をひとつのモデルにしたと言ったらいいでしょう。当時の政治組織としては、太政官と神祀りを行う神祇官、大きく分けて二つの官制があったわけですね。

しかし、神祇官は早く廃れてしまいます。古代から公家の白川家が長官の神祇伯を代々継いできましたが、室町後期の下克上の風潮のなか、神祇官は廃絶し、白川家の配下であった吉田家が神道界の実権を握ったわけです。そこで、明治になってまず神祇官を復興することを祭政一致の詔で宣言する。神祇官を復興して直接、国が神祀りを行う、神祀りを行いながら政治を行っていくのが天皇の政治だというイデオロギーを示したわけです。

挫折した神道国教化

日本では神仏習合の信仰があった。中世史家・黒田俊雄さんは『王法と仏法』という本の中で、中世日本には神道という宗教はなかったとまで言っています。神社も神祀りをすることも全て仏教の一部と考えられてきた状況が続いたわけです。天台、真言から本地垂迹説が出されて、神々について必ず本地仏をその背後に考えるという信仰が江戸末期までずっと広がっていた。神祇官復興で、神祀りをしながら政治を行ってゆく前提のもとでは、仏教の一部になっているような神様であってはいけない。そこで最初に行う政策が神仏分離だったわけですね。

今では非常に考えにくいですが、『平家物語』などでは、比叡山の僧侶達が朝廷に強訴し、自分たちの要求を通すためのデモンストレーションをやる時、仏像を担いで降りてきたわけではなく、御神輿をかついでくるわけですよ。神道は実際、仏教の一部になっていましたから、神に仕えている神主達も実際にはみんな頭を剃って僧形をしていた。

本地垂迹説は天台宗では山王神道といわれる。比叡山の日吉山王神社の神様は天台宗の本仏である釈迦牟尼仏の顕現だ、と本地と垂迹の関係を説明する説です。真言系は両部神道です。真言では言葉で表せない真理を両部曼荼羅によって表現しています。大日如来を一番根元として、仏の慈悲の働きを胎蔵曼荼羅で表し、他方、煩悩を断ち、悪を断ち切る破邪顕正の働きをする面は金剛界曼荼羅で表す。これを伊勢神宮の内宮と外宮の神に対応させ、胎蔵曼荼羅の大日があらわれたのが内宮の神様であり、金剛界曼荼羅の方が外宮の神様だと説明した。

こうした思想が初めて現れたのは平安時代の初期ですが、その頃にはまだ（延喜式の）式内社といわれるような神社の格付けが生きていました。しかし、近世に入り江戸末期頃までには、本地垂迹の考えは全国津々浦々まで浸透し、田舎の小さな神社でさえ本地仏を持つようになってゆきます。

むろん、この間、本地垂迹説に対して反発するような動きもありました。日本の神様が本地であって、仏というのはインドで現れた神様の垂迹の姿にすぎないという、伊勢の度会《わたらい》神道の説はその一つです。ただし、実質的な問題として度会神道が一つの勢力になったかといえば、決してそうではない。山王神道とか両部神道とか度会神道と言われるものは、あくまで学派神道とされています。思想化されただけで、実質的な運動になったわけではない、ということです。国学における復古神道もはじめはそうなのですね。

復古神道は契沖（1640〜1701）という僧侶が、仏教が入ってくる前の神道はどうだったのか、との問いを立てて始めるわけですが、儒学の中の古学派の影響を受けているといわれます。江戸時代の儒学は朱子学ですが、朱熹は宋の時代の人ですね。朱子学に対して反発した古学派は、もともとの儒教は孔子、孟子の教えなのだから孔孟の元に帰らなければいけない、とした。そうした考え方の影響を受けて、今は仏さまの現れとして説明されている神々だが、元をたどれば仏教、儒教が入ってくる前の本来の神道があるはずではないか、というので復古神道が生まれてくるわけです。

当初は儒仏以前の神道の姿を明らかにしようとした本当に物好きな人たちの文学サークルのようなものだったと思われます。それを大成したのは本居宣長（1730〜1801）です。宣長は記紀、万葉から始めて平安時代の源氏物語などまで調べ、仏教の影響がないもともとの日本人の心がどういうものだったかを探求した。大和魂という言葉を作りだしたのも宣長です。初期復古神道は宣長によって体系づけられたと言っていいでしょう。そこに民族主義的な要素が付け加わってくる。仏教嫌いの人がこのグループには多かったようで、宣長も死ぬとき、仏教の葬式を拒んで、桜の木の下に埋めてくれ、といっている。

こうした状況は宣長の弟子の平田篤胤（1776〜1843）が出てから少し変わってきます。単なる学派的な神道説ではなくなって、宗教としての体系が形成されてくる。世界は顕界であるこの世と幽界という神々の世界から成り立っているとされ、顕界の神、幽界の神が体系化され宗教性を強めていく。記紀の神話を中心に、現世の顕界を統治するのが神の末裔である天皇である、とする。自ら天皇霊を身に付けた神である天皇がこの世を統治するのは当然だと主張し、政治性も持ってくる。これは草莽《そうもう》の国学運動という形で、裕福な町民とか、豪農、下級武士などに浸透してゆきます。

山陰の小京都といわれている津和野。これは長州のすぐそばにあって明治維新では薩長側につくわけですが、津和野藩挙げて、殿様から家臣、民衆に至るまで国学に染まって、明治以前に藩の中で神仏分離をやったようです。その中心となったのは藩士の福羽美静（1831〜1907）で、明治に入ってからの神仏分離にも腕を振るいます。

彼は、明治政府に入って神祇官の再興を進め、明治2年、復興された神祇官の官僚に納まります。その時にシンボル的存在として、神祇官の長に、昔、神祇伯を世襲していた白川家の末裔を据え、江戸時代に神道界の実権を握っていた吉田家は神祇官の事務局輔という次官の位置に持ってきて、その下に様々な神道思想家や国学者が神祇官の実務官僚として入って来る。ただ、神祇官はせっかく復活したが実力はなく、明治4年には神祇省に降格、翌年廃止されます。

キリスト教は「黙許」すれど公認せず

キリスト教に対しては、明治政府も江戸幕府の政策を受け継いでキリシタン禁制を継続する。慶応4年、五傍の高札（注3）を全国の辻に建て「切支丹邪宗門厳禁」を打ち出します。

実はその直前に明治になって最初の宗教弾圧、長崎・浦上のキリシタン弾圧を行っています。

長崎開港で、神父が商人に同行して町の中に入ってきた。そこに通い始めた信者を役人が尾行していったら、隠れキリシタンが浦上地区にいることが発覚するわけです。新政府が彼らを検挙して、各藩預けとし財産も没収する。預けられた藩によってはひどい拷問を受けたりしました。4千人以上のキリシタンが弾圧されたといいます。

これが開国と同時に行われたものですから、外国から厳しい非難を受けることになるわけです。キリスト教を邪宗とは何事か、と。そこで明治政府は慌てて高札の切支丹と邪宗の間に点を打って、キリスト教と邪宗は禁止だということであって、キリスト教を邪宗だと言っているわけではないなどと弁明するわけですが、そんなことで収まりません。信教の自由を諸外国は非常に重くみていましたので、信教の自由を認めない国は野蛮国だ、と猛烈な抗議にさらされることになります。

明治初期の知識人は勉強家ですから、ヨーロッパに信教の自由の理念があることを知っていたでしょうが、それがどれくらい重要な位置を占めるのかは必ずしも理解してはいなかったと思います。政府は困った立場に立たされるのですが、なかなかキリスト教を認めようという話にはならなかった。

結局、明治6年に、五傍の高札は撤去する。キリスト教の禁止は今更、高札を立てなくても周知のことであり、必要はないから撤去せよということです。認めるとは言ってないのですね。ただし、事実上はこの時点から黙許され、キリスト教の活動が実際に始まります。

政府は、通達などで宗教について述べる時、その後もキリスト教という言葉をつかわないままでした。神道、仏道、その他の宗教という言い方をしております。明治政府は宗教について公認主義をとりますけれども、キリスト教は宗教団体法が成立する昭和14年まで国レベルでは公認していないのです。ただし、明治の末までには既に事実上の公認宗教になっていて、個別の教会が、地方長官（現在の都道府県知事）の許可をとって公然と活動できるようになっていく。明治6年以降、徐々にそうなってゆくのですが、教派を正式の公認宗教として認めるのは宗教団体法になってからです。その時にカトリックに対しては天主公教という名前で公認しています。プロテスタントはたくさんの教派があって面倒くさいというのでしょうか。全部合併させ、日本基督教団（注4）という一つの教団にまとめて公認した。それ以前は、宗教に関する政府の通達でキリスト教という言葉は結局一度も使わず、キリスト教を認めるのか認めないのかはあいまいなまま、事実上認めるのはいかにも日本的なのかもしれません。

仏教禁止の蛮勇はふるえず

では仏教はどうだったのかということですが、政府も仏教を禁止する蛮勇はふるえなかったのでしょう。しかし、神仏分離に伴って廃仏毀釈の運動が起こります。『神仏分離史料』という分厚い5冊の資料集があります。それを読むと、かなり乱暴なことが行われたようですね。比叡山に対しても、麓から神道家が鍬などで武装した農民達を従えて上ってゆき、比叡山が管理していた山王神社の鍵を取り上げることをしたようです。奈良の興福寺、春日大社は藤原氏の氏寺、氏神でしたが、興福寺は出て行け、といった勢いで壊されてしまった。

その時に絵巻など宝物もずいぶん失われたようですが、五重塔は買い取られたおかげで残ったとされています。

いわゆる神仏判然令は慶応4年から明治元年にかけて出された一連の通達です。第1番目が神社に仕える僧侶たちの復飾令、要するに還俗をしろという命令です。仏教の一部になっていたのを純粋な神道に戻そうとしたわけですね。神祇官は神祀りをする官庁ですから、全国の神社は神祇官が直接管轄する国家機関のような形になる。従って私的に神を祀ってはいけない、全て神祇官の配下に入れということも言っています。廃仏の言句はないわけですが、廃仏運動が高まるなか、仏教の信仰を持っていた民衆の間で、自分たちの宗教を新政府は否定するのかと動揺が随分広がる。明治4年には、神仏判然は廃仏に非ず、とする通達をわざわざ出していますが、さらに特に真宗各派に宛てて、神仏判然は神仏を分けることであって、廃仏ではないと明言しています。直接に仏教を禁止することはできない、無理に廃絶すれば政府そのものを危うくしかねないという感覚があったのでしょう。

天皇崇拝の「大教宣布」

この時期、政府部内では、仏教は活力を失っているから放っておけばいずれ滅びるが、西洋文明を背景にして新しく入ってくるキリスト教が民衆の心を捉えていくと、天皇を中心とする神道的な国家を脅かす存在になる、といった議論をしています。刑法で厳しく罰してもキリスト教対策として有効ではない。教化に対しては教化で対抗しなければいけないと、そうしたことを言っていますね。

神祇官も教化をしようとしたがうまく出来なかった。そこで神祇官の官僚から、神祇官は廃止してもいいから今のうちに政府全体で国民教化を進めるべきだとの提案がなされる。そこで、明治5年から実質8年まで（形式上は10年まで）教部省というお役所が設けられ、そこを中心に国民教化の運動が展開される。大教宣布運動といわれます。太政官の下に教部省を置き、神祇官は廃止されます。そして実際の国民教化は神主だけではとても力不足だから坊さんも動員しよう、ということで神仏合同布教の形をとる。

教部省が所轄官庁で、実際の運動体としては大教院という民間の運動本部のようなものを作るわけです。その大教院は芝の増上寺に置かれ、運動の統轄機関となりますが、実際に式典などを取り仕切るのは神官でして、仏像が見えないように幔幕を張って、そこに神棚をしつらえて神官が祝詞をあげる。その後ろに坊さんが並んで一緒に神式行事に参加する。大教院の下の地方本部を中教院といい、その第1号は長野の善光寺です。そして全国の神社とお寺全部を小教院と位置づけ、大教宣布運動の担い手とする。そういう組織を政府主導のもとでこしらえたわけです。

この大教宣布運動の「大教」ですが、三条の教則と呼ばれます。これを国民に教えろということですね。「敬神愛国ノ旨ヲ体スヘキ事」が第一条です。神を敬い国を愛する、政治と宗教を混合したようなものですね。「天理人道ヲ明ニスヘキ事」が第二条。これは道徳みたいなものでしょうか。かなり儒教的な印象もありますけれども、それをしっかり教えろということ。第三条が、「皇上ヲ奉戴シ朝旨ヲ遵守セシムヘキ事」。皇上というのは天皇です。とにかく天皇を仰ぎ見て、天皇の命令を遵守すべしという。その三カ条です。

これを教えろと言っても非常に内容が抽象的ですよね。そこで大教院が中心となってもっと具体化した解説書が作られていきます。「十一兼題」、「十七兼題」として大教院が出版したのがそれです。また、そうした流れに応じて民間の神道家がたくさん本を出していて、三条教則の解説書のようなものは民間もあわせて72～73冊出たとされています。そして実際に国民に対してこの三条の教則を教える者を教導職として官が任命する形をとる。教導職になるためには教導職試験があり、三条の教則をどのくらい理解しているのか試されるわけです。

解説書などをみると、神道を基盤にした天皇崇拝の思想を全国民に教えていこうとする運動だったと言っていいでしょう。天皇がなぜ尊いのかを神道神話的に裏付ける、そういうものですね。最初は僧侶、神主の中から主だった人を選抜して教導職に任命するのですが、そのうち教導職試験に通っていない者は住職になってはいけないとする制度もでき、さらに合格しない者は僧籍を持つことができないようになる。それこそ宗教界の末端まで、直接政府のコントロールのもとに置く政策です。

そういう体制が築かれる中で仏教に対しても公認制度が取られていく。最初、明治5年に公認されたのは全部で5宗。天台宗、真言宗、浄土宗、禅宗、日蓮宗です。歴史的には到底5宗ではおさまりきらないのですがね。

公認宗教と管長制度

この公認各宗に管長の制度が設けられます。

つまり政府の命令に従って配下の宗教家をコントロールしろということで、宗教に対する一種の行政官的な地位として管長制度が作られるわけです。浄土系各宗は浄土宗に一本化され管長が任命されます。それから禅宗は臨済宗の相国寺に管長が置かれたのですが、臨済と曹洞では、規模は曹洞の方がずっと大きいので、明治7年に曹洞宗も公認宗教、宗派になります。管長達を通して仏教全体をコントロールさせようとする体制が作られるわけですね。

伝統的仏教各宗がそれぞれ独立し、公認されてゆくのは明治9〜10年です。大教宣布運動は実質明治8年までですが、明治8年に一体何があったのかといえば、信教の自由保障の「口達」が出されている。つまり信教の自由と関わってくるのです。明治政府は、信教の自由は認めない姿勢でしたが、一つには外圧が強くあって、いくら黙許の形でキリスト教が認められたからといって、信教の自由をきちんと保障しないような国は野蛮国だと見られる。明治政府にとって幕末に結ばれた不平等条約の改正は最重要案件で、そのために岩倉具視の欧州視察団が行くわけですね。ところが行く先々で、信教の自由を認めないのは文明国とは言えない、と批判される。自国の国民をそんな野蛮国の法律で裁かせるわけにはいかないから、治外法権を放棄するなんてとんでもない、と信教の自由がタテにされた。「外交的にも信教の自由を認めざるをえない」との認識を持って、岩倉視察団は帰ってきたわけです。

宗教界を代表して視察団に加わっていたのは島地黙雷（1838～1911）です。ところが、帰国すると、神仏合同の大教宣布運動が政府主導で行われている。それを見て、政治と宗教を混同したようなことをやるのはおかしいと考える。海外に赴任していた森有礼も同じ考えでした。島地黙雷は真宗の人ですから、真宗は大教院から離れる、自分たちは自分たちの教えに基づいて国民の教化をすると言うわけです。宗教と政治を混同するのは大変な間違いだ。神仏合同布教と言いながら、その実は神道を中心とした新しい宗教を人為的にこしらえて国民に押しつけようとしているのではないか、と。

森有礼は明治5年、太政大臣三条実美宛に、信教の自由を認めるべきだという建白書を出します。森は後に文部大臣になりますが、当時はアメリカ駐在の外交官でした。ヨーロッパ思想をよく勉強していると感じさせる建白書ですが、本気でそう思っていたのかなと思うのは、太政大臣である三条実美宛なのに英語で書いているのですよ。なぜ英語で書くのかといえば、日本もいずれ信教の自由は認めますよ、と海外向けに言いたかったのでしょうか。

いずれにせよ彼は勉強家でヨーロッパ思想をよく知っていた。信教の自由は基本的な人権と考えられており、それを認めないのは文明国ではない、日本でも認めるべきだ、としています。ただ一方で、いきなり人権として認めるのは時期尚早であるかもしれない、という言い方をしていますね。それが日本人から出てきた信教の自由に関する最初の公の発言とされているものです。

コラム
「廃仏毀釈の実際」

廃仏毀釈には、神道国教化政策を進める明治新政府がすべての仏教宗派を弾圧した政策というイメージだが、新政府のねらいは神仏習合状態にある神社から仏教的要素を取り除く神仏分離にあった。江戸時代以前の神社には、神社に附属する神宮寺とその住職である別当・社僧が存在し、神前で読経などの仏事を執行していたのである。このような仏教優位で神仏が一体化した神社祭祀のあり方は、神道国教化のためには非常に不都合なものであった。

本論でも述べられているように、慶応4年（明治元年、1868）に別当・社僧の還俗を命じるなどの神仏分離に関する通達を新政府が出したことによって、全国の神社から神宮寺が一斉に破却された。新政府は過激な神仏分離を望んでいなかったが、勢いづいた神職などの活動もあり、一部の藩や地域では神宮寺にとどまらず、すべての寺院を対象とした徹底的な廃仏毀釈が行われた。

美濃苗木藩では、領内の全寺院が取り壊され、仏式の葬儀が否定されて神葬祭という神式の葬儀に切り替えられている。知藩事（廃藩置県までの元藩主の役職）の遠山友禄《ともよし》は、領内を巡察して廃仏毀釈の状況を確認した。領民が護持していた仏壇を発見した際には、仏壇を庭先に持ち出させ、本尊などを土足で踏みにじったうえで焼却させている。

（藤田）

4　国家神道体制と「神社非宗教論」

「信教の自由」に困惑する神道

洗　大教宣布運動は大教団の真宗が内側から反旗を翻しました。宗教の自由を認めないと外交案件の解決もできない。官僚もそのことを検討したのだと思いますが、政府は明治8年に信教の自由保障の「口達」という通達を出します。「信教の自由」とは言っていますが、国民の権利として認めるという主旨では全くない。そもそも宛先が神仏各管長へ、となっていて、教導職試験を政府がやっているのは、決して政府が宗教をコントロールしようとするのではないと述べているわけです。実際には三条の教則を教えろ、と押し付けているのにもかかわらず、教導職はそれぞれの教義に基づいて国民の教化をするのが役割であるとし、そのように自由に宗教の布教をすることを認めるのは天皇陛下が与えてくれた恩恵であるから、天皇陛下に報恩するのが宗教家としての義務ではないか、というようなことを言っている。自由にそれぞれの宗教団体が教義に基づいて国民の教化をしてもいいけれど、天皇の統治の妨げにならないだけではなく、すすんで天皇の御心あるところを国民に教えていくのが宗教家のとるべき道である、というわけです。それが日本において初めて「信教の自由」という言葉で語られた政府方針です。しかし一応、信教の自由という言葉を使い、教導職はそれぞれの教義に基づいて国民の教化をすると規定している。だから実質上、大教宣布運動というのは明治8年の信教の自由の口達をもって終わりになったといっていいでしょう。

その通達の後、明治9年から14年頃までは、政府が今後の宗教政策をどうすべきかと迷っていた期間です。一応自由だと述べた以上、仏教の各宗派の独立を認める必要があり、その公認を始めたのが明治9年。独立した各宗派に管長を置き、管長を通して間接支配する体制がこの年から作られていくのです。

ただ、「自由にやっていい」と言われて困ったのが神道です。神祇官を通して直接国家の体制の下にあった神主たちは自前の全体的組織を一度も持ったことがなかった。そこで神道事務局というものをこしらえて、そこに急遽、神道家達が集まります。神社そのものが国家機関という位置づけはこのとき既にあったわけですが、神道家の中には独自の神道思想を持つ人や、直接に神社の祭祀を行うことのない神道家達も多くいたわけで、そういう人たちが行く場がなく神道事務局に集まったわけです。

ところが、集まってみたら同じ神道といいながら、実は考え方が違う者が多いことが明らかになってきた。まず、神道事務局に祭る神様をどうするか、ということからもめてしまう。とにかく考えの違いがあるので、それぞれの神道思想に基づいて教団を作ってゆこうではないか、というので生まれてくるのが教派神道というものです。

戦前、「宗教」としての神道として認められていたのが教派神道で、最終的に、戦前に公認されたのが13派あったので、教派神道十三派などといわれます。例えば、復古神道系だが、単に神社でやっているだけではおさまりがつかないものとして、例えば出雲大社教があります。これは縁結びの神様としての出雲大社に、出雲講という講中、講社が作られていて、民間の人が参拝をしていた。そういう講中をまとめてひとつの教派神道としてやっていこうとしたわけです。実は伊勢神宮も一時期、神宮教というものを作っています。伊勢信仰は幕末には大衆の間に大変広がり、お伊勢参りといえば庶民の楽しみにもなっていました。しかし、さすがに天皇家との関係があったからでしょうか、すぐに無くなってしまいます。

教派神道は大きく分類すると、復古神道系と山岳信仰系と、もう一つは創唱系に分けられます。創唱系とされるのが黒住教、金光教、天理教です。創唱系は幕末から教団として長い時間をかけて形成されてきたものですから、まとまりがいい。天理教は戦後、うちは神道ではないと言って教派神道連合会を抜けましたけどね。

明治期以降、戦前まで、宗教としての神道と呼ばれるのはこの教派神道です。神社は宗教ではないということにされたわけです。

――教派神道十三派も、仏教各宗派と同様に管長が置かれた？（田中滋）

洗　そうです。

実のところ管長は明治政府が作った行政職ですから、宗教側にプライドがあったら、自由になった戦後、廃止していれば非常にすっきりしたと思います。例えば天台宗などは、座主という伝統的で立派な地位がありますから、管長なんて言わなくてもいいわけです。ただ、ほとんどの宗派は管長職を残して敬っておりますね。

神社非宗教論という机上の論理

行政の方は、そのように相対的な自由化の時代が明治9年から15年まで続くのです。結局、信教の自由は認めなくてはならない。自由化は避けて通れない。しかし、明治政府が基本に立てた祭政一致を天皇の政治の根幹とする方針は捨てるわけにはいかない。これをどうやって両立させようか迷っていた時期が明治15年くらいまで続いたということでしょう。

それに一つの答えを出したのが、同年の神職の教導職兼補を廃止する通達ですね。つまり神社の神主は教えを説かないということです。神明奉仕に専念せよ、神祀りの儀式、儀礼に専念しろ、と。そして、葬儀に関与せざるものとすると明記した。葬儀をやると宗教として受け止められる、そういうイメージが強いからということでしょう。大教宣布自体は神道的なもので、主力部隊は本来神主のはずですが、その神職を教導職から外してしまう。他方、僧侶の教導職制度は明治17年に教導職そのものがなくなるまで続きます。

国家神道は、教導職兼補廃止から始まると言われます。国家神道を支えた論理は、神社は宗教ではないという「神社非宗教論」だったからです。つまり信教の自由と祭政一致の基本方針、これを両立させるためには、神社が宗教でなければいい。それならば国民に強制しても信教の自由を侵すことにはならないはずだということですね。官僚がうまいことを考えたというべきかどうか、「祭教分離」と説明しているが、無茶な話です。信仰の現れとして教えも出てくるし、儀礼も出てくるのですが、それを無視して、机上の論理で祭と教を分離して、専ら神主は祭を、神を祀る儀礼を行う、国民教化のための教えは説かないから、だから宗教ではない、という。それが国家神道体制の論理です。

その論理の構築が「神官の教導職兼補の廃止」から始まります。もちろん最初はあいまいです。

国は、行政上の扱いは宗教ではないという立場を取るわけですが、最初から全部きちんと説明できたわけではない。帝国議会でも「神社のお守りはどうなのか？」と質問が出たり、「やはり宗教ではないか？」などと度々いわれた。政府側は、神社は国家の宗祠である、つまり国家で重要な役割を果たした人達を祀っている国家的儀礼施設だ、と説明をしました。そういう神社への参拝は宗教的な願い事をするのではない。国家に貢献した先祖などに敬意を表するという国民道徳の基本が神社参拝であり、全国民が行うべき国民の義務であるとしたわけです。神社で働く神主は待遇官吏。つまり公務員として採用するのではなく給料も払わないが、公務員的な身分を与える。それが、国家神道における政府側の神社の説明の仕方だったわけですね。

紆余曲折する神社行政

しかし、行政の立場は必ずしも明確ではなかった。大正期に入るまで、宗教団体を所轄する官庁は内務省社寺局で、神社と宗教を同じところで扱っていたのです。

明治の初めはどこに入れるべきか迷ったのか、宗教の所管庁はあちこち揺れ動いています。江戸時代には三奉行の一つに寺社奉行があった。明治に入ると、民部省社寺掛や大蔵省戸籍寮社寺課と変遷する。神社は神祇官が出来てそこに入ったわけですが、社寺掛ですから、神社のことも扱うので、二重行政というか、非常に不徹底な形になるのです。

ある程度体制が整った後は、内務省の中に社寺局が作られ、やがて神社局、宗教局に分かれる。そして大正2年に宗教局は文部省に移される。神社局は内務省のままで、昭和15年に内務省外局の神祇院に変わる。

要するに、神社は宗教ではないと言いつつ、仏教などと一緒に扱う体制は明治後期まで続き、その後も非常に不徹底な形でしか国家神道の体制は整えられなかった。神社とそれ以外が内務省と文部省に分かれたのが大正の初めで、それを起点に宗務課は100周年と言っているようですが、一体何を祝うのか（笑）、どういうつもりだろうと思います。

国家神道は宗教とは別だ、とする建前を通し、祭政一致体制と信教の自由という両立できないものを何とか両立させようとして、政府が考え出したのが神社非宗教論にもとづく国家神道体制だったと言っていいでしょう。

では、神道を通じて国家は何をしようとしたのか。結局、神道神話に根拠を置いて、天皇への崇拝を国民に植え付けようとしたということでしょう。それが大教宣布運動の期間だったと思います。江戸の庶民などはそもそも天皇の存在自体をよく知らない。だから、この国には将軍様よりもっと偉い天子様がいらっしゃるという説明が必要だった。大教宣布運動がそれに成功したかどうかは評価が分かれますが、その後、天皇を国の中心に置くという考え方が庶民のレベルにまで広げられていく。

国体の思想と国家神道

ところで、国家神道は何の思想も持たないただの制度だった、という見方があります。私はそんなことはないと思うのですが、國學院大学の研究者達は、国家神道体制とはあくまでも国家的な施設として神社の社格を定めた体制だという。宮内省が財政的基盤となる官幣社、大蔵省が責任を持って支える国幣社、都道府県が責任を持つ府県社、市町村が責任を持つ村社、そしてその下に無格社という、どこも責任を持たない社格があったようですが、そうした国家が定めた体制は戦後の政教分離で壊された。だから現在、国家神道はすでに存在しないとおっしゃる。

しかし、国家神道がそのような無色透明な制度だったかといえば、私は違うと思います。神主は確かに直接に説教はしなかったかも知れないが、きわめて神道的で国粋主義的な思想が国家神道制度の枠内で様々な勢力によって論じられ、学校教育の中でも説かれてゆくことになります。それが国家に支えられ、推し進められていったのが国家神道体制だったのではないか、と私は思います。

最初はそれこそ天皇がこの国の中心なのだということ、それだけが理解されればいい、と考えたのかも知れません。しかし、そこに留まらなくなって、いわゆる国体の思想と呼ばれるようなものが生まれてくる。全体としてみると、神道思想をもとにしながら、国家主義的な思想家達によって肉付けされ、国の標準的な思想へと広がり、神社を通じて民衆にまで浸透してゆく、そういうシステムが存在したと私は思っています。

神社には昔から伝わる伝統的な祭りの仕方があります。これは国家神道体制下、それぞれの神社の私祭といわれた。その上に公祭というのを持ち込むわけです。祭りの時には必ず奉幣使のような人が来て、公祭として儀礼をおこなう、その中で国家神道的な内容の祝詞や挨拶がある。民衆が親しんでいる私祭の場でそれを語る、国家神道思想の伝達構造があったのだろう考えます。

タテ社会と神道

国体の思想は家族国家観ですね。人類学の伊藤幹治さんが、これは明治中期に生まれてきたものだと言っていますが、日本の社会構造と非常に深く関わっている。日本の社会構造については中根千枝さんが『タテ社会の人間関係』で、タテの社会のつながりが日本における社会秩序を構成する基本となっているとおっしゃっていますが、それは神道的な世界観とつながっているのではないかと私は思います。

――タテ社会のルーツは神道的な世界観であるという意味は？（田中滋）

洗　明治になって近代国家に当てはめられた家族国家観の淵源はずっと古く深いだろうということです。仏教伝来後、日本は仏教国になったが、仏教の基本理念の「無常無我」は一番根本的なところまでは届かず、枠組みも神道的なものが変わらないままで、仏教はそこに非常に豊かな色彩を持ち込んだだけの関係ではないか、というのが私の見方です。

浄土信仰は日本で非常に広まりますが、実体的な霊魂は仏教の教学的な基本からいうと認めがたいところがありますね。浄土系の教学でも一体何が往生するのか、と論議され、霊魂が往くと言ったら仏教にはならないとする議論が主になされてきたと聞きます。しかし、一般庶民は、自分の霊ではなく業が往生するなんて言われたら、きっと安心もできなかったでしょう。やはり庶民は、この私が死んだら、私の魂が阿弥陀様のもとに往くと信じて浄土信仰を受け入れていたのだろうと思います。そこのところを根本から変えてしまうことは仏教も出来なかったのではないでしょうか。

辻善之助でしたか、日本の神は祀られることによって神になる、と言っています。キリスト教やイスラムの超越神とは大きく違い、血がずっとつながっているという、そういうタテの関係が神道における一つの理念、モデルとしてあると思うのです。それがあらゆる面で日本の社会を作ってきた社会構造になってきた。これが古くからあった構造ではないでしょうか。

仏教の本山と末寺、本末はやはりタテの関係です。こういう本末関係は仏教の理念から出てきたかというと、それは違うだろうと私は思う。殿様と家来の関係は、家の子郎党といい、疑似的な親子のタテの関係として存在します。天理教の人に話を聞いていると「子分の誰それが」などと平気で使う。親分子分の関係もヤクザだけでなく古くから一般的にあった社会関係だったと思います。そうしたタテの関係はずっと辿れば神にまで行き着くわけです。天皇家の祖は天照大神ということになっていますね。『尊卑分脈』では藤原氏の祖先をずっと辿ると猿田彦命で、藤原氏のいわば祖先神です。

柳田国男の『祖先の話』によると、日本人にとっての神は、田んぼの守り神ですが、田んぼに常駐しているわけではない。春になると、どこかからやって来て稲作を守護し、収穫が終わるとまた帰っていく。これは、山から来て山に帰るのですね。民俗学では常民といわれる農耕民にとって、定住生活する日常空間と向こう側の世界を区切るのが山であって、人が亡くなるとそこが帰っていく場所です。むろんそれは全てに当てはまるわけではなく、沖縄ではニライカナイという海の彼方になりますね。

山から来て山に帰る神様はご先祖様である。つまり先祖と子孫の関係が、日本における基本的な社会構造として存在していたということでしょう。それを倫理的に意味づけたのが儒教です。江戸時代以降、タテの関係を基本として、それが儒教によって意味づけられていく状況があったと思います。

祭政一致体制は日本だけの特殊性ではありません。権力は単に力で獲得しただけでは駄目で、正当性が承認されるプロセスが必要だ、とはマックス・ウェーバーが説いているところです。ヨーロッパでも教皇体制までは日本とかなり似ているところがあった。ただ、キリスト教では、論理的に神と人とは一応切れている。神がすべての権威の源泉で、人間との関係は基本的に契約になる。そこでは王権神授説のような神と人の関係も考えられる。民主主義も個々人が直接神から権利をうけとる関係ですね。それに対し、日本は契約の関係でも倫理体制でもない。宿命的な血縁関係として考えられているわけです。日本でも実際にはしばしば権力の交代が起こっているのですが、常に天皇が新たな政治権力を正当化してきた。これは日本独特の社会構造と関係していると思います。

生き神としての天皇と「国体の本義」

――タテ社会の中で天皇崇拝が人々に受け入れられていったことは理解できますが、それがやがて戦争にまでつながっていく思想を生み出したのはなぜでしょう。（田中滋）

洗　国家としては、国家神道は天皇を統治者とする思想を支える制度の問題であったのかも知れません。しかし、神道者にとって天皇は現御神《あきつみかみ》であるわけです。

人間が神になる例は、菅原道真が天神様になったようにたくさんあります。徳川家康はそれこそ神君と呼ばれ、死後は東照宮で神として祀られました。当時の考えでは、神は仏の現れですから、東照大権現という。東照宮には本地仏として薬師様を祀る薬師堂があります。これも神仏分離で本来は排除されるべきものでしたが、これは例外で、あまりに立派でもったいないというのが残された表向きの口実でした。徳川家に対する江戸庶民の気持ちから壊せなかったということもあるのでしょう。

明治政府も人を神として祀りました。天皇に忠義を尽くしたとされる人物を御祭神とする別格官幣社の制度が設けられ、その順位はその人物が生きた時代順にしました。徳川家康は新しいですから下位に置かれた。徳川家への特別な思いを少しずつ消してゆこうとする狙いでしょうかね。

新宗教の生き神様・生き仏様は迷信だとよく非難されますが、しかし教義上で、教祖を生き神とか生き仏と位置づけている新宗教は決して多くありません。教祖様のおかげで医者から見放された病気が治った、といった体験をした信者たちが勝手に教祖様を生き神様に祭り上げるわけです。そういう心性はどうやら日本人の中に根強くあるので、天皇を生き神とすることについて、拒否反応はそれほど出てこない。

神になる基準ははっきりしませんが、実例を見ればいくつかのタイプに分けられます。一つは血統の信仰で、天皇はそれでしょう。浄土真宗では法主様は生き仏ではないはずですが、少し前まで法主様の地方巡錫にあたって地元の善男善女が法主様に向かって南無阿弥陀仏、南無阿弥陀仏と拝んだそうです。法主様がお入りになった風呂の水をいただくと万病に効くなどとも言われていました。信者たちが勝手に生き仏として信仰していた側面があると思われますが、それが真宗における法主の強力な権限の基盤にもなってきたところがありますね。

神道家たちは、天皇は神である、と当然のごとくに考えていましたし、現代でも私の知っている國學院大学の名誉教授は「私は今でも天皇は神だと思いますよ」とはっきりおっしゃっています。明治憲法は第一条に「大日本帝国ハ万世一系ノ天皇之ヲ統治ス」とあり、第三条は「天皇ハ神聖ニシテ侵スヘカラス」と規定しています。国民に対して直接に現御神だと言っているわけではないが、神聖にして侵すべからずならば、神というイメージは出てきますね。

教育勅語が発表された時に、内村鑑三の不敬事件が起きます。神でない者を礼拝してはならないという教えを信じていた内村にとって、教育勅語の御名御璽に最敬礼することは礼拝に当たらないかとの躊躇があり、軽く会釈するようにした。それが不敬であるとして批判され、旧制第一高等学校教員の辞職に追い込まれる。天皇を神的なものとして崇拝し、礼拝する、天皇が徐々に神になっていく過程が明治時代にどんどん進んでいきます。その中で、天皇の神格化を国家の体制の問題として位置づけたのが「国体」の思想だと思います。

世界には民主制、君主制などさまざまな国家体制があるが、君主制でも人間が人間を統治しているのであって、神が直接統治する国は世界中見渡しても日本以外にない。天皇は神であり、国民・臣民は天皇の赤子で、一家のようなものだ。このような天皇が直接統治している日本の国土は、神州、神の国である。これは万邦無比の国体である、とする思想ですね。

もちろん神道学者や神道家がまず言いはじめたのでしょう。しかし徐々に国家レベルに取り入れられていきます。時代がずっと下りますが、戦時中には文部省が『国体の本義』という副読本まで出し、国体の思想が日本国全体を覆う思想となって行きます。日本の侵略戦争を正当化する時の国家神道的論理になってゆくと言ったらいいでしょうか。

幕末頃には「日本がヨーロッパ列強に攻められ、中国のアヘン戦争のような事態が起こる、その危機を克服するためには近代化を急がなければならない」といった思いは強くあったでしょう。金重明氏の『朝鮮王朝の滅亡』を読むと、吉田松陰などは朝鮮・中国をきり従えてヨーロッパ列強に対抗すべきだ、ということを言っていた。そうした思想が伊藤博文や山県有朋に受け継がれた、と指摘していて、なるほどと思いました。

どうもその辺に、アジア侵略の発想の出発点がある。明治政府は朝鮮が日本の安全の橋頭堡であり、ロシアの南下に対抗しなければならないという認識を持っていたと思いますが、そのためには朝鮮を自分の支配下に置くべきだとの考え方も最初からあったのかもしれません。西郷隆盛は征韓論に敗れて下野したと言われています。しかし、朝鮮を征伐するのはよくないというより、まだ時期が早いと考えられただけでしょう。朝鮮の鎖国体制を破るのに大きな役割を果たしたのは日本ですからね。江華島事件をおこして、李王朝に開国させました。

当時、朝鮮は清を宗主国としていたので、日本は清と朝鮮の支配権をめぐって日清戦争を起こし、さらに日露戦争へとつながるわけです。欧米諸国と同じように日本の領土を拡張して、ヨーロッパ列強に対抗する思想は明治政府に最初から存在したと思います。

ただ、むき出しの本音では大義名分が立たないですから、国家神道に基づく侵略正当化の思想が徐々にでてきます。国体の思想を基にしてそれをアジアに拡大する八紘一宇の思想です。八紘は天下のこと、一宇は一つの家ですね。つまり、この世界を一つの家にして、平和な世界を作ってゆく。その場合の「家」も、国体の思想の家族国家観にもとづくものです。天皇を家長とする家をアジア全体に広げ、アジア諸国を欧米諸国の侵略から解放し、大東亜共栄圏を作っていく。国体の思想の拡大版としての八紘一宇の思想で、日本の侵略を正当化したわけです。

欧米列強はアジア人を劣等民族と見なしてアジア諸国を植民地とするが、日本はいわゆる皇民化政策によって天皇の民、日本人にしていく。そうした政策が朝鮮半島と台湾で実際に行われた。しかし、本当に日本人と全く平等になったかといえば、そんなことはありません。私は朝鮮のソウルで生まれたのですが、終戦後に日本へ帰ってびっくりしたことの一つが、肉体労働をしているのが日本人だったことです。朝鮮では見たことがなかったですからね。地方に行けばどうかわかりませんが、少なくとも京城（ソウル）では肉体労働をしている日本人はみかけませんでした。構造的な差別でしょう。

朝鮮では創氏改名といって本来の名前を奪って日本語の名前を付けさせ、すべて日本語で教育することも行われました。皇民化政策で大東亜共栄圏を作り、アジアを解放すると信じていた日本人もたくさんいたのだと思います。しかし、そうした思想は日本が植民地化を進めるうえでのイデオロギーとして働き、朝鮮の人々は自分たちの言葉を失い、名前を失い、民族の伝統を取り上げられたわけです。理屈抜きの植民地支配よりましだ、と言えるかどうか疑問ですね。

――国家神道体制下で、仏教側にこれに対する抵抗がなかったのでしょうか。伝統仏教の教義や鎌倉新仏教の流れを考えると、あきらかに国の政策は理不尽なもので、仏教者の側からの批判なり反発がなかったのはおかしいと思うのですが。（田中滋）

洗　反発や批判が全くなかったと言えません。しかし、仏教は江戸時代に手厚く幕府に保護され国教的な地位に置かれてきた歴史があります。特にキリシタン洗い出しのために檀家制度をつくり、全ての人間をどこかの寺に所属させた。その一方で、幕府は新義異宗の禁を打ち出し、新しい教義を打ち出したり別派を立てたりすることは厳しく禁じました。そういうかたちで仏教各宗派は大きな枠のなかで統制され保護されていたと思います。だから国家によって何らかの統制が加わること自体に疑問を抱くのは難しかったかも知れません。

もう一つは、信教の自由はヨーロッパにおいて、基本的な人権として国家、国家法を超える権利だという認識から出発していますが、日本にはそういう背景がない。信教の自由が自然法に基づく基本権であって、国家法を超える自然権なのだという認識は日本では定着してないし、育ってこなかった。そのことの意味はきわめて大きいですね。

コラム

「別格官幣社とは何か」

神社の「社格」は古来、神祇官が幣帛を供える官幣社と国司が祭る国弊社に分けられ、かつては官幣大社、小社というようにそれぞれ2階級に格付けされた。延喜式神名帳（927年完成）には官幣大社の祭神304座が載せられている。明治新政府が設けた社格制度も基本はそれを受け継ぐ形で、全国の神社を官社（官幣社・国弊社）と諸社（府社・県社、郷社と郷社の下の村社）に分け、官社は大中小の3段階に区分された。村社の下には、社格がない無格社があった。

ここに新たな社格として加わったのが、「国乱ヲ平定シ国家中興ノ大業ヲ輔翼シ、又ハ国難ニ殉セシモノ」を祀る神社を対象とする別格官幣社である。南朝の忠臣・楠木正成を祀るために明治維新後に創建された湊川神社が第1号で、「列格」は明治5年4月29日。翌6年には徳川家康を祭る日光東照宮、2ヵ月ほど遅れて豊臣秀吉を祭る豊国神社が相次いで指定された。

戦時下の昭和18年に列格された福井神社（祭神は松平慶永）まで、別格官幣社はあわせて28社を数えた。南朝の忠臣や明治維新で官軍側の島津（斉彬）、毛利（敬親）、山内（豊信ら）ら、さらに天下人の家康、秀吉、織田信長を祭神とする神社も含むが、後醍醐天皇に弓を引いた「朝敵」の足利氏や北条氏ゆかりの神社はない。まさに明治国家の新しい守護神の社格といえるだろう。敗戦後の昭和21年にこの制度は廃止された。

靖国神社も旧・別格官幣社だが、内務省所管ではなく、陸海軍省の所管。祭神がどんどん増えていくという特殊な神社である。（津村）

5

明治仏教史

―仏教教団の近代化

社寺上知令と地租改正による打撃

――仏教教団の近代化という観点から、教団自治の確立過程とその変遷を考えてみたいと思います。近代仏教史研究はマイナーでしたが、最近は研究が進み、この問題を検討する基礎ができています。仏教教団は近代の初めから負の遺産を抱えました。その原因になったのが明治初期の廃仏毀釈・上知令・地租改正です。排仏毀釈についてはお話していただいているので、上知令と地租改正についてうかがいたいと思います。

上知令は明治4年1月5日に出されました。内容は「今度社寺領現在ノ境内ヲ除ノ外、一般上知被仰付」、すなわち伽藍が建っている土地以外の境内地はすべて没収するというものです。さらに、地租改正の内容を通達した明治7年11月7日の太政官布告によって、国内のすべての土地は官有地と民有地のいずれかに分けられており、寺院が所有する土地はすべて官有地にされてしまいました。上知令と地租改正によって寺院の土地はほとんど国家に取り上げられてしまいます。昭和14年の「寺院等に無償にて貸付しある国有財産の処分に関する法律」、昭和22年の「社寺等に無償で貸し付けてある国有財産の処分に関する法律」という二つの法律によってようやく寺院に土地が返されることになりましたが、国有地のままになっている土地もあって、いまだに問題になっています。（藤田）

洗　ご指摘の通り、上知令は寺院に対して特に打撃を与えた政策ですね。版籍奉還で藩主に領土と領民を返上させ、彼らは皆、華族に列せられた。その一方で、社寺だけが領地を持ち、年貢を取っているのはおかしいというのが政府側の言い分です。ある意味で、近代国家形成の上でやむを得ない面は多少あったと思います。

神社は国家施設になりますから、国が幣帛料を出し、靖国神社などは国費でどんどん境内地を拡張していった。国にとって必要な有力神社は国が直接面倒を見てくれたわけです。他方、特に京都などの本山級の寺にとって、この上知令の痛手は非常に大きかったと思いますね。天台宗とか禅宗は権力に結びついて保護され、檀家など民衆からの収入は少なかったので、上知令で経済的な基盤が一挙に失われた。その見返りとして、「追テ相当禄制被相定」とあって、名目上、禄制は作ったかもしれませんが、政府にお金がなく実施されていない。明治政府には、仏教はどうでもいいといった雰囲気があったのではないでしょうか。

イギリスでも、近代国家形成の過程で教会の直接的な領土や領民はなくなっていくのですが、土地所有は認められます。今、英国の国土のほとんどすべてがほんの一握りの人たちの所有だそうで、英国国教会も大きな資産を持っています。国からの支援がなくても、その資産収入だけで十分豊かなのですね。年貢を取り立てるようなことはないにしても、近代的な形の土地代収入が大変大きい。日本も社寺の土地の所有権は認めていく近代化の方式があり得たのかもしれないですが、圧倒的な中央集権によって土地を全部取り上げて、そのため寺社が困ってもきわめて冷たかったといえるでしょう。

それに追い討ちをかけたのは地租改正です。明治の初め、税金の基本は地租、つまり土地にかかる税金で、所得税が導入されるのはかなり後です。地租を基本とする税制のもとで国の収入源を明確にするため、政府は時間をかけて全国の土地を全部調査した。その際、民有地としての所有権の証明ができないと、全て官有地にしてしまう。非常に乱暴なやり方です。ほとんどの寺院、神社は国有地を無償で借りる形になり、所有権を失ってしまいます。必要があっても土地を処分する権利はない。自由に扱えないのです。さすがにこれはひどいやり方で、仏教界は、境内地はお寺に必要な土地だから返してくれと働きかけ続け、昭和になってようやく、あの時に取り上げた土地は返還すると国は一応約束します。しかし、その頃すでに戦時体制に入っていてそれどころではなく、結局、約束は放置され終戦を迎えます。

戦後、政教分離という全く別の観点から、国有地・官有地あるいは公有地を宗教団体が無償で使っているのは政教分離規定に反する、とのGHQの指摘を受け、国有境内地返還に関する法律を作るわけですね。

しかし、国有境内地返還でその後も長い間もめていたケースがありました。私が知っているのは富士山です。富士山の山頂はずっと富士山本宮浅間神社（大社）の境内地でしたが、富士山は国民のものだからという理由で国が返さなかった。訴訟の決着が着いたのは昭和49年でした。富士山の八合目以上は浅間大社の境内地であるとする判決で返還が確定しています。いずれにせよ、廃仏毀釈も上知令も地租改正にしても、特に仏教に対して実質的に打撃を与えた政策である事は間違いないだろうと、私も思っています。

明治憲法より9年早い本願寺法

――廃仏毀釈によって仏教教団は大打撃を受けましたが、浄土真宗は国家の弾圧を避けてたくましく生き延びることができました。それは、西本願寺と明治政府との関係のような権力とのつながりがあり、民衆の厚い信仰に支えられていたからだと考えられます。また、先にもお話しがありましたが、島地黙雷に率いられた西本願寺は神道国教化政策に強力に反対しました。

明治10年代に入ると、浄土真宗は早くも教団自治の動きを見せるようになります。西本願寺では、明治13年に本願寺法が制定されて、同14年に第一回の宗議会が開催されました。これは大日本帝国憲法のもとでの第一回帝国議会よりも早いものでした。このような西本願寺の自治形成過程については、龍谷大学の平野武先生が研究されています。平野先生は明治憲法と本願寺法の成立過程を比較し、二つが非常に良く似ていると述べておられます。

浄土真宗教団は、神道国教化政策に抵抗し、早くから教団自治を形成したのですが、その一方で国家神道を簡単に受け入れてしまいました。浄土真宗の教義に「真俗二諦論」というものがありますが、要するに、信仰の面では阿弥陀如来に帰依しつつ、世俗の面では国家に従属しなさいということを教団教学でうたったのです。そのような浄土真宗教団が早々に本願寺法を制定させて、宗議会を組織したことは、どのように考えたらよろしいのでしょうか。（藤田）

洗　私は真宗の内情について詳しくありませんが、私たちが編集した京都仏教会監修の『国家と宗教』上巻に収められている平野先生の論文では、明治憲法以上に民主的な側面を本願寺法は持っていたと分析されていましたね。明治憲法の天皇絶対主義に比べると、地方の権限を認める民主主義的な側面がみられる。それは自由民権運動などの影響があったためだとおっしゃっていますね。

福島正夫編『近代法体制の形成』所収の論文で、平野先生は、実は長州と真宗は非常に繋がりが強かった、と指摘しておられる。本願寺で維新の志士たちをかくまった縁があり、明治政府との独自の関係もあった。そこから、近代憲法を作るという課題を実験的に試みるため、本願寺が使われたのだろうという分析です。本願寺法を作る時には、政府の要人が来て指導をしたりしている。明治22年の明治憲法に先駆けて10年ほど前に本願寺法が作られた背景にはそういうこともあっただろうと私も思います。日本では明治の初めから、江藤新平などが中心になって太政官左院でフランスの法律家を招いて、近代法を勉強しています。

江戸時代の法律は、幕府が個別の細かい事柄について幕府の命令として出すかたちですね。寺院法度も、例えば浅草寺に対して「お前のところの本寺は上野の寛永寺にするから本寺のいうことを良く聞け」などと命令として出している。非常に個別的であって、体系的ではなかった。ヨーロッパの近代法は、人と人との関係は契約の関係で、それによって権利と義務が生ずるというように、一つの原理を基に社会全体の秩序を構築している。そのことに江藤らは大変驚いたという話が、『近代法体制の形成』の平野論文に紹介されています。

江藤新平は佐賀の乱で死んでしまい、明治10年頃からはドイツ法が台頭してくるようですが、平野先生の研究によると、本願寺法制定の時にはまだドイツ法は圧倒的な影響を持っていたわけではない。本願寺法が自由民権運動の影響を受けているとすれば、そのような状況と関係があるかも知れません。

それに対し、明治22年の大日本帝国憲法はドイツ・オーストリア憲法を中心にしている。つまりヨーロッパで一番遅れ、民主化の進んでいなかった国の憲法を導入することになった。実際には、日本の天皇は絶対専制君主にはならなかったわけですが、文言の上で、帝国憲法は圧倒的な絶対君主制をとっていますね。「天皇ハ神聖ニシテ侵スヘカラス」で、内閣も官僚も全部天皇が任命する。実際には元老らが決めているわけですが、天皇が任命する形式です。大日本帝国憲法では議会にも一定の権限を認めていますが、しかし内閣は議会に選ばれるわけではなく、議会に責任を負うわけでもない、君主である天皇に対して責任を持ち、議会に対しては超然として制約されないという権力構造を帝国憲法は備えている。それと比較して本願寺法は民権運動などの影響を受け、議会の権利も配慮されている、ということでしょうね。

ただ、政府の指導もあって本願寺法が作られていく時、内部での抵抗が相当存在したことも平野先生は指摘している。「寺法栄えて仏法滅ぶ」というような議論があったそうです。そうした面も押さえて考えてゆく必要があるでしょうね。各教団は近代化の過程で宗制を制定し、宗議会や内局を作ってゆくわけですが、「仏教の理念に基づけば、かくあるべきだ」というものが何もみられない。ただ国家の体制に依存し、それを真似していくのが近代化だと思っているのではないか、との印象を否めないのです。

ヨーロッパでは、宗教改革の時から、教会の制度、組織はいかにあるべきか、と長い間教学論争をしてきた。つまり宗教集団の組織はかくあるべきという宗教の理念からスタートしている。この点、仏教も原始仏教の時代、部派仏教に入るぐらいまでの時代にはそういう議論はあったのではないかと思います。しかし、前にも話しましたように、日本の仏教では、戒律が社会におけるルールとして世俗的法律の根拠になりうる性格を早い段階で失っていった。そうしたことも背景にあったのではないでしょうか。

仏教各宗派における近代的自治の形成

――浄土真宗以外の仏教教団が宗派の規則を制定する大きな契機になったのが、明治17年の太政官布達第19号だと思います。5ヵ条しかない簡単な法令ですが、それが出たことによって各宗派は一斉に宗制・寺法を定めたのではないでしょうか。臨済宗相国寺派でも同年に宗制寺法が編纂されています。近代的な教団自治が形成されたのです。

そして、各宗派で宗議会が開催されるようになった結果、曹洞宗内部における永平寺や総持寺の争いに代表されるような紛争が頻発するようになります。両者の争いは江戸時代から続いているものですが、この時期になると激しくなり、総持寺が分離独立する動きを見せています。宗制を定めて宗議会を組織すると、宗派内の矛盾が噴出してしまう状況もあったようです。（藤田）

洗　各宗派の宗制が整えられていった時期は詳しく知りませんが、政府としてはそれが近代化だという考え方があったと思います。官庁を通して各宗教団体をコントロールしていくため、宗制に基づく組織を作るよう指導したのでしょう。

曹洞宗の永平寺系と総持寺系の争いは根が深いようですが、近代に入って永平寺系の方が優勢になっているようですね。道元禅師は一箇半箇といって、たとえ一人、二人でも本物の禅僧になればいいという姿勢で、小さな田舎教団が出発点だったと思います。そういう小教団を現在のような大教団にしていったのは総持寺を開いた瑩山禅師で、道元禅師の高祖に対し太祖といわれ、あわせて両祖と言っています。

その瑩山禅師がどのように曹洞宗を広めていったのか。坐禅一本で在家の人たちをそんなに教化できたわけではなく、民間の信仰をどんどん積極的に取り入れていったのですね。曹洞宗には真宗の「異安心」のような考え方はない。宗門として祀るべき本尊、これは真宗では阿弥陀仏に決まっていて、それが徹底しています。曹洞宗も宗門としては、一仏両祖、釈迦牟尼仏と道元禅師と瑩山禅師の三尊仏を本尊とすることを奨めています。しかし、宗勢調査をしてみると、曹洞宗のお寺で一番多い本尊はお地蔵さんで、その次が観音様だそうです。これは庶民に人気のある仏さんですね。それだけではなく、お稲荷さんと天狗さん、それから龍神さんを祀ったことも信者を広げた原因だろうと思います。お稲荷さんでは豊川稲荷があります。これが非常に庶民に人気があって江戸に勧請されて、赤坂に豊川稲荷の別院が建てられた。町人、特に商人の商売繁盛の神様として広がっていった。仏教にみごとに習合していますよね。こうした信仰が全部入ってきて、そのおかげで人がたくさん集まる。だから坐禅が中心で広がった宗派とは言いがたいところがあると思います。

永平寺系と総持寺系の争いは宗議会ができて顕在化したのは事実かもしれませんが、そもそも徳川幕府は、寺院勢力が国家権力に対抗しないように、宗門の中に二大派閥を作る方法をとったとみられます。本願寺は、秀吉が石山本願寺籠城の強硬派の教如を廃して弟の准如に継がせたのですが、それに対し、家康は教如に東本願寺を建てさせ、東西本願寺が分立した。浄土宗は知恩院が総本山ですが、徳川家は菩提寺として江戸に増上寺を建てた。知恩院を増上寺の上に置くが、勢力は分割されます。宗門内で競合関係を作ることで、幕府への抵抗力を弱めたといわれますね。

民衆を巻き込まない宗門改革の弱さ

——近代仏教史研究の第一人者であった吉田久一さんは『清沢満之』という本の中で、次のようなことを述べています。

明治以降、真宗大谷派は東本願寺本堂の再建などの懸案を処理しますが、その反動で明治30年代には教学の不振や門末の疲労が生じる結果となりました。宗派運営が行き詰まる中で、改革を志した清沢満之が登場して、精神主義を唱え始めます。精神主義とは、絶対無限の阿弥陀如来に帰依することで精神的な安定を得ようとするもので、要するに個人の信仰を大事にする考え方です。このような思想を持つ清沢を核に改革派が結集し、教団改革が進められますが、保守派と激しく対立して挫折してしまいます。教団の封建性を克服できなかったということですね。

この『清沢満之』に端的に表れているように、従来の近代仏教史は清沢のような優れた宗教思想家の動きから仏教の近代化を説明していて、伝統的な教団というものには価値を見出していません。しかし、教団がなければ仏教自体が続かないわけですし、その物の見方でよいのだろうかと思います。

本願寺教団では法主の権限は非常に強大でして、個人を重視するような思想が発生する一方で、教団そのものは封建的な体制を維持していた。そのような矛盾した構造の中で自治が追求されたわけですが、それは誰にとっての、何のための自治であったのかという疑問が起こります。また、清沢の思想は戦後の浄土真宗における同朋会運動とつながっている。宗教団体内部の自治だけではなく、社会との関係を視野に入れた場合、どのようなことを考えるべきなのでしょう。（藤田）

洗　清沢だけでなく、明治期の仏教者の中には本来の仏教とは何だということを追求しようとした人たちがいて、宗派とは別個に、仏教清徒同志会などの運動を始める人々もありました。仏教清徒とは仏教のピューリタンということですね。

仏教とは何かという思考は、例えば、すでに江戸時代に富永仲基が、大乗仏教はすべて釈迦一代の説法だという前提を覆して、仏典は時代とともに築かれてきたものだとする加上説、大乗非仏説を唱えていますが、明治に入るとさまざまな動きが出てくる。清沢は真宗の本来あるべき信仰を純粋に追及し、改革の思いに駆られた人です。本来の教えは念仏一本だとして、その他のものは排斥する。そうした排他性は日蓮宗と真宗が一番強く持っていますね。日蓮宗はより戦闘的ですが、真宗も本来の信仰でないものを排除する姿勢が強くある。ところが、現実の教団では親鸞の血筋を引く法主に対する信仰がずっと強く続いてきた。満之には、それは本来の信仰ではない、との理解があったはずです。

ヨーロッパの宗教改革と対比して考えると、宗教改革は民衆を巻き込んだ戦争になっていったことが大きな意味を持つ。近代の始まりをルネサンスに置く考え方は日本の歴史学界では圧倒的なようですが、マックス・ウェーバーは宗教改革に近代の起点を見いだしています。個人を中心として社会全体を考える点に近代の特徴があるとすれば、全体主義的な調和の中で人が生きる中世的な価値観からの大転換が起こっているわけです。その大転換は知識人が主導したルネサンスではなく、民衆が信仰を巡って戦った宗教改革によって可能になった。これに対し、明治の仏教者の改革運動では民衆が全く巻き込まれていない。それでは根本的な教団の改革も出来ないだろうと思います。

ただ、同朋会運動はそれなりの成果を示してきたといえるかも知れません。東本願寺で改革派がはじめて内局を作ったのは私が宗務課に在籍していた当時で、印象が強く残っていますが、絶対権限をもつ法主を規則上は象徴的な立場の門首に変えた点で、宗教改革に繋がるような意義があるでしょう。しかし、やはり僧侶のレベルではなくて、門徒を十分に巻き込んだかたちでないと本当の改革にはならないだろうと思いますね。

宗制と教義のあるべき関係

——国家神道体制のもと、宗派のトップである管長は勅任官の官吏待遇で、国家のバックアップもある。そのなかで、教団内の改革運動はどこまで効力があったかというと、厳しいところだと思います。当然のことながら、自治にも限界があったでしょうね。

大正期になると、仏教教団は社会事業を活発に展開しはじめます。「大正デモクラシー」に関連した動きです。各宗派が現在行っている社会事業は、この時期に始まったものが多いのではないでしょうか。また、臨済宗においては、禅の教えを社会に広めることを目的とした臨済宗七派聯合布教団が組織されています。このような運動が起こるのも、「大正デモクラシー」の流れにあわせて仏教教団が教化に力を入れ始めた表れではないかと思います。臨済宗相国寺派では、明治17年の宗制寺法を大幅改正した「臨済宗相国寺派紀綱」が大正2年に制定されています。相国寺派以外の臨済宗各派でも同様の動きがあったようです。仏教教団が社会に対して自己主張をしようと努力した結果ではないでしょうか。（藤田）

洗　政府が宗教制度調査というのを実施し、それを進める中で行政側からの働きかけがなされたと同時に、教団自身の自覚的な努力も当然あったでしょう。清沢らの改革の運動と比較して「宗門は守旧派でだめだ」と片付ける議論はいかがなものか、と思います。

近代に入ってからの宗教の変化については、世俗化に関わる論争が重要です。トーマス・ルックマン（『見えない宗教』等）は、宗教はだんだん個人化してゆき、世俗社会の中では教団的なものは意味を失う。ただし、宗教そのものがなくなるのではなく、個人のものとしての宗教が生き残ってゆくと主張しました。ハーヴィ・コックス（『世俗都市』等）もそうですね。それに対して、イギリスのブライアン・ウィルソン（『現代宗教の変容』等）は、世俗化はやはり宗教そのものの衰退であり、宗教が人々を捉える力を失いつつあるのだ、と考えました。教団が力を喪失しても、宗教は何らかの形で生き残っている、といえるようなものではない、と。

まだ論争中の問題で、私はどちらが正しいとは断言できません。ただやはり私は教団、宗団という組織を抜きにした宗教は非常に考えにくいと思っています。個人化していった信仰を個人の道徳や思想とどう区別するのか、それがなぜ宗教といえるのか。宗教が宗教として生きていくためには、団体としての宗教が人々の心を捉える力を取り戻す必要があるのではないでしょうか。そこが世俗化問題の核心かなと思います。その意味で、世俗社会の現象について宗教の側からその意味や問題点についてしっかり発言できるだけの力を持たないと、宗教の未来は非常に暗いだろう、という気もしますね。

仏教が社会福祉について啓発されたのはキリスト教の活動によるところが大きいですね。カトリックは社会活動も大学の設立も、教えを広めていくためというはっきり目的意識をもっています。社会をどう捉え、そこに宗教団体としてどのように関わっていくのかという、しっかりした理念があります。しかし、仏教の立場では社会に関する理念が必ずしも明確ではない。すべては縁起生のものだとされますが、縁起とは実は関わり合いの問題です。その関わり合いをもっと具体的に仏教の側から追求できないか。そうすると仏教から見える社会がもう少しはっきりと浮かびあがってくるのではないでしょうか。これは素人の思いつきですが。

戦後の宗教法人法の柔軟性

――宗教団体が教義にあわせて教団組織を形成してきたのならば、民主主義など世俗的な価値と衝突する場合もあると思うのですが。（田中治）

洗　カトリックのカノン法は民主主義とは無縁だといわれますね。信仰上、真理は神にあり、神の指示はすべて教皇に与えられる。それをもとに教皇は、全世界を司教区に分けて、司教に権限を分与する。前にも触れたこの司教裁治権は、全くの独裁権で、立法司法行政の全権はすべて司教が持ちます。日本でも司教のいる司教座教会だけが法人になっていて、ほかは全部非法人です。法人になるとそれぞれが独立した意思を持ち、司教裁治権を侵す可能性があるので、法人にはしない。この制度が近代社会でいろいろ問題を起こしているかといえば、そんなことはありません。宗教改革に対して、カトリックの側でも対抗宗教改革が進められ、平信徒の権利をより尊重できる体制にしていきました。司教の独裁権は信仰上の権限として維持し、同時に独裁の弊害を防ぐ教会法体系を努力して作ってきたわけです。

真宗でも法主の権限が信仰から導かれているのならば、それが大きな権限でも否定はできない。しかし、そうでないのならば法主信仰や法主のもつ絶大な権力はおかしい。改革の必要があるということになるのでしょう。自分たちの宗教の理念、根本は何だと突き詰めながら体制を作っていくことは非常に大切だと思います。

宗教法人法はそうした面から見て柔軟な規定になっています。法人の議決機関の責任役員は3人以上としていますね。ところが、プロテスタントでは教会の意志は総会で決めることになっていて、これは信仰の伝統です。法律でこれを侵すのは憲法違反になる。そこで、宗教法人法第12条は法定の機関の責任役員の他に、任意の機関として、諮問機関や議決機関などを規定している。つまり議決機関は二つあってもいいということです。だからキリスト教会は、総会と責任役員会でそれぞれ議決権をもつ規定を置いているのですね。総会の議決がなければ責任役員会の議決は無効になってしまう。

法人になる、ならないのも自由だし、別の議決機関を置く、置かないのも自由です。団体の理念と目的、団体の実状を考え合わせながらどういう論理で組織を作っていくか、それは宗教団体が自ら決めることです。ここに信仰の理念が入らないと本当の意味で宗教団体の組織にはなり得ないでしょう。

コラム
「『大正デモクラシー』と宗門の自治」

「大正デモクラシー」とは、明治38年（1905）の日露戦争講和反対運動から大正末年までに発生した民主的な社会動向を指す用語である。大正7年（1918）の米騒動は「大正デモクラシー」を代表する事件として位置づけられてきた。

日本史学においては、1960年代から1970年代にかけて「大正デモクラシー」に関わる研究が活発に行われたが、この時期における政治参加の拡大が国家総動員体制を準備したという考え方が近年に提示されたこともあり、「大正デモクラシー」研究は曲がり角に来ている。

しかし、「大正デモクラシー」が戦時下におけるファシズムの前提になるものであったとしても、この時期に様々な団体や個人が積極的に自己主張を行った事実は否定できない。臨済宗相国寺派では、明治維新以来宗派が抱えてきた末寺の独立志向や財政窮乏などの諸問題に対応するために、明治31年（1898）から宗派規則である宗制の大幅な改正を検討し始め、大正2年（1913）には全444条からなる「臨済宗相国寺派紀綱」を編纂した。相国寺派以外の臨済宗各派も、明治末年から大正期にかけて相次いで宗制をまとめている。「大正デモクラシー」期は宗門の自治にとってひとつの画期であった。

（藤田）

6 国家神道体制下の公認宗教・非公認宗教

3度廃案となった宗教法案

――次は宗教団体法の成立と戦時下の宗教統制がテーマです。戦中期の国家と宗教の関係を時系列的に整理しました。

宗教法制として初めて成立したのは宗教団体法（昭和15年施行）です。明治維新以降、宗教団体法制定にいたるまで、宗教に関するまとまった法律を国は作ることができませんでした。明治32年に第1次宗教法案、昭和2年に第2次宗教法案、昭和4年に第1次宗教団体法案が帝国議会に提案されましたが、全て否決もしくは廃案になっています。

第1次宗教法案は、仏教とキリスト教を同列に扱うことに仏教側が激しく反発して流れてしまった。第2次宗教法案は、第一条の「文部大臣ノ指定シタル宗教ニ関シ之ヲ適用ス」、すなわち国家が宗教を指定するという規定があまりに厳しい宗教統制だと宗教団体側が主張して成立しなかったのです。

大日本帝国憲法においても、「安寧秩序」を妨げず、「臣民タルノ義務」に背かない限りにおいて「信教ノ自由」は認められていたわけですから、国家が宗教に対する法制を整備するとなると容易ではなかった。こうした事情は戦後の宗教法人法の問題とも関わってくるかと思いますが、いかがでしょう。（藤田）

洗　そうですね。明治憲法でももちろん信教の自由は保障されていましたし、それ以前、明治8年にも政府は信教の自由を保障する、と一応言っています。ただし、当時、政府が宗教を公認する「公認宗教」の考え方は全く疑われていなかったようですね。自由に布教活動をさせるのは政府が恩恵的に認めているのであって、天皇の統治に宗教団体は協力し、臣民を導いていく義務があると、明治8年の「信教の自由保障の口達」の中で述べられています。明治憲法になると、信教の自由は形式上、国民の権利とされますが、実質的には国家が宗教活動の自由を認めてやるという内容ですね。自然権としての信教の自由の発想は、日本では定着しないまま今日に至っていると思います。

公認宗教制度のもと、国に公認されなかった宗教団体は「類似宗教」とされていました。「類似宗教」とは宗教に似たものであるが、本物の宗教ではないということです。本物の宗教かどうかの判断を国家が下して、公認すべき宗教とそうでないものを国が分ける。それが信教の自由を侵すものだという発想は政府側に無かっただけでなく、宗教団体側も当然のことと受け止めていたのが現実でした。

西欧近代法の移入で、団体を法律上の人格として扱う「法人」の考え方が入ってくる。これは民法の制定（明治29年）からです。宗教法人法もそうですが、団体に法人格を与える特別法は、旧民法34条の規定を基礎にしていた。特別法によらず、直接に民法によって作られた法人は、いわゆる財団法人、社団法人です。最近、法人設立を自由化する公益法人制度改革が行われ、公益認定という妙な制度が持ち込まれましたが、民法が一番基礎にあることは同じです。

民法制定の時、民法施行法が同時に作られ、34条の規定を当分の間、神社仏閣などには適用しないと定められています。ということは、明治政府は初めから宗教団体が財団法人、社団法人として法人格を取得するのは宗教の特性にかんがみて不適切であると考えたのだと思います。従って政府は、民法制定当初から、宗教団体に法人格を与えるための宗教法案を作らないといけないという意識は当然持っていたということになります。そして、民法が制定されて3年後の明治32年に第1次宗教法案を提出した。これは仏教もキリスト教も教派神道も一緒に扱っていて、仏教団体が主として反対したわけです。長い歴史をもつ仏教と、日本に入ってきたばかりのキリスト教を同等に扱うのはけしからんじゃないか、といった反対意見が仏教団体を中心に高まり、その働きかけを受けた議員たちが反対して否決される。その後出された二つの宗教法案も審議未了廃案になっています。

第2次宗教法案では、国家が公認した宗教に対してこの法令を適用する、としたのですが、キリスト教が中心となって強く反対しました。国が法律によって教義まで規制することは信教の自由に反するという議論がかなりあったようです。これはさすがに政府の側ももっともだと考えることがあったのかもしれません。それならば宗教の教えの中身には立ち入らない形で、団体のあり方に対して法的規制をかけようと、第1次宗教団体法案が提案された。しかし、これもやはり宗教団体側からこうした規制はおかしいとの声がたくさん出てきたようで、結局流れました。

一括りに宗教団体といっても、実際の団体の在り方は非常にさまざまです。神社系、キリスト教系、仏教系と大きく分けても組織に違いがある。戦後、宗務課で宗教法人法制定に携わった井上恵行さんは天台宗の僧籍をもっていらっしゃった方ですが、彼は宗教団体を僧侶などの宗教者を中心に考え、僧侶らが管理していく団体、信者を教化育成する団体と規定している。宗教法人は教化者である僧侶らが構成要素であって、教化を受ける側の信者は法人の構成要素にならないと言っています。伝統仏教のあり方からも、僧侶を中心に団体を考える傾向があるとみることができますね。

それに対してキリスト教プロテスタントは必ずしもそうではない。アメリカを経由して入ってきた日本のプロテスタントは、アメリカ同様、すべて重要な事柄は信徒総会で決める体制です。教会を法人化した場合、信徒も当然、法人の構成要素であって、法人の意思決定は信徒の総意による。このように重要な点が異なるのに、国が一律に形を決めて押し付けると、反対が出るのは当然です。

そのため昭和14年に宗教団体法が成立するまで、宗教団体のための特別法はできなかった。その間の宗教行政は、行政庁の個別的な命令という形で行われてきました。法人格が与えられていないと、一番困るのは裁判所です。財産の帰属先も明確にならない。そこで、寺院に関しては「寺院を法人とみなす」という判例上の法人にしてしまうやり方がありました。しかし、教派神道とかキリスト教会には、そういう判例が適用されず、曖昧なままだったわけです。

超宗教化する国家神道

——宗教団体法制定に至る時期は国家神道体制の完成期ですね。村上重良さんは『国家神道』という著書で、明治初期から戦中までの国家神道の発達過程を四段階に分け、この時期の国家神道を「ファシズム的国教期」であるとしています。国家神道が完全に国教となり、国家の安全を祈る祭司者としての天皇が神になってしまった。国家神道が日本の対外的な侵略を支える思想になった。そういう状況について、もう少しご説明いただければと思います。（藤田）

洗　村上さんの研究については、國學院大学の研究者たちが「嘘だ」と批判していますが、この時期に神道が完全に国教になったという説は、私もそんなに間違っていないと思います。国家神道は、「神社は宗教ではない」とする非宗教論をもとにしていたから、宗教ではないと言うものを国教と称するのは変に聞こえますが、実はこの時期になってくると、神社神道とは諸々の宗教を越えた超宗教であるといった議論が出てくる。宗教であることをもはや隠さない状況がみられます。政府はともかく、研究者、思想家などがそういうことを平気で言いはじめている。カモフラージュを脱ぎ捨て、宗教であることは認め、しかしすべての宗教の上にたち、すべての宗教を包み込む超宗教として存在するのだ、との考え方を露わに示す。

「天皇が神になった」ということでいえば、この時期までは神ではなかったかどうか、異論があります。確かに天皇は祭司者です。ただ、日本の神は、キリスト教などの超越神のように人とはっきり区別されるものではない。現御神と言われ始めるのは、この時期よりも前かもしれないと私は思います。

私たちが子どもの頃は、奉安殿というものがどの学校にもありました。天皇の写真を奉っている施設です。学校によっては講堂の奥に設けられていたり、校門のところに作られている学校もありましたが、その前を通る時は必ず最敬礼する。神を奉るところであって、不敬があってはならないとされていましたからね。その他、例えば紀元節ですと神武天皇を祀る橿原神宮の方向に遥拝という礼をしなくてはいけない。天長節、つまり天皇誕生日にはみんな整列して、皇居に向かって最敬礼をする。国民精神総動員の名のもとで、全国民に強制されました。

仏教各派もそれに逆らったところはないと言っていいかと思います。従わないと非常に大変なことになりますから。宗教団体の中でこういう状況に逆らった唯一の宗教団体は天理教の分派「ほんみち」でしょう。教祖の大西愛治郎は独自の信仰から天皇が神であることを否定する批判文書をばらまいた。教祖を初め多くの信者が治安維持法違反・不敬罪で起訴され、投獄されています。

他に不敬罪を問われた大規模な宗教団体として有名なのは大本ですね。「皇道大本」と称して、京都の綾部と亀岡に聖地を持った団体ですが、直接的に天皇批判をしたわけではなく、出雲系の独自の神話でこの世の建て替えを説いた。

大本の神様、つまり本来の神様は非常に厳粛な神様であったために人々はついて行けず、いろいろな神々が集まってこの神様を艮《うしとら》（丑寅）、つまり東北の方角に押し込めた。その為に、世の中は物質中心主義的になり、人間はみな己の利益を追い求める、強者が弱者を虐げて収奪する悪い世界になってしまった、という神話です。これでは世の中がうまくいかない。閉じ込められた本来の神が表に表れて、この世の建て替えを行う時期に至った。世の中の秩序を一度壊し、新たな本当の理想の世界を築きなおす。そのために神が大本の教祖の中に降りてきて、世の刷新を図る動きが始まったという信仰です。

それに対して、官憲は天照大神より上位の神を信奉し、国体を転覆しようとする思想だ、として2度にわたって弾圧しました。大正10年の第1次大本事件は国が言いがかりをつけた印象です。開祖の出口なおが死んで、お墓が亀岡に作られたのですが、墓の様式が明治天皇の伏見桃山御陵に似ているとか、天王平という墓のある土地の名まで、天皇を退けて自らが天皇となろうとする野心の表れだと問題にされ、政府は墓を掘り起こせ、神殿を破壊しろ、と命じてきた。これが第1次弾圧です。

第2次弾圧は昭和10年です。正式に教義として説かれたわけではないが、信者の間に昭和10年か14年頃、神の政治に復古する改革が起こるという噂が流れた。大本の信者が武器をもって天皇制をひっくり返す革命を考えていたわけではありません。しかし、官憲は国体の変革を目指すものとして治安維持法を適用しました。大本の本部には戦いが始まった時に備えて抜け道が作られているとか、武器を蓄えているなどの噂があり、京都府警の警官は大変緊張し、武装して突入したという話が残っています。

昭和12年に大規模な弾圧を受けたのは、現在のPLの前身、「ひとのみち教団」です。ひとのみち教団の場合は大本のような世直しの思想を持っていたのではなく、2代教祖の強姦事件がきっかけでした。当時、教団は相当発展していたので、こうした変な宗教が流行るのは非常に好ましくない、ということで狙われたのでしょうか。天皇に対して上から教えを説くような教義がはなはだ不敬である、として不敬罪が適用される。そんな理屈が通るなら、歴史的にみて仏教は天皇に教えを説いてきた訳ですから、それも不敬に当たるだろうと思いますが、そんな矛盾には目をつぶり、ひとのみちの教祖や幹部が逮捕されています。その他、創価学会やエホバの証人なども特別高等警察という思想警察に弾圧されています。

教義の修正まで強いた文部官僚

当時、これらは非公認の宗教ですから、文部省管轄ではありませんが、文部省管轄の公認教団が特高警察によって不敬罪で挙げられるようなことがあっては大変だということで、文部省の宗務官は公認宗教について歴史的文献をはじめ全ての文献を調べて国体の思想に反するような不敬の思想はないかどうかをチェックしました。やんわりと信教の自由を規制することが行われたわけですね。思想的には所轄庁からこのように締め上げられていますので、仏教各派は行政に面と向かって反抗することはとてもできず、順応していった。それが戦前、戦時下の伝統仏教各派の動きだったと思います。私が聞いた話では、曹洞宗でも「無心になって敵に向かって鉄砲を撃つ、それが禅の奥義に通ずる」と教えたという話です。教団が戦争協力に突き進んでゆく背景が見えてきます。

――教団の戦争協力に関しては、キリスト教も仏教諸宗派も様々な形で総括していますが、ナショナリズムがどんどん高揚して、日本中心に物事を考えるのが当たり前になっていく状況で、異を唱えるのは普通の人にとって非常に難しいことだったでしょうね。しかし、宗教団体の場合は信仰に基づく立場で国家権力の強制に抵抗してよかったのではないかと、一般論としては思います。（田中滋）

洗　原理から言えばおっしゃる通りです。第2次世界大戦下のドイツでもほとんどの教会が戦時協力体制に入りましたが、ドイツ教会闘争と言われているように、一部の教会はナチス支配に対して反対を表明し、地下に潜って抵抗運動を行った事実があります。残念ながら日本ではそれはみられませんが、実は朝鮮のキリスト教会では翼賛体制に反対しようとする動きが起きました。日本基督教団の代表者である総会議長が朝鮮に渡って、そんなことをやったら大変なことになるからと必死になって説得し、押さえ込んだといわれます。日本の宗教が国家権力になぜ抵抗できないのか。歴史を通じてみると、国家が上に立って仏教を管理していく伝統が、仏教伝来以来の基本的な体制として日本の歴史を貫いてきた。それが背景としてあるためではないでしょうか。

日蓮が唱えた王仏冥合のように、仏法によって世俗の政治が行われるべきだというテオクラシーの思想が、現実の歴史のうえで実現したことはありません。基本的には世俗権力が上に立って宗教を管理する体制が続いてきた。宗教がこの枠組みから独立して反抗する歴史はほとんど形成されなかった。むしろ「王仏相依」、つまり世俗の権力と宗教が手を取り合い、補っていく体制が続いてきましたからね。

戦時下に成立した宗教団体法

――国家神道体制の完成期においては、宗教ではないというカモフラージュを国家神道は抜け出して、全ての宗教をコントロール下に置いたというお話でしたが、この国家神道体制完成期において、宗教団体をコントロールする法律として昭和14年に宗教団体法が成立します。

宗教団体法については、宗教法制を学ぶうえでの必読文献というべき井上恵行さんの『宗教法人法の基礎的研究』で詳しく分析されています。同法の基礎的性格について井上さんは次のように述べています。「国家とともに生き国家とともに歩む宗教団体に対して、保護助長の道を強化すると同時に、一方、公安を妨げ公益を害するような行為は、より厳重に取り締まる」（同書238頁）と。国家神道体制の完成期においてできた法律であれば、徹底的に宗教を統制するような性格が強かったと考えるのが一般的だと思いますが、初めてできた宗教に対する法律として、宗教を保護する要素もあったという評価のようです。（藤田）

洗　確かに公認宗教を保護するという意識は官庁側にあったわけですが、保護と統制はいつでもセットです。今でも宗務課は、宗教法人課税を求める世論に対する防波堤になって、自分たちが宗教法人を保護しているといった意識を持っていますが、その裏返しとして、世間の批判を受けないように宗教法人は公益活動をしなさい、と宗教活動への介入をしてくるわけです。宗教団体法では、代表者が一人で宗教団体の管理の責任・権限を持つ。日本基督教団なども、一応総会は開きますが、法律上は代表者である教団議長が全権を握る。宗教団体法ではそういう形が決められていました。その意味で全体に統制的性格をもっていますね。仏教は伝統も考えて総代を3人置けということになっていますが、僧侶が総代と一緒に何かを決めるのではなくて、僧侶に決定権があって総代は補助して助けるわけです。つまり「世間に疎い坊さんに対して総代は助言をしてあげる。決める権限は坊さんが持つ」という体制を規定している。

宗教団体の定義として、「本法ニ於テ宗教団体トハ神道教派、仏教宗派及基督教其ノ他ノ宗教ノ教団（以下単ニ教派、宗派、教団ト称ス）並ニ寺院及教会ヲ謂フ」（第1条）としています。教派は教派神道、宗派は仏教の宗派、教団は日本基督教団、寺院はもちろん仏教です。教会は教派神道とキリスト教両方に該当します。それを宗教団体と呼ぶと法律で決めてしまい、新宗教が入る余地はほとんどない。しかも、「寺院ハ之ヲ法人トス」(第2条)と法律で決めている。「当然法人」なんて言い方をしました。これは判例上、寺院を法人と見なす、という伝統を受けた規定でしょう。

戦後の宗教法人法では、法人になるかならないかは自由です。ところが、法人にならないといけないような感覚が今もある。法人格を取らないという選択をほとんど考えられない状況が今、非常に色濃くあると思います。宗教団体法では寺院は法定法人ですが、他は任意法人で法人格をとってもとらなくてもよい、という形になっている。その点をみても、宗教団体法は統制色の強い法律ですが、性格の異なる宗教法人法にもその名残が部分的に感覚として残っているようです。

国の都合で教団を統合

——宗教団体法が施行されてから一年以内に、教派・宗派は内部規則である宗制を作成して文部大臣の認可を受ける必要が生じました。しかし、どの教派・宗派でも宗制の認可までに2年はかかっているようです。この2年間に宗教団体の統合が非常に進み、従来の仏教56派が28派になります。臨済宗各派も国泰寺派を除く13派が統合して、臨済宗という一つの宗派になりました。キリスト教は実に34派が2団体に統合されています。(**藤田**)

洗　仏教は一口に13宗56派と言われていましたが、統合していったのは、やはり国にとって数が少ないほうが管理しやすいという事情があったからだと思います。キリスト教に関しては、いわゆる教団レベルで公認宗教になるのはこの時が初めてです。それまでは、個別の教会が地方長官、つまり府県知事などの認可で教会を建てる形で公認の宗教になっていましたが、教派としての公認はこの時に至るまで行われなかった。様々な宗教に関する行政通達でも、キリスト教とはいわない。神道、仏教、その他の宗教という言い方で、その他の宗教とは実はキリスト教を指すわけです。法律の中に教派としてキリスト教という言葉が入るのはこの宗教団体法がはじめてです。

日本基督教団の方に聞いた話では、キリスト教界内部でも、ばらばらに分かれて競合しあうのは何とかすべきだ、との意見もあったそうですが、行政側はキリスト教の諸教派を個別に公認してゆくのは非常に面倒くさい、プロテスタントなのだから全部統合してしまえばいいではないか、という理屈です。いろんな教派があるなかで、日本で監督制をとる教会は現在でも日本聖公会ただ一つです。これは系譜から言うと英国国教会の流れで、立教大学を作った母体の宗教団体です。他のプロテスタント諸派とは明らかに教団組織が違っているのですが、宗教団体法ではこれも統合して日本基督教団ということにしてしまった。聖公会はカトリック寄りのプロテスタントで、体質もかなり違うところがあるにもかかわらず強引に統合された。ですから、戦後、自由化されて最初に日本基督教団から独立したのが日本聖公会なんです。

日本基督教団はこのように教派の流れに基づいて、11の「部」に分けられた寄り合い教団として成立した。他方、カトリックはもともと一つですから、日本天主公教という名前で公認教団になります。カトリックもこれではじめて公認の宗教として日本の法律で位置づけられたわけです。官庁側には保護助成という意識があったかもしれませんが、非常に統制的で、国が管理しやすいように整理統合された。それに対し宗教界は宗教側の都合を申し立てる元気も既に失われていた、という状況だったと思います。行政による宗教統制の実態は、干渉して信教の自由を侵害しているという意識をもたず、「特高に挙げられるようなことがないように、公認した宗教は自分たちが保護しよう」という感覚だったと思われます。「保護するから皆さん、文部省の言うことを聞いて活動してください」と実質的にはそれぞれの教義にまで立ち入って指導するわけです。信教の自由は、現実としてどんどん阻害されていったとみるしかないでしょう。

——昭和16年に臨済宗宗務庁が建仁寺に置かれますが、各大本山の組織はそのまま残っていまして、臨済宗宗務庁は各大本山の組織に乗っかる形で成り立っていました。完全には統合し切れていなかったというのが実際のところですね。（藤田）

洗 日本基督教団も、部会という形で教派の別を残した。一つにはなりきれないということです。国の立場では、全ての決定権限を法律上の管理者である管長に与えているので、そこに命令すれば全てのことができる。これは非常にやりやすい。統合されていったのは国の都合だと思います。実際、戦後自由化されると分裂したわけですから、もともと一つになりたいという意向が強かったわけではないでしょう。ただ、日本基督教団は戦後も残ります。同じ長老派ならば長老派の系譜にあるものであっても、教団に残った教会と出て行った教会があり、また戦後になって新しくアメリカの南部長老派の伝道によって別教団も出来ています。日本キリスト教団に統合されたまま残った教団があったのは、内部的な問題として、各教派が競合して批判し合うより教会として再一致すべきという理念もあったと考えられます。

コラム
「宗教団体法と宗制編纂」

昭和14年（1939）4月8日に公布された宗教団体法は全37条で構成されている。本論で述べられているとおり、明治から昭和にかけて帝国議会に提出された宗教に関する法律がことごとく否決または廃案になった経緯があり、戦時下における宗教統制の根拠法を何としてでも成立させるために、厳しい規定を削除していった結果、非常に短い法律になったのである。

条文が少ないとはいえ、宗教団体を強く統制する規定も盛り込まれた。社会の安寧秩序を妨げ、臣民の義務に背いた宗教団体に対して設立の認可を取り消すことを定めた16条は、そのことを象徴する条文である。

宗教団体法の公布に伴い、各宗教団体は改めて宗制をまとめることになった。昭和16年（1941）に制定された「臨済宗宗制」は全666条で構成されている。内容は、①管長は管長推薦委員会で推薦すること（31条）、②各大本山に宗務所を置くこと（90条）、③各大本山門末寺院住職中より選出された議員39名で宗会を開催すること（136条）などで、多種多様な問題について微に入り細をうがつ規定がなされている。宗制編纂にあたって、監督官庁である文部省宗教局が強力な行政指導を行ったことがうかがわれる。

（藤田）

7 国家神道体制の崩壊と宗教法人法の成立

宗務課廃止論で慌てた文部省

——昭和20年8月15日に日本の敗戦で戦争は終わります。マッカーサーを最高司令官とする連合国軍最高司令官総司令部（GHQ）が9月に設置され、占領が始まるわけです。占領行政を担当する特別参謀部は16局に分かれていまして、民間情報教育局というセクションが教育・宗教などの文化行政を所轄しました。占領行政は間接統治ですから、日本の行政機構を利用しながら占領統治が行われています。GHQの民間情報教育局が文部省に指示を出すことで占領下の宗教行政が進められたのです。

GHQは、軍国主義や超国家主義などを否定するためにさまざまな指令を出しました。宗教関係の指令として重要なのは人権指令と神道指令です。人権指令とは、昭和20年10月4日に出されたもので、自由を抑圧する制度、すなわち治安維持法・宗教団体法などがこの指令によって廃止されることになります。神道指令は同年12月15日に出たもので、正式名称は「国家神道、神社神道ニ対スル政府ノ保証、支援、保全、監督並ニ弘布ノ廃止ニ関スル件」と長いのですが、要するに国家神道体制を解体した指令です。（藤田）

洗　おおよその流れは今ご説明があった通りで、宗教に関わることが大きかったGHQの指令は人権指令と、いわゆる神道指令の二つです。戦後の日本統治の基本的考え方はポツダム宣言の中に示されており、日本はそのポツダム宣言を受け入れる形で敗戦にいたるわけです。終戦記念日は8月15日ですが、ミズーリ号艦上で日本が明確に敗戦を認める文章に署名したのは9月に入ってからですから、国際的に見て第二次世界大戦の終了の時はいつかといえば、9月2日かもしれないですね。日本は何とかして「国体」だけは維持したい。つまり天皇の統治だけは何としても残したいと交渉したようですけど、そういった条件は一切認められなかった。まさに無条件降伏です。

ＧＨＱの日本占領行政の基本はポツダム宣言の中にあり、その中に言論、宗教、思想の自由、ならびに基本的人権の尊重は確立されなければならない、と明記されています。これに基づいて10月4日に人権指令、あるいは「自由の指令」と言われるものが出された。自由を抑圧する諸制度を廃止しろということで、治安維持法の廃止はよく知られていますが、刑法の中の不敬罪も抑圧法令であり排除しろと命じた。そして、宗教団体法も自由を抑圧する法制度の一つであるとＧＨＱが言って廃止を求めたので、日本側は大変びっくりしたのです。日本側の意識では、宗教団体の活動を保護、助長するための法律だったわけですから。

日本政府はＧＨＱの指示を何でも従順に聞き入れていたのですが、宗教団体法廃止に関しては珍しく日本政府が抵抗しました。宗務課は、宗教団体法を廃止すると日本に18万もある宗教団体の法律的基礎が全て失われて大混乱になる、と反論したようです。その時の宗務課長は福田繁という人で、ＧＨＱと喧嘩し、ＧＨＱに宗務課廃止を検討させるきっかけの一つになりましたが、のちには文部事務次官に上り詰め、有識者として宗教法人審議会の座長にもなっています。

この時はちょうど（伊勢の）神宮の式年遷宮が迫っており、「国家が経済的に援助しなければ長い伝統を持つ重要な儀式ができなくなる。例外として伊勢神宮に公金を支出することだけは認めて欲しい」という要求も行ったのですが、ＧＨＱは結局認めませんでした。国費を拠出できなかったので遷宮が不可能になったかといえばそうではなく、神社界は式年遷宮奉賛会を立ち上げ、総力をあげて資金を集め、無事に式年遷宮を行うことができました。この方式はその後もずっと維持されています。

式年遷宮が民間からの寄金で続けられているのですから、それを考えると政府が公金を支出しないと大嘗祭ができなくなるという説明には疑問がありますね。これは皇室の儀式ですから神社本庁が本腰を入れて呼びかければ資金はすぐ集められるのではないかと思います。しかし、日本政府は公金を拠出しないと儀式が行えなくなると妙な理屈をつけて、明らかに宗教行事である大嘗祭に国費を支出しました。そのために違憲訴訟も起こっています。

この福田繁はＧＨＱに対してかなり文句を言った人で、ＧＨＱを警戒させた。アメリカには宗教法人法のような宗教だけを対象にする法律はありません。州によって違いますが、概ね一般の法人に関する法律に基づき、非営利団体が法人格を取得する方法で宗教団体も法人になるのが普通です。だから、日本でも宗教だけを特別に扱う法律はいらないという考え方とともに、宗務課などという余計な口出しをする役所も無い方がいい、と「宗務課不要論」がＧＨＱの中で生まれてきた。その情報が日本側にも入りまして、文部省が大変あわてました。ＧＨＱに抵抗した福田繁課長を更迭して、その後任に、首相になった人とは別人ですが、同名の吉田茂課長を新たに任命した。

政府が宗務課存続を要望してもＧＨＱ側は聞かないけれど、民間の声ならば耳を傾けるので宗教界にも根回しをしました。宗務課廃止問題でＧＨＱは事前に利害関係がある宗教界の人々を呼んで公聴会を開くことになると分かっていましたから、公聴会では「宗務課は必要だ」と言ってもらいたい、と働きかけたわけです。それが奏功して、公聴会では宗教界は宗務課のような官庁が必要です、と口をそろえた。ただし、必要な理由を聞かれても発言が少なかったと伝えられています。それでも、宗教界が必要と言うならば廃止するわけにはいかないと、宗務課が生き残ることになったわけです。

初めて政教分離を定めた神道指令

次に神道指令に関していえば、ポツダム宣言には国家神道廃止を明記する条項は入っていなかった。ただ、アメリカの国務長官がラジオ放送で日本の戦後統治についての質問に答え、いわゆる国家神道は解体されることになるであろう、という考えをアメリカの政府の方針として示したものですから、ＧＨＱも慌てて国家神道解体の具体的検討に入ったとされています。その時、ＧＨＱ側では、日本政府が神社は宗教ではないと言っているのだから、神社を解散させることになっても信教の自由の侵害にはならない、とする考え方もあったようです。しかし、もっと慎重に考えるべきだということで、日本の神道について客観的な意見を語れる説明者を出してもらいたい、と日本側に要求した。当時の文部大臣は前田多門という人で、彼が宗教学者の岸本英夫を推薦しました。岸本はまだ若手でしたが、アメリカ留学の経験があり、英語にも堪能で、日本の宗教について客観的に説明できる男だから、ということでＧＨＱに派遣されたわけです。神社界は、神道は宗教だから潰されるようなことがないように何とか説明して欲しい、と岸本に嘆願した話も伝わっています。岸本の説明が効果的であったか否かは分からないのですが、岸本は宗教法人法制定後の初代宗教法人審議会の委員にもなっています。

ちなみに、今の宗教法人審議会は行政の隠れ蓑委員会のようなものになっていますが、当時は戦時下で弾圧を受けた経験を持つ教団もあり、宗教界代表も宗務行政に厳しい意見を突きつけるし、岸本らもそれをサポートするようなところがあって、行政に対するお目付け役委員会という性格を持っていたと言えるのかと思います。

宗教団体法が廃止され、そのあとに発令されるのが宗教法人令(注5)です。たった18条で、官庁の権限をほぼ全面的に停止し、法人設立は届出制とした。法律を作る暇が無いので、政府の命令、いわゆるポツダム勅令として、敗戦の年の12月に発令されます。一方、国家が支援する宗教体制としての国家神道は、神道指令によって解体されました。

神道指令は大きく二つに分かれ、神社神道に対する国家の支援を全部停止するように、という条項とともに、この指令の目的は神社だけではなくあらゆる宗教、思想などに国家が特別な結びつきを持たないように、宗教を国家から分離することを目的とする、と述べています。日本において、明確に法律上の制度として政教分離の制度を取り入れたのは神道指令が最初ですね。

また、宗教と教育から軍国主義と超国家主義を除去することが目的だと書いてあります。信教の自由の保障と、特定の思想を禁止するということは原理的に矛盾する。ただ、占領政策として日本の軍国主義を解体することはポツダム宣言以来の占領の主目的です。その軍国主義を支える思想として国体の思想とか、八紘一宇の思想、これを超国家主義という名称で呼んでいますが、こうした思想を排除するため、いちいち言葉まで禁止しています。公文書で大東亜戦争や八紘一宇などの言葉を使ってはいけない、これは超国家主義の思想だ、と。

今も引き継がれる国家神道

国家神道は、これで国家体制としては解体されたわけです。國學院大学の坂本是丸氏などは国家神道とは体制・制度のことだから、制度が解体されたあとはもはや国家神道は存在しないと主張していますが（『国家神道形成過程の研究』）、私はそうは思いません。島薗進氏も国家神道は決して制度だけではない、国体の思想などは解体されたわけではなく、引き継がれていると考えています（『国家神道と日本人』）。具体的にいえば、神社本庁に引き継がれたと思います。

国家神道の体制が解体されると、神社界はどうなるのかが問題になります。というのも神社界が独自に宗教団体としての組織を持ったことは歴史上あまりないからです。明治の初期に神道事務局が出来ても、神社そのものは国の施設として直接、国の管理下にあったわけです。国の管理から外れ、神社が神社として独立してやっていくにはどうすればいいか。急遽、さまざまに検討がなされたようですが、その時に神主など神社界の幹部だけでなく、実は神祇院の役人も協議に参加していました。

昭和15年まで神社を所管したのは内務省神社局でした。神社は特別な宗教だから、神社を所管する特別官庁を作るべきだ、明治初期の神祇官復興と同じことが行われるべきだとする主張が、国家神道が最も華やかな時代に神社界から出されていました。その要請をうけて、皇紀2600年を記念し昭和15年に神祇院という役所が設置される。内務省の外局、今の文部科学省ならば文化庁のようなものですが、この役所も神道指令で解体されました。そこから放り出されてしまった神祇院の役人には、行政官というより神道研究の専門家といえるような人もかなりいて、彼らが集まって今後どうすればいいかと話すわけです。

その議論の中で、神社は本来、教義をもった宗教ではなく、自然発生的に地元の習俗や伝承で地元民と結びついて成立してきたものであるから、独立した地方の神社の集合体としてゆるやかな連盟組織を組んで、全体の利益に関わる問題で活動する神社連盟を作る案や、それでは今後の見通しがないので、他の宗教と同じようにこの際、神社の教義を体系化して「神社教」を作るほうがいいのではないか、などの意見が出たそうです。そして結局、その中間をとったような形で、神社本庁の組織を作ることになったわけです。

神社教というような組織として、教義の体系は作れない。しかし、それぞれ独立した地方の神社のゆるやかな連合組織ではなく、全体を統合するような一つの理念を持っていなければならない、として持ち込まれたのが天皇崇拝の理念です。天皇崇拝という国家神道の最も中核的な理念を神社本庁が引き継いでいくことになったと言っていいかと思います。

日本の宗務行政の特殊性

——GHQの占領統治下、アメリカ型の信教の自由、政教分離のシステムが導入されてゆくこ

とになるわけですね。（田中滋）

洗　基本的に、神道指令で命じられたアメリカ型の政教分離が日本国憲法に引き継がれたといえるでしょう。憲法制定当時の文部大臣田中耕太郎は、政教分離の説明として、アメリカ型とフランス型があり、アメリカ型を友好的政教分離、フランス型を非友好的政教分離だと言っております。あまり厳密ではないが、それぞれ確かにそういう性格がないわけではないでしょう。そして、日本においては友好的分離を行う、ということを国会答弁で述べております。

現行憲法は押し付け憲法だ、などと言われますが、GHQから憲法改正の指令が出て、日本政府側では松本委員会といわれる委員会がまず改正試案を作るのです。そこに政教分離原則が入っているかどうかは確認していませんが、天皇が統治権を総攬するという原則は変えなかった。それに対しGHQがこんな改正案ではお話にならないというので、日本国憲法の草案がGHQ民政局で作られていくことになる。しかし、それが全面的にアメリカの押し付けかというと、実はこの時、日本国内、民間からこうあるべきだ、とGHQに提出された憲法案があって、これをGHQはかなり取り入れて憲法改正草案を作ったようです。憲法9条の戦争の放棄も、日本側から出ているといわれております。

日本政府に任せていたらロクな憲法改正はできない、こういう憲法であるべきだ、として憲法改正草案が日本政府に示され、政府が国会に提案して国会が多少の修正を加えて承認し、明治憲法の改正手続きをきちんと踏んで憲法改正が行われた。そのなかで、宗教に関しては神道指令で述べられていた政教分離の原則が取り入れられた、という理解でいいかと思います。

ただ、アメリカ型政教分離といっても、アメリカ合衆国憲法と比較すると日本は非常に具体的で詳細になっています。アメリカの政教分離原則は合衆国憲法修正第1条で「連邦議会は、国教を樹立し、自由な宗教活動を禁止し、言論または出版の自由、平和的に集会し、苦情の救済を求めて政府に請願する人民の権利を縮減する法律を制定してはならない」と規定されています。それだけで、非常に抽象的です。

しかし、国教樹立禁止規定に関する200年以上の判例の積み重ねの上で、アメリカの政教分離の具体的内容はだんだん明確になってきている。日本の目的効果基準も、アメリカの訴訟判例の中で確立されてきた基準を参照し、それよりずっと緩やかな分離基準として取り入れたものです。政教分離の解釈運用は、裁判所によって具体化されてきたわけですね。そうした判例による基準の形成を経験してきたGHQの若手将校が、アメリカの修正第1条より具体的に日本国憲法の中で政教分離を規定したといっていいでしょう。

教会が行政権を行使したスウェーデン

政教分離に関して、創価学会・公明党は政教分離違反だとしばしば論じられますね。憲法20条が行使を禁じる「政治上の権力」を「政治的影響力」の行使と解釈する説もあるようですが、これは非常に乱暴な解釈だと思います。それでは、例えば京都仏教会が政府に向かって宗教法人法の改正はけしからんと抗議することなども政教分離違反になりかねないですよ。政教分離とは、あくまでも「政治上の権力の行使」が禁止されているということです。政治上の権力とは、立法、行政、司法の三権、つまり国家の統治権力です。これを宗教団体に行使させてはいけない、というのは、合衆国憲法の国教禁止条項とほぼ同じ意味を持っていると思います。国教の樹立にあたるからですね。

公明党は立法権にかかわっているではないか、と論じる人がいますが、全く意味が違います。公明党は特定の宗教団体を背景にしているとはいえ、公の選挙を通じて選ばれた人たちが政党を作っている。これに対し、例えば英国では法律で国教会に上院の一定数の議席が与えられているのです。つまり、一部ではありますが、国教会という宗教団体自身が立法権を行使していることになります。

行政権の行使ならば、スウェーデンが例に挙げられます。スウェーデンではかつては国教会の教会税が徴収されていましたが、信教の自由が認められてから非信徒は教会税を納める必要はなくなった。しかしその後も、2000年に制度が変わるまで、スウェーデンの国教会は住民登録管理を担当していました。そのため、非信者も行政活動の費用に相当する額を教会に税金として納めなければならなかったのです。国が国教会に一種の住民行政をやらせていたわけで、これは行政権の行使にあたると思います。

司法権に関しては、さすがにキリスト教ヨーロッパ世界では現在例がないと思います。ただ、近代初期の頃には、例えば民事的な届けだけでは結婚は成立せず、宗教団体できちんと結婚式をあげて証明書を受け取る必要があった。イスラム圏に行けば、宗教団体が司法権を行使する例はいくらでも見られますね。これらは結局のところ国教会的な宗教団体が権力を行使するもので、日本国憲法はそれを禁じているということです。

神社本庁の政治的影響力

宗教団体による政治的影響力の行使についてもう少し述べると、宗教団体で圧倒的な影響を持つのは神社本庁ですね。神社本庁から出てきた要求、これは天皇に関わることが多いのですが、実際に政治がその方向に動いていったことはたくさんあります。一番古いのは建国記念の日でしょう。かつての紀元節ですが、これは戦後にＧＨＱが国家神道のシンボルとなるものを国の祝日にするのはおかしいとして廃止されたことです。ちなみに、名前を変えて残った祝日はたくさんあります。春分の日、秋分の日は戦時中、春季皇霊祭、秋季皇霊祭というように歴代天皇の霊を祀る日として、天皇制に関係づけられていました。明治天皇の誕生日、明治節は文化の日になって残っています。大正天皇はなにもありませんが、昭和天皇は昭和の日になっています。

元号法もそうです。元号は言うまでもなく中国から入って来た慣習ですが、天皇一代について一つの元号を用いることが明治以降慣行化されました。ただ、法律になっていたわけではありませんので、昭和天皇が亡くなる時に元号制度もなくなるかもしれないという危機感をもって、神社本庁が政府に働きかけて法律化させたのです。基本的には聖なる天皇の御代という神社本庁の信仰に基づく要求ですが、信仰を表に出さなかったので、大きな反発がなかったと言っていいでしょう。

国歌と国旗も神社本庁が言い出したことです。「君が代」にアレルギーを持つ日本人が結構いて、今も時々もめますね。「国旗及び国歌に関する法律」が出来た時は、強制はしないとする附帯決議があったはずですが、東京都などは学校で教員にこれを強制していくというかなりキツイことをやっているようです。教育委員会の委員が視察に来て、君が代を歌わず黙っている教員がいると校長に注意することもあるようですね。

その他にも実現したものはたくさんあります。靖国神社の国家護持は実現していませんが、公式参拝がいろいろと議論されながら復活しています。神社本庁が一番喜んだのは、あまり大きくは取り上げられている問題ではないですが、剣璽ご動座の問題です。天皇が行幸する時に三種の神器である神剣と勾玉（璽）を常に持っていくのは天皇が日本の正当な統治者であることを表すので、戦前はずっと行われていましたが、戦後廃止されました。宮内庁は復活できるかどうか様子を見ていたようです。昭和49年に天皇が伊勢神宮に参拝に行く時にこれを一度持って行き、世論の反応を眺めていたわけです。世論があまり反発をしなかったため、平成に入ってからも行われた。「国体」を象徴する行事の公式復活というわけです。

こうしてみると、政治に働きかけてそれを実現させた一番大きな実績を持っているのは神社本庁です。神社は選挙に関してたいした影響力はありませんが、神道政治連盟(注6)という政治組織を持ち、ここに自民党議員を中心に百何十名の議員が所属している。自民党の中でも戦前からの系譜を引いているボスのような人が思想的に共鳴していて、その影響のもとで多くの議員が所属しなくてはいけないような環境が形成されているのかも知れません。この神道政治連盟を通して、神社本庁は自民党議員に非常に強い影響力を持っています。森・元総理が「神の国」発言をして問題になりましたけど、あれは実は神道政治連盟の席上での発言です。

そのような政治的な影響力行使自体は政教分離違反か、といえば、そのこと自体で宗教団体側を拘束すべきものではないと思っています。ただし、その要請を受けて、行政の側、国家権力の側が動いたら、その動き方次第で憲法違反の問題が生ずることになるでしょう。


──宗教法人令は、信教の自由と政教分離の原則を浸透させるために極度に自由化し、宗教団体を規制する規定を可能な限り削りました。しかし、あまりに自由化しすぎたのでいろいろ問題が噴出し、その反省も踏まえて昭和26年に宗教法人法ができるわけです。

宗教法人法を作成するにあたって、宗務課長であった篠原義雄さんと課長補佐の井上恵行さんがGHQとさまざまなやり取りをして内容を詰めていきました。その経緯は宗務課発行の『宗務時報』や井上さんの『宗教法人法の基礎的研究』で少し触れられていますね。(藤田)

洗　井上さんも著書で指摘しているように、宗教法人令はポツダム勅令であり、その法人設立規定は民法に違反しています。つまり民法では、法人は本法その他の法律によらなければ成立しえない、と定めており、行政命令のようなものでは本来、法人は作れない。法律上の矛盾はいずれ解消しなければならない。そういう問題がありました。

宗教法人自由設立は本当に問題アリか?

宗教法人令が極端に自由化したために、いろいろな問題が出てきたとよく言われています。宗教法人になれば非課税で、登記所にいって登記すれば誰でも宗教法人を作れる。だから、実質的に宗教ではない組織が税金逃れのために宗教法人を設立する例があらわれた。電気店の店主がエジソンを本尊にして電神教という宗教法人を作ったという冗談のような話や、旅館とか料理店を集めて一つの教団をこしらえた例もあります。そうした弊害があって、これでいいのか、とは確かに議論はされたが、届出制で自由に誰でも宗教法人を作れるようになったことがいけなかったのかどうか、もう一度考えてみる必要があると思います。

というのは、これは税の問題なのです。営利事業はきちんと普通に課税する税制であれば、名目だけ宗教法人になるメリットはない。つまり、電気屋が電化製品を売っている限り、宗教法人を名乗ろうとその収益は課税されるわけです。だとすれば税制上の扱いを工夫すれば、宗教法人の設立が完全な営利目的であっても、それほど重大な問題ではないかもしれない。宗教団体でないものが宗教法人になっても、それが完全な非営利的団体だとしたら、果たして実害はあるのだろうか、などと考えてみてもいいのではないでしょうか。

しかし当時、届出制の問題に対する批判がたくさん出てきたこともあって、宗教団体なのかどうかを確認する権限を役所に与えようとしたのが宗教法人法です。認証制度とはまさにそのための制度です。むろん、先に述べたようにポツダム勅令によって作られた法人は民法の規定に違反しているから、いずれ改めなければならないという事情もありました。また、これはキリスト教界が特に要請したといわれていますが、占領終了後、日本政府だけで新しい宗教法人制度が作られるのは危険だ、占領が続いている今のうちに恒久的な法律を制定してほしい、といった声もあったようです。

宗教法人法を制定するにあたっては、井上恵行らが中心となって案を作り、GHQに示した。それに対して、「これでは官庁の権限が強過ぎる」などと修正を求めたのがGHQ側のウッダードです。そういう関係で、ウッダードと井上恵行で宗教法人法の原案が作られたと言っていいでしょう。ウッダードはやはりアメリカ人だなと思わされるのは、原案が固まり国会に提出する前に、彼は日本中の主だった宗教団体を全部歩いて回っているのですね。法案に対し、その適用を受ける国民は意見を述べる権利があるということです。当時の宗教団体の幹部で、今存命している人はいないだろうと思いますが、記録を残している宗教団体はある。PLの教祖がその時のことを書き残しています。

「何もしない」のが宗務課の仕事

——昭和55年発行の『宗務時報』52号に掲載された「戦後の宗教法人の歩みと宗教行政」という座談会記録があります。この座談会には歴代の宗務課専門職員5名が出席し、洗先生も入っておられます。戦後の宗務行政の歩みを知るうえで貴重な歴史史料だと思いますが、宗務課の特質について井門富二夫さんが次のようにおっしゃっています。

「宗教に可能なかぎり不干渉を旨とする宗務行政とは一体どのように定義すればよいのか（中略）法律にかかわることについて啓蒙のための行政が宗務行政の本旨である」

宗務課の存在自体が宗教統制につながるので、GHQは廃止を求めました。こうした経緯もあって、宗務課は宗教を担当するセクションでありながら、できるだけ宗教自体には立ち入らない性格を持たなければならないと強く意識した。宗務課を存続させるためには他に方法がなかったからだと思いますが、アンビバレントな性格の面白い組織ができあがったのです。（藤田）

洗　その意識は今では非常に薄くなっていると思いますが、宗務行政は消極行政を旨とする――これは宗務課でずっと考えられてきたことです。出来るだけ宗教に立ち入らない、関わらない。それが宗務行政のあり方として正しい、とする考えは、戦後の宗務課で形成された認識で、それがずっと伝承されてきていたのは事実です。こんな役所は他に類がありません。だから、他の部局から新任の課長が来ると、すごく戸惑うわけです。「何もしないのがいいという課で何をすればいいのか」と。しかし、宗教法人法の規定は確かにそのようになっているのです。座談会で井門さんは「法律にかかわることについて啓蒙のための行政が宗務行政の本旨」と言われていますが、法律上はそれも無いのですよ。なぜ啓蒙のための行政をやるようになったのかと言えば、予算を取るためです。つまり、法律上の規定としては宗務課の権限は基本的に「認証」だけです。一部例外的に、収益事業の停止命令が出せるとか、認証後半年以内だったら解散命令が出せるとか、宗教法人法81条の規定に基づいて、宗教法人として相応しくないものについて裁判所に解散命令を出してもらう、それを要請する権利はある。そういう例外的な権限規定は少し残っています。この81条は残しておいてもいいと思いますが、収益事業の停止命令などの権限はなぜ宗教法人法に残ったのだろうと思うほどです。

法律上、宗務課は、申請があったものについてはそれが適正であるか否かを確認する認証の権限しかないと言うべきです。認証の申請は実際のところそれほどたくさんあるわけではない。特に包括法人を扱う文化庁宗務課では、年に1件か2件あったらいい方かなという感じです。そうすると、そもそもやることがない。それが宗務課という役所です。

『宗教年鑑』が示す途方もない数字の理由

ところが宗務課は、宗教法人法に条文根拠がないのに、認証係以外に調査係を設けています。これが何をやるのかといえば、『宗教年鑑』を作る。宗教団体から報告を受けて、統計をまとめる。これは法律上、宗務課に与えられている権限ではありません。それをやっていい、とは法律のどこにも書いてないのですよ。そもそも戦後、宗務課から「これをやる」と言える状況ではなかったので、宗教界と相談して決めたのです。「宗教統計は宗教界にとっても意味のあるものです。宗教界自身でできないなら宗務課がそれをやろうと思います。統計調査をやってもいいですか」とお伺いを立てて始まったのですね。

『宗教年鑑』のような宗教調査を行政が行うのはアメリカでは違法です。アメリカでは綿密な宗教統計がありますが、これは大学などが実施したものと、また日本宗教連盟に相当するようなキリスト教とユダヤ教の連合体が参加教団に呼びかけて統計を作っているものがあります。しかし、お役所が宗教の調査をして統計を取ることは憲法違反である、と考えられています。信教の自由には「信仰告白の自由」と、その裏側として「信仰を秘匿する自由」もあると考えられるからです。宗務課もその点は考慮したのでしょう。宗教年鑑の統計は教団側が言ってきた数字をそのまま載せるだけです。まったく不正確で、各宗教の信者数を足してゆくと2億人近くになりますが、宗務課にはそれを正す権限はありません。

宗務課は海外宗教事情など、他にもいろいろな調査をしてきましたが、やはり法律上の権限に基づいてはいません。予算もどんどん削られていく。宗務課は非常に不経済な部署でして、課であるからには課長がいるし、課長補佐がいるし、認証係や調査係、課の庶務会計を担当する庶務係がいる。宗教法人法の一部改正で宗教法人室が新たにできて、給料を貰う人がたくさん増えた。そんな状況の中で調査に関わる費用を予算請求するといっても、永続的な調査は『宗教年鑑』の統計調査だけ。他は単発的ですぐに打ち切られる。

何とか継続的予算を取りたいと考えられたのが「啓蒙行政」です。これを考えたのは先にも触れた萬波教という課長で、私がいた時期よりもっと前の先輩です。全国を5つのブロックに分けて都道府県の宗務行政担当者と協力し、宗教法人の実務者研修を年5回各地で開催する。宗教法人法はこういう法律であり、責任役員制度とはこうしたもので、宗教法人はこのように運営されなければならない、という「啓蒙」のため予算が付けられることになった。それで萬波さんは宗務課の歴史に残る名課長の一人とされているわけです。確かに初期には、啓蒙が必要だったかも知れません。宗教法人の運営が責任役員という複数の人員の機関によってなされるようになったのはこの法律が初めてだったからです。しかし、すでに啓蒙のための研修会の役目は終わっていると思います。その後、石井久夫という課長の時には、包括法人を集めて、包括法人等管理者研究協議会を始めた。これも法律にはなんの規定もありません。

その後、宗教法人法の改正によって、所轄庁が法律に基づいて行えることが新たに加わりました。京都府や東京都などが行った不活動法人調査も、宗教法人法の改正に基づく所轄庁の権限で初めて実施したものです。しかし、そんな権限が与えられた宗務課という官庁が存在することは、むしろ大きな弊害に繋がるのではと危惧しています。宗教法人令のように完全に自由に登記して法人を作れる体制に改め、そのために生じる弊害があるとすれば、宗教法人格の付与とは別の方法で防止することにした方が良いのではないかと考えています。

「逆らう気？」と耳打ちした役人

――かつて近畿宗教連盟の会合に出席したとき、宗務課の課長か課長補佐さんが近づいてきて、「京都仏教会は宗務課に逆らう気ですか？」と耳打ちされたのを記憶しています。ああ、「逆らう」とかそういう感覚があるのかな、と思いました。啓蒙の必要性が実質的になくなって、しかも研修会が続けられているのはある種の上下関係の確認儀式の意味合いがあるのでは、という気もしますがどうでしょう。（田中滋）

洗　それはどうか分かりませんが、私が宗務課へ入ったばかりの、まだ40代初めの頃です。研修会で現地に到着したら県庁の課長補佐がお迎えに来ておりまして、この人は定年間近で目上の方ですが「お荷物をお持ちします」といわれ戸惑ったことを覚えています。現在は法律が変わり法定受託事務になって国と県は対等になりましたが、宗務行政もかつては機関委任事務、つまり国の宗務課が本来やるべきところを地方の機関に委任してやってもらっている関係でした。だから中央が色々命令を出して、地方はそれに従わなければならなかった。

これは、日本の法体系全体がそうなっていて、完全に上下関係なのです。若い時から霞ヶ関で役人をしていると、この関係に慣れていくのだろうなと、その時、非常に危機感を覚えました。県庁側も、中央から来た宗務課の職員が色々話をすれば、お上のおっしゃっていることを聞くという感じになりますね。今は法定受託事務ですから、法律には従わなくてはいけないが、宗務課には従わなくてもいい。宗教法人法で規定していることに従ってやればいいのであって、宗務課が作った認証の3年ルール(注7)のような解釈基準に縛られる必要はない。私も機会あるたびにそう言っているのですがね。

――宗教法人法が施行された時代の背景として、朝鮮戦争勃発後の「逆コース」といわれる社会情勢の変化がありますね。終戦直後、戦争協力者がパージされたが、戦犯追及も緩やかになり、一方で共産主義に対する警戒が強くなった。俗の世界では民主主義が形式的には進んだものの、60年安保闘争だとか、大きな対立が生まれている。その中で宗教界はどのような状況にあり、社会の流れにどのように対応したのでしょうか。（**田中治**）

洗　宗教にとって、聖なるものをどのように捉えるのかは最も重要な問題で、例えば教団の制度が民主的であるべきか、そうではないのか、ということは信仰の立場から検討される必要があります。

先にも触れたように、民主主義自体はピューリタンたちの考え方から生まれてきたと考えることができます。宗教改革でマルチン・ルターは万人祭司を唱えましたが、彼自身はその理念が持つ意味を必ずしも自覚しておらず、ルター派教会はむしろカトリックを小型にしたような上下の権威構造をもつ教会でしかなかった。実際に教会の組織の形で個の平等が実現するのは、百年ぐらい経った後のピューリタンの組合派とか会衆派などです。彼らの教会の運営は平等な権利を持つ信徒の総会において決定される。つまり、神の真理の担い手である信徒が率直に語りあい、全員一致でなくとも多数の人の思うところが神の真理に近い、という多数決の原理で教会の運営をしていくということです。他方、カトリックでは神の真理はすべて教皇を通じて示される。神の御心に沿ってカトリック教会が運営されていくためには、教皇から示されたものが全ての中核になければならない、とする観点から教会組織も作られている。それが彼らの信仰だからです。

だとすれば仏教はどうなのか。仏教においても、信仰の中核にあるものを実現していく上でどのような組織であるのが一番いいのか、ということを根本的に検討するのは重要な課題のはずです。しかし、戦後、国家の統制から自由になり、民主化が進むなかで、自分たちの教団組織を信仰の基本から見直す動きは残念ながら存在しなかった。西本願寺が明治になって本願寺法を作った時に、寺法栄えて仏法滅ぶ、と抵抗した人がいたといいますが、大勢は、どうやら組織のルールと信仰を別次元の問題のように扱ってきた。外面的な組織は国家が支配し国家の指示通り運営すればいい、というのが日本で長年形成されてきた発想、慣習だと思います。だから戦後、国が決めるのではなく、各宗教団体が自ら決めることが必要になった時も、宗教団体の内部で、教団組織のあり方が信仰上の問題として議論されないまま、なし崩しに今日に至ってしまったのではないでしょうか。

――被包括関係廃止の自由を盛り込んだ宗教法人法が成立したあと、宗派離脱の問題が続々起こった背景には、当時の時代の雰囲気もあったのでしょうか。国から「自由」とされ、それが民主的だということで、信仰上の意味とは別にどんどん受け入れられた。（田中滋）

洗　それもあるかもしれません。信仰的な側面から突き詰めて、本山・宗派との関係はいかにあるべきかと各宗教団体が真剣に考え、その結果として被包括関係の廃止を選ぶのならば、信仰上当然のことではありますがね。

——最近の宗派離脱例をみると、信仰上の問題より代表役員の個人レベルの利害関係で動くケースが多いですね。これまでは被包括関係廃止の手続きをしてしまえばそれで完全に終わりで、裁判でも包括法人側に不利な判決が出ていましたが、最近は少し傾向が変わってきているようにも見えます。最高裁で宗派側が勝った例や、県庁が被包括関係廃止に関わる認証を撤回した例が見られるのですが、離脱の自由とは何かという認識もある程度深まってきたのではないでしょうか。（津村）

洗　そうですね。末寺にとって宗派を離脱することは、自分たちの信仰が宗派とは違うと宣言するに等しいということですから、非常に重要な問題ですし、まして宗制違反で懲戒処分を受けるなど、住職、代表役員の個人的な事情で離脱するとなれば、寺院の信徒たちの信仰はどうなるのかという問題があります。実際に教義上の問題で宗派から分かれたのは清水寺ですね。もともと法相宗に所属していたが、観音霊場、観音信仰を中心とする清水寺が法相宗から分かれたとしても、宗教的信仰の上から当然という気がします。

新宗教に改宗した住職の宗派離脱

真言宗智山派の末寺の離脱ケースでは、住職がＧＬＡという新宗教の信仰に入って、智山派でありながらお寺を使ってＧＬＡの宗教活動をやっていたのですね。これを問題視して宗門側が懲戒処分にしようとしたら住職が被包括関係を廃止した。檀信徒がどのくらいいたのか、彼らがＧＬＡの教えに満足していたのかどうかは分からないのですが、住職がＧＬＡの信者になったのならば、住職一人が出ていけばいい話です。これは寺ではなく住職個人の信仰の問題でしょう。

同じ信仰を持っていても、例えば組織の運営の仕方が自分たちの考え方とは違うという認識で宗派を離脱することもありえますから、教義がはっきり違っている場合以外は離脱してはいけない、とは必ずしも思いません。ただ、宗派離脱は宗派の信仰から離れることですから、代表役員および責任役員の最低3人で規則の変更の決議をして、通知をすれば離脱が可能だとする規定は、少し乱用されすぎかなと思います。

宗教法人法の原則は責任役員会で規則変更の案を作って、公告し、認証申請をすれば、規則の変更はできる。離脱に関しては包括法人に通知さえすればいいとなっていますが、所属宗派に関することは規則の中に書かなければならない条文の一つです。包括団体がある場合にはその名称を規則の中に明示しなければなりません。その条文を変更するのが、離脱を規則変更の形で行うことの意味です。

一般的な問題に関わる条項はともかく、離脱、包括団体の変更に関する規則を変更しようとする時に、たった3人の責任役員で決めるという規定はどうでしょうか。確か東本願寺の末寺だったと思いますが、包括団体を明示する条文を変更しようとする時には、檀信徒、つまり門徒の3分の2以上の賛成を必要とするという規定を置いている例がありました。そうすると住職と側近だけの意向ではなく、信者たちが全体としてこの宗門にいることが不満であるという状況があって、はじめて宗派離脱が可能になる。各寺院が規則の中に、そのような特段の規定を設けるなどの工夫はもっと行われて良いと思います。現実問題となると、そういう規定があっても、住職がほとんどの門徒を除名して、自分の側近や周りの者だけを名簿に残して被包括関係廃止を決議した事例があります。ただ、そのような事例では所轄庁が簡単に認証するとは言えないし、裁判になれば離脱しようとした住職側が負けるということは十分考えられます。

このように被包括関係廃止に関する規則の変更をしようとする時、檀信徒全体の意向を十分反映できるような議決の仕方を定めておけば、恣意的な離脱を防ぐことは可能になってくると思いますね。いずれにせよ、規則について各宗教法人が宗教的立場から突き詰めて検討し、適切な工夫を加えていくのが望ましい。寺院規則はほとんど宗派の雛形に沿って作られ、作ったあとはどこかにしまいこんで見直したこともないところが多いですが、いったん紛争などが起きると規則が決定的な意味をもってきます。自分たちの理念を達成するためにある組織のルールですから、宗教団体が自ら工夫し、考えてゆくべきでしょう。

――先ほど田中治先生から、朝鮮戦争後の「逆コース」を背景に戦後の宗教を考えてみては、と示唆がありましたが、包括関係廃止に関わる宗教法人法26条は穿った見方をすると、認証制度を被包括関係の設定廃止の中に持ち込んだ、すなわち国家による関与を強めるために26条を設けたと考えられませんか。（田中滋）

洗　井上恵行とウッダードが協力して作っていった宗教法人法に、国家関与を非常に強めようという意図があったとは考えにくいと思います。実際上の問題として宗派離脱がたくさん行われたのは、この法律以前、宗教法人令の時代で、多くの離脱事件があり訴訟に持ちこまれたのです。しかし、法律上の規定はない。宗教上の関係となると裁判所が扱える問題ではないが、訴訟は相次いで起こる。だから、何とか解決できるルールを作ろう、という思いが中心だったのでしょう。離脱の自由の原則は、訴訟事件に困惑していた裁判所に、ＧＨＱの指導があったといわれています。ところが、アメリカ本国で離脱は原則として認められていないのです。逆コースに乗って国家の関与を強めるためならば、行政がもっと指導できるように決めたのではと思います。

ただ、平成7年の宗教法人法の一部改正では、制定当初と比較して国家の関与が非常に強くなりました。宗教法人法というのは、行政側が何もしないのが一番いいとする法律です。それに対し、「宗教法人法は宗教性善説に立っていて何も出来ないように作られている法律だ」といった言説がある。宗教法人法＝宗教性善説は宗務課の役人たちがマスコミに流した考え方です。宗教は悪いことをしないという前提に立っている、だからこの法律はザル法だと彼らは言う。宗教法人法によって「悪い宗教」を何とかしようという考えを宗務課の役人たちは本音としてずっと持っていたと考えるしかないですね。それがこの改正で少し前進したということになるのでしょうか。宗務課に勤めていながら宗教法人法がどういう法律か分かっていないのか、と言いたいですね。

コラム
「包括・被包括関係と仏教教団」

天台宗寺院の集合体が天台宗であるように、個々の寺院が結びつくことで宗派は成り立っている。宗派が寺院を包み込む右のような関係は、宗教法人法では包括関係と表現されている。寺院にとっての宗派との関係は被包括関係ということになる。

宗派の自治規則では、宗派と寺院との関係は本山と末寺という上下関係で定義されることが一般的であるが、宗教法人法の包括・被包括関係は上下関係とされていない。宗派は寺院を包括するのみである。宗教団体法によって国家↓宗派↓寺院という形で宗教が強く統制された反省から、宗教法人法では寺院の自主性を尊重したのである。

１９５１（昭和26）年の宗教法人法公布以降、宗派内の有力寺院による独立の動きが活発化するようになった。宗教法人法26条において、①信者その他の利害関係人に対して公告をしてから所轄庁の認証を受け、②新しく加入する包括宗教団体の承認を得て、③所属する包括宗教団体に通知すれば包括関係の廃止が可能と定められたことにより、法的には寺院の独立に所属宗派の許可が必要とされなくなったからである。

宗教法人法に依拠して独立を試みる寺院と、自治規則や教義上のつながりを重視する宗派との間には抜き差しならぬ対立が発生した。多くの場合は裁判に発展して、法廷で激しい議論が戦わされている。

（藤田）

8

古都税問題

——宗教のシンボル性への無理解

古都税問題の本質は何だったのか

――古都保存協力税（以下、古都税）問題は昭和の終わりに起きた事件です。京都市内の観光寺院の拝観料に税額50円を上乗せすることで参拝者に課税するということが古都税の趣旨でありまして、宗教活動に課税することは憲法20条に反すると京都仏教会は主張して、京都市と激しく争いました。

財政難に悩む京都市は、昭和57年に古都税条例制定を目指した動きを始めます。寺院側は京都市仏教会（昭和60年3月に京都府仏教会と統合して京都仏教会となる）に結集して反対運動を起こしました。しかし、昭和58年4月18日に古都税条例案は市議会において審議抜きで可決されます。京都市仏教会は、京都地方裁判所に条例の無効確認訴訟を起こしますが却下されます。あくまで古都税条例の撤回を求める京都仏教会は実力行使に出て、昭和60年7月下旬から会員寺院による第1次拝観停止を開始します。拝観停止は第3次まで実施されており、昭和62年10月に京都市と京都仏教会が条例廃止を合意して和解、同63年3月に古都税条例が廃止されたということがこの問題の経緯です。

古都税問題の本質を考えるうえで一番重要な問題は、京都地方裁判所が京都市仏教会の訴えを却下した次の理由に示されています。

「本件条例は、文化財の鑑賞という行為の宗教的側面自体を否定するわけではなく、対価を支払ってする有償の文化財の鑑賞という行為の客観的、外形的側面に担税力を見出し、本税を課す

こととしたまでである」。（藤田）

自由と規制のバランシング・セオリー

洗　判決の最後に書いてある部分の評価ですね。つまりこの課税が信教の自由を侵害することになるか、ならないかという問題です。要するに宗教的側面を否定するのではなくて、そこには文化財の鑑賞の側面もあり、その点に担税力を見出して、課税するという言い方をしています。拝観行為が宗教的行為であることと、課税することによって宗教的行為が委縮するかどうか、の問題であると思います。

信教の自由と世俗的な国家権力との関係からみて、課税という行為が一種の権力の発動という側面を持っているのは間違いないといえます。課税行為自体が信教の自由に影響を与えるのかどうか、の問題に関しては、アメリカの判例がありますが、これも確定基準ではなく判例が動いているようです。

要するに信教の自由という国民の権利と、国家がこれに対して何らかの圧力をかける行為、その衝突あるいはバランシングの問題だとアメリカの判例では考えられているようですね。国家が信教の自由を保障すると言っても、もちろん、これは無制限に自由である訳ではない。どうしてもやむを得ず、国家が権力によってある程度の規制をかける必要が現れる――「重荷を課す」という言い方がしばしば判例では出てきます。重荷を課すのが妥当なのかどうか、信教の自由の限界と妥当な規制の範囲を判断するには両者の間のバランスを考えなければならない、とする考え方がアメリカにはあるようです。

つまり人間は本来無制限に自由だが、社会全体のために国家がある程度の規制を課さなければならない場合がある。どういう場合に規制をかけるかはバランスの上で考えるべきものであるという考え方ですね。その判断の基準としては、第一に、宗教の側はそれを本当に信仰上の理由から行うのかどうか、規制を逃れるためではなく、宗教上の必然性を持っていると認められるかどうかです。

第二点は、行政がある社会全体の目的のため宗教に対して重荷をかけようとする際、その目的は宗教に対する規制がないと達成できないのかどうか。宗教に重荷をかけなくても達成する方法があるのならば、信教の自由を規制してはならない。これが第二の基準です。

古都税に関して言うと、京都市はお寺が多くて、そこからは固定資産税が取れないので財政が大変だから課税したいということですね。しかし、観光客に税を負担してもらうのならば、他に方法がないわけではない。観光客かビジネスで来た人かを見極めるのが難しいにしても、ホテル宿泊の段階で課税することも可能でしょう。観光客から税を貰うためには、他にも方法を考えることが出来る。アメリカの基準では、このような問題で宗教に重荷をかけてはいけないということになります。

第三の判断基準は国家の側が達成しようとしている目的そのものです。その目的が人類あるいは社会全体にとってかけがえのない極めて重要な価値を持つものであるのかどうかですね。それだけの価値があると証明できなければ、宗教に重荷をかける規制を加えてはならない。

アメリカの判例ではこれら3つの判断基準がバランシング・セオリーという形で出てきているように思われます。

規制や課税を逃れるための単なる言い訳や、本来的な信仰とはあまり関係ないところで争うのは、この基準に照らしても難しいでしょう。アメリカでは宗教に対して何らかの規制や課税をしようとする場合、日本に比べると、相当に厳しい基準をクリアする必要がある。少なくとも法廷で争う場合、行政の側はこの目的を達成するため、他に方法がないことを立証しなければならない。この点で、日本とは非常に違うと思います。日本では法律の規定に違反するケースで、信教の自由が優先されて無罪になった事例は私の知る限りでは1件しかない。一般に、法律に触れる事実があれば、いくら信教の自由を主張しても敗訴する。アメリカでは、例えば教会運営上必要という主張で、宗教側が勝った訴訟事例はたくさんあります。

日本の唯一の事例とは、学園紛争が盛んだった頃の、ある高等学校の学校封鎖に関わる神戸簡易裁判所の判決です。警察が封鎖を解除する為に突入することはなかったのですが、生徒たちはいつ警察が来るか分からない、とビクビクしていました。そこへ、たまたま学校の用務員の人が懐中電灯を点けて歩いて来るのを見て、「警察だ」と声を上げてみんな逃げた、ということに他愛もない事件なのです。

ところが、一人の生徒の母親が、いつも通っていた教会の信頼している牧師さんのもとへ、わが子を連れて、「警察が逃げた生徒を呼び出して事情聴取をするようだ」と相談したわけです。それに対し牧師は「いま社会の改革が熱病のように高まっているから、警察へ出頭させるとかえって良くない。少し頭を冷やせば熱病みたいなものから解放されるはずだ」と考え、「しばらく気晴らしして、人間が生きるとはどうなのか勉強した方が良い」といって知り合いの牧師の所に彼を送り出しました。警察が生徒を探しに来て、「この子が教会に来ていないか」と質問した時も、牧師は「そんな子はいないし、知らない」と言って匿ったが、しばらく時間を置いて生徒が戻って来ると、自分から警察に出頭させたのです。結局、生徒は未成年であるし大した事件でもないので法律上の問題にはなりませんでしたが、匿った牧師に対して警察は腹を立てて、犯人隠避罪、犯人蔵匿等罪で起訴をした、という事件です。

アメリカではこうした場合の宗教側の権利を牧会権と言い、信教の自由が優先されて牧会権に基づく牧師の行為が無罪とされたケースはアメリカでは山ほどある。しかし、日本では法令違反として警察が起訴にまで持ち込んで、無罪になったケースはこの事件以外にはないと思われます。この場合は検察がわざわざ起訴すべきものではないと裁判官は考えたのでしょう。この子の将来の為にと思って牧師がとった行為は信仰に基づく正当な行為であり、私的ではあるが福祉を目的とした行為である。一方、犯人蔵匿等罪は社会全体の安全の為に設けられている法律で、これも社会全体の福祉を目的としたものである。つまり、公的な福祉目的と私的な福祉目的が衝突した事件だが、公的な権利が常に優先するとは限らない。このケースでは、牧師のとった福祉の行為はそれなりに価値のあるもので、逆に警察側は一歩踏みとどまって然るべきであり、牧師は無罪だ、という判決が下された。公的な規制に対し信教の自由が勝った日本では唯一の事例だと思います。

古都税の問題に戻るならば、市の財政は確かに重要な問題ではありますが、しかし、信教の自由に一定の重荷をかけても、やらなければならないだけの価値があり、「他に方法がない」ことが立証されるかどうか考えてみる必要がある、と思います。

一般人がどうみているかといえば、「拝観なんて観光じゃないか」といった感覚で、宗教的な意味はよく理解されていない現実があります。裁判所も、宗教的な意味の有無を世間の人や住民がどう考えているかを基準に判断しようとすると、宗教的側面があってもそうでない側面もある、というような認定で、宗教側が負ける可能性が高いでしょう。

京都仏教会は一貫して、「拝観は宗教行為」と指摘してきました。私も宗教学の視点から見れば宗教的行為だと考えます。近現代の日本人が考える「宗教」は、ともすれば教義の側面に偏り、儀礼とかその他の側面を軽視しがちですね。その点はちょっと考え方を改めてもらうよう働きかける必要があるでしょう。そのことは、私自身、古都税問題に関係して以来、宗教学のものの考え方に従って、強調し続けたことです。

靖国問題に通じる「儀礼非宗教論」

宗教と儀礼の問題は、実は靖国問題でも重要な鍵です。靖国神社に参拝するのは儀礼行為であって、教義はあまり表に出てこない。その面からみると、これは宗教行為にはならないという判断が、津の地鎮祭訴訟の最高裁判決から出てきています。津の地鎮祭訴訟は要するに津市が体育館を建設する時に、地元の神主を呼んできて地鎮祭を行った。これは違憲である、として起こされた訴訟です。地裁で合憲、名古屋高裁で違憲、最高裁で合憲となりました。最高裁は目的効果論という判断基準をひっぱり出してきて、「目的において宗教的意義を持ち、効果において宗教に対する援助、助長、促進又は圧迫、干渉となる行為」が憲法20条3項で禁止される宗教的活動になるという判断を示した。地鎮祭のようなものは社会的儀礼に過ぎないのであって、これを行ったからといって、特に神社神道を援助、助長、促進するような事にはならない。宗教との関わり合いは否定できないけれど、憲法で禁止される宗教的活動に当たらないとしたわけです。

憲法20条3項にある通り、「国およびその機関は、宗教教育その他いかなる宗教的活動もしてはならない」が、単に宗教の儀礼を行っただけではその禁止には当たらない、という判断です。しかし本当にそうなのか？　つまり宗教的儀礼とはどういう意味合いを持ち、宗教的な働きを持っているのかという分析は全くなされていません。その点がこの判決の欠陥だと私は思っています。「神社非宗教論」の代わりに「儀礼非宗教論」を生み出しかねない判断になっていくわけで、宗教にとって儀礼とは何かということが少しも理解されていない。

宗教学からみると、宗教の特徴で哲学と非常に違っているところは、それを受け入れた人はそれが正しい、と「実感」として思っている点です。哲学もいろいろなものがありますので全部そうだとは言いませんが、論理的な整合性があって理性で納得できればそれで良し、とする傾向が強いのに対して、宗教の場合は、論理的整合性よりもむしろ実感性が重要になります。単に教義を受け身で聞いたからといって、すぐにそれが実感として受け入れられるわけではない。「目に見えない部分」を多く含むのが宗教ですから、それが実感として受け入れられるためには本人自身の体験が非常に重要な意味を持つのでして、その体験を生み出すために宗教は様々なシンボルを総動員している。それが宗教の特性だと言えるのです。体験は心の内だけでもいいのですが、本人自身の何らかの行動に伴って体験が生ずるわけですから、行動を引き起こすシステムが宗教にとって極めて本質的な意味をもっている。儀礼に参加し、そこで様々な体験をすることは、その人にとっての宗教的信念を生み出す要因になっている。その意味で、信仰を広める面で、儀礼は大変重要な意義を持ってきます。

拝観という行為でも、仏像を心を込めてしみじみと拝観すれば、そこには感情的に感じ取る体験がある。それはやはり本質的に宗教的な意味を持ち、信仰につながる行為の一つです。そういう本質をしっかり押さえていれば、拝観行為に課税していいだろうという判断は簡単にはできないはずだ、そう私は言い続けてきたわけです。

さらに言えば、宗教的側面と文化財の鑑賞という側面を簡単に分けていますが、宗教とは極めて複合的な現象ですから、一部分だけを切り取ることはできません。宗教には娯楽的側面も山ほどある。そもそも宗教は人間が生きる支えとなってきたものですから、当然です。物見遊山的なものも宗教から生まれているし、いろんな芸術も宗教から生まれている。宗教は本来、非常に複合的に多様な側面を有しているとする視点をもって、拝観という宗教的行為を理解する必要があります。文化財鑑賞の側面があるにしても、娯楽の一面があるにしても、宗教は宗教であるわけです。

――近代の人間は、例えば契約がその典型ですが、私はこうするから、あなたはこうして下さいといった形で行為の交換をしている。それは様々なシンボルに彩られた行為というより、もっとストレートですね。私がこれをお渡ししますから、あなたはお金を支払ってくださいとか、非常にシンプルな形で出来上がっている。そういうシンプルな意味空間内での行為が我々の生活を全て決めており、各人の自由な意志に基づいて行われる行為が世の中を作っている、というのが近代人の発想です。こうした発想の下では、宗教が様々なシンボルによって成り立っているということを理解するのはむずかしい。むしろ宗教的シンボルを否定するような宗教だという感覚に傾きがちで、プロテスタントのような宗教こそが宗教であるというような発想がどんどん広がって行く。そうすると、宗教的シンボルは宗教から切り離され、歴史的に重要であると見なされたものは文化財として扱われるようになる。その結果として、拝観という一つの行為が、宗教的行為と文化財の鑑賞という二つに分けられ、文化財の鑑賞に対して課税する事を認めるような判決が生まれる。近代人の発想の行き着く先だと思います。（田中滋）

「対価性」は問題ではない

洗　京都地裁の判決では文化財鑑賞の「対価」性が問題とされました。しかし、宗教自体、もともと一切対価性がないのかと言われるとそうではないと思うのです。お布施も、実は法施《ほうせ》に対する財施《ざいせ》という意味合いを持っている。そういう意味では対価的意味がある。

宗教者が与えるのは法施で、信者側が払うのは財施。この関係に対価的意味合いが全然ないとは言い切れない。ただ教えとして、財施にしばしば「行」としての意味を与えることがなされてきたわけです。つまり、ただお布施を出すというのではなく、その事を通じて「あなた自身の物欲を断ち切ってください」という指導が行われてきたのがお布施です。だから、物欲を断つという本来の意味からすると、喜捨しても痛くも痒くもないようなお布施ではあまり意味がないのですよ。精一杯のものを出させる点で、財施に信者の「行」としての意味を与えてきたのが、宗教における財施の意味づけだった訳ですね。だからそうなると人によって額がまちまち、任意の額になる。

物欲を断ち切らせる意味がもともと込められていた布施をその意味で実行しているのは新宗教でしょう。「物取り宗教」などと批判されますが、布施があなたの幸せに結びつく、と実際に説いている。人にお金を出させるのは簡単にできる事ではないのです。天理教の言葉では「尽くし、運び」という。「運び」は教会に通う、「尽くし」はお金を尽くすことです。尽くしをやらせる名人の教会長に柏木庫治さんという人がいて、本も出しています。無理だと思うくらいのものを出させることで本人に喜びを与える。それができないと物取りになってしまうのですね。

天理教も初期の頃には物取り宗教だと言われていました。「悪しきを払うて助けたまえ天理王の尊」の替え歌で「屋敷を払うて田売りたまえ天秤棒の尊」などと、すっからかんの貧乏になって天秤棒を担ぐことになるぞ、と揶揄する歌まで明治の頃に流行ったようです。初期の天理教には全財産をつぎ込んで、一介の布教師になり、開教布教というのですが、片道の路銀だけもって全く縁もゆかりも無いところへ行き、場合によっては野宿をしながら、「においがけ」という布教をする。そういう人がたくさん出たのも事実です。そしてそれが天理教を大きく支えてきた事実もある。全財産を寄付し、ある意味で命をかけて布教に赴くことに喜びを持つような状況が存在したということですね。

新宗教では寄付した信者から訴えられる事件がある。これは宗教の側から言えば、失敗しているわけです。相手に喜びを与えることが出来ないから訴えられる。消費者問題を専門とする弁護士たちは、寄付が高額であることを問題にしますが、たとえ高額でもしっかり指導が出来ている宗教では別に問題にならないし、出した本人が何よりも有難いと喜ぶような状況が宗教の世界にはある。ただ、伝統仏教はすでにそういう力を失ってしまったかな、という印象をもちます。

このような意味で、お布施は「任意」の額だから対価性がない、とかいう問題ではなく、法施が与えられたことに対して財施を行う意味では、たとえ任意であれ「対価性がないとは言えない」と捉えるべきだと思います。税務署や裁判官は、金額が定額であれば対価性があると言います。戒名料なども、最近では一応金額を示されることがありますから、税務署の論理では対価性が生まれることになってしまいますが、実は社会に「お布施は任意」では困るという状況が生まれてきている。檀信徒から、相場があるでしょう、教えてくださいといった要望が出るわけで、「精一杯のものを」という原則は通らない。そういう状況の下ではむしろきちんと金額を示した方が檀信徒にとってありがたい。だから、信者に対して会費を決めている宗教も最近では多くなっています。会費制となると、一定の金額だから対価性はあり、信者になることによる対価を払っていると言われるかもしれません。しかし、対価性が認められるからそれは宗教ではないという捉え方は、そもそも間違っている。拝観料についても、定額を示しているから、宗教ではないなどとは言えないと考えますね。

――法施と財施との間の対価関係論ですが、古都税の京都地裁判決は、確かにそのような意味での対価関係という理解ではないと思います。対価関係の有無については相当慎重に語るべきでしょう。京都地裁判決での対価関係はもっと俗っぽく、「市場」を前提にして、給付があったらそれに見合う反対給付があるとする議論です。例えば美術館に入ると、1000円を払って美術品を鑑賞する。鑑賞の機会を与えた給付とそれに対する反対給付としての金銭が基本的には釣合っている。恐らくそういう意味ではないかと思います。信者が自分にとってギリギリの負担をすることで主観的な満足を得る、などと裁判官が頭の中で考えていることはまずないでしょう。

この判決が言っていることを私なりに分析するとこうなります。参拝者が例えば500円、寺によっては1000円を支払うことに対して担税力を見出していると判決は言っているのですが、この場合、課される税額は一律で50円という計算です。500円でも1000円でも同じです。すると、ここで言う担税力とは、拝観者の一回一回の担税力ではなく、京都に遊びに来て、消費をする能力全体を担税力と見ている節がある。税務の領域では担税力はキーワードですが、担税力があるかないか、ということについて、この判決は正確には表示し得ていないという印象がありますね。

判決にはもう一つ論点がありまして、京都市が寺社に特別徴収義務を課したことです。このことは、担税力の問題とは必ずしも直結しない。もし京都で観光する人の消費能力を担税力と結びつけたいのならば、京都市役所の職員が京都駅の前に机を並べて、「あなたは観光客ですね、京都に入るには50円を納める必要があります」というように京都市自体が京都に来る人々を観光客かどうか分別して徴収すればいいのです。なぜ特定の寺社に特別徴収義務を課さなければならないのか、全く理由付けができていない。観光客に担税力があるから、寺社が京都市に成り代わって徴収せよと言える理屈はどこを探してもないはずです。それを京都地裁判決のように一直線の論理で肯定するのは、課税の理論から言ってもずいぶん無理がある。そのことを以前も書いた記憶があります。

対価関係についてもう少し述べておきます。法律の世界では、例えば消費税がかかるかどうかという場合、消費税法の定義では対価を得て行われる事業、対価を得て行われる資産の譲渡、対価を得て行われる役務の提供、これが消費税の課税対象だという決め方をしているわけです。

平成元年に消費税が導入される際、議論になったことの一つに、拝観料などは消費税の対象になるのかどうかという問題があった。これは言わば念押しの意味もあって議論されたのです。その時、大蔵省主税局課長の薄井信明さんが講演のなかで、「京都では古都税問題でいろいろあったが、そもそもあなたたちがやっている宗教行為とは対価とは無縁のものでしょう。当然消費税なんてかかりません」と断言しました。要するに、信者の気持ちを拝観料として頂いているのだから対価性はない、ということですね。

それはその通りですが、本当にその解釈がずっと続くかどうかといえば、若干不安なところがない訳ではない。それは「対価」の法律的定義が全然ないからです。

私は宗教法人が通常の活動で得ている喜捨や布施というものは、給付と反対給付の関係、ギブ・アンド・テイクの関係ではないと思います。つまり、基本的にギブとテイクがイーブンであることを両者でしっかり了解しあってというものではない。そうした関係は本来、市場を通して合意によって成立する売買が典型的ですね。ただし、それと一種の寄付行為との境目は何かといえば、よく分からないところがあります。その時々の政府が「対価性」を定義し、満足を与えてもらった者に対して見返りに与えているのだから、広い意味での対価性があると言うこともできるでしょう。だから私たちも「対価性」の概念とともに、宗教行為とはどういうことか、両面で理論的に抑えるべきでしょうね。（田中治）

洗　そうですね。金額が明示されていても、破魔矢とかお札が物品販売業にあたらないと国税庁が判断したのは、要するに原価との関係です。原価が安いのに非常に高い値段がついている。しかし、信者の側がそれに見合うと思うから買っていくと思うのですが、信者は宗教的価値を買っていったことになるのでしょう。要するに、物の売買と違って宗教の場合はどれだけの宗教的価値を認めるかという問題になるでしょうね。

——ボランティアはお金を受け取るとボランティアではなくなる、というのが日本の常識ですね。現場に行く交通費さえも受け取ってはいけない、といった考え方が当然のこととされ、大学の先生方でさえ、「無償でないといけない」というイメージを持っている人がいる。ボランティアとはもともとみずから進んで志願するという意味で、例えば志願兵に給料がでないかといえばそんなことはない。ボランティアで兵隊になって階級が上がっていけばその階級に見合ったサラリーを貰うわけです。

ボランティアは無償でないとボランティアではないとする発想と、お金が介在しない行為だけが清く正しい宗教行為であって、お金が介在した途端に汚れてしまうという考え方は非常に似ていますね。宗教にお金が絡むとまともな宗教ではなくなるといったイメージは、明治になってプロテスタントのような宗教が宗教のモデルとして流通するようになって以降に生まれてきたのではないか。お金が絡んだら対価性が発生するということ自身も前提としておかしい。

それからもう一つ、ギブ・アンド・テイクとは、もともとは未開社会において人間が相互作用する際のルールのようなものですね。そこにはお金などはまだ介在しないし、厳密な等価性なども考えられていない。いわば広い概念です。しかし、近代に市場交換の論理だけでギブ・アンド・テイクをみるようになると、等価という発想が生まれてくる。言い換えれば、市場における商品交換をモデルにしてギブ・アンド・テイクが語られるようになるわけです。

その延長で、課税をしたい側は定額の拝観料に市場経済的なギブ・アンド・テイクの対価性をみる。この辺りに、近代社会に生きている人間の偏見があり、それは宗教に対する偏見にも通底しているのかも知れません。（田中滋）

――私が申し上げた「ギブ・アンド・テイク」も、例えば家族が持っている互酬性のようなものとは違う。市場において基本的には等価値と思われるものを両者の意志の合致によって交換するというドライな原則のことです。近代市民社会が観念的に想定する社会における対価性であって、ご指摘通り歴史性や地域性があり、文化や宗教という要素を入れると意味も異なってきますね。

ボランティアの性格を考えるうえで重要な事案としては流山訴訟があります。これはボランティアで高齢者を応援する活動に要した時間を点数に換算して、それを貯蓄したり、現金に換えるシステムをとっていた団体（流山ユー・アイ・ネット）に収益事業課税が行われた事案です。ボランティア団体が、交通費も含めて対価を貰ったり、場合によっては管理している点数を利用することも一切認められないとされた。そのような考えは行政においても非常に強いですね。そうしたある種の潔癖性がどこから出てくるのか。個人的には関心があります。

ところで、以前に寺院のペット葬儀が収益事業として課税されたことがありましたが、その際に最高裁が課税の基準としたのは以下の二つです。すなわち、対価性があるかどうかと、民間事業との競合性があるかどうかでした。最高裁はこの二つの要素をほとんど同じ比重で判断し、問題のペット葬祭をしている寺院はこの両者を満たすから収益事業だとする解釈を示した。また、この裁判の下級審ではペットの死と人の死は全く違うとされました。人の死の場合には収益事業性は到底考えられませんが、ペットの場合は市場での物を売買するとか、ゴミが出たから引き取るのと全く同じ扱いの議論が展開されています。（田中治）

――ショーウィンドウに入れてペットを売るなどということはヨーロッパやアメリカの人から見ると、動物虐待の極みです。それを許す感覚とペット葬を収益事業と見なす認識はパラレルだなと思います。ペット葬が単なる廃棄物処理業となる背景にはペットをモノとしか見ない社会の実情があるようです。

この議論を古都税問題に広げると、拝観は文化財の鑑賞行為だという扱いをする背後には、人間が一番重視するものは、宗教ではなく金だという感覚がある。人間に対する蔑視、これが日本の社会で当たり前のように存在する。本音のところでは拝観だとは思ってないだろう、金を取っているだけだろうという「下司の勘繰り」と言いたくなるような意識が、宗教行為への課税を許した。寺院が反対したら、やはり一番痛いところを突かれるから反対するのだろうといった話になる。人間とはどんな存在か、という人間観がここには反映していますね。ところが、逆にボランティアなどは非常に聖化されてしまう。ボランティアをやるのだったら一切お金を貰ってはいけない、と。一方で、人間や動物をひどく低劣なものと見ながら、他方でボランティアとか「本当の宗教」と考えるものを聖化する。このギャップが日本ではすさまじい。（田中滋）

寺が特別徴収義務者になるのは憲法違反

――前回の議論のあとに、洗先生から古都税条例は寺院を税の特別徴収義務者に指定しているが、それは、いかなる宗教団体も政治上の権力を行使してはならないと規定している憲法20条第1項に違反するというご指摘を頂きました。古都税問題に関わってきた我々がなぜこんなことに気が付かなかったのかと唖然としましたが、藤田さんに洗先生のご指摘をまとめていただきたいと思います。（田中滋）

――特別徴収義務者については、古都税条例7条・8条に次のような規定があります。7条には、「古都保存協力税の徴収については、特別徴収の方法による」とあり、同8条には、「古都保存協力税の特別徴収義務者（以下「特別徴収義務者」という。）は、文化財を鑑賞に供する者その他古都保存協力税の徴収について便宜を有する者で市長が指定したものとする」とされています。この2つの条文を根拠に、京都市は寺院に対して古都税を徴収する義務を課しました。それについて洗先生は次のように指摘されました。「徴税とは本来市の仕事であって、つまり行政の権限に属する事務であるから、市に成り代わって寺院にこれを請け負わせるということは、政教分離違反になる。憲法20条第1項後段に「いかなる宗教団体も、国から特権を受け、又は政治上の権力を行使してはならない」とあるように、国は宗教団体に政治上の権力を行使させてはならず、この規程に抵触する法律も無効である。徴税事務はまさに行政機構の仕事そのものだから、それをやらせるというのは憲法上、当然問題がある」と。（藤田）

洗　いや、本当に何でこんな単純なことに今まで気が付かなかったのだろう、と思いますね。憲法20条にはいかなる宗教団体も政治上の権力を行使してはならないとする規定があります。この条文を巡って様々な議論はあるのですが、裁判所がこの件について判断したケースはほとんど存在しません。おそらく唯一だと思いますが、東京高裁が憲法違反の判断を示した事件があります。創価学会の寄付金返還訴訟という裁判です。これは創価学会が大石寺に正本堂というものを建てた時の寄付金について、元信者が訴えたものですね。

正本堂は創価学会、日蓮正宗の教義に基づく建物です。日蓮宗では本門の本尊と本門の戒壇と本門の題目という三大秘法があります。日蓮宗のほとんどの宗派は、この三大秘法は日蓮によって完成されたとしていますが、日蓮正宗だけが、時の政権に邪魔をされたために本門の戒壇はまだ実現されていないとしていて、他の日蓮系教団と対立しています。

日蓮正宗では明治の頃、「天皇によって建てられる戒壇とは、現代の国家体制のもとでは国家によって建てられる戒壇に当たる」とする解釈、いわゆる国立戒壇論が形成されます。創価学会も国立戒壇を建てるためには国会の議決が必要だから、それを国会で議決するために政界に進出する、と最初はそう言っていました。国立戒壇建立を宗教団体が国に働きかけるとしても、そのこと自体は憲法違反ではありません。しかし、その要請を受けて国が国立の戒壇を建立すれば、もちろん憲法に違反することになります。創価学会は憲法遵守の立場でありながら、他方で、国立戒壇を目的に掲げるのは明らかに矛盾していました。その矛盾を解消するため、創価学会は現代における本門の戒壇論を変更し、民主主義の世の中では民衆立の戒壇でいい、と解釈を変えた。そして何百億円も募金し、富士の大石寺に正本堂を作り、これが現代における本門の戒壇だと主張します。

問題の訴訟は、創価学会を離れた元信者が、妙信講や日蓮正宗は「こんなものは本門の戒壇ではない」としているが、本門の戒壇でないならば私が寄付したのは間違いだから返金しろと訴えた事案です。正本堂が本門の戒壇に当たるかどうかは、教義上の論争ですね。こうした訴えは裁判所が扱う法律上の争訟には当たらないとして、第一審の東京地裁は却下しました。ところが東京高裁は何を思ったのか、寄付金はどちらに帰属すべきか、という財産上の争いとして捉えた。そして、裁判所が審議せずに却下してしまうと、宗教団体に財産上の争いについて決定する権限つまり「司法権の行使」を認めることになり、憲法に違反する、と判断して差し戻しの判決を下した。これが、裁判所が「政治上の権力」という憲法規定について判断した唯一の例だと思います。

ただし、地裁に戻されたのではなく、特別上告で最高裁に行きまして、東京高裁の判断は否定されました。宗教上の寄付は、寄付をした時点で一応宗教団体に帰属しているものです。それを宗教上の教義を理由として返還を求めるのは違法な請求で、そもそも請求すること自体が違法である。寄付を受け取った時点で、宗教団体が所有するということでいいのだ、と。この訴訟では、宗教団体の「政治上の権力行使」に関して、裁判所（高裁）のレベルで「司法権の行使」という形で判断したという事例です。

この判例を見ても、「政治上の権力行使」とは、行政権、立法権、司法権という国家の統治権力を宗教団体が行使することを指していると思われます。税の徴収はまさに行政権ですから、これを宗教団体にやらせるのは憲法が禁止する政教分離違反になると考えるべきです。今後、こういう税を復活させるという問題が生じてきた場合には、この点を重視すべきではないでしょうか。

源泉徴収も同じことではないか、という見方もあります。本来、所得税などは本人が申告、納税するべきで、本人に代わって会社がやっている。宗教法人もやらなければならない。これは戦時中に効率的に税の徴収をしようとするために設けた変な制度です。しかし、源泉徴収は宗教団体だけに特定される制度ではありません。宗教団体だけを対象に徴税をさせる、つまり行政権を行使させる古都税のような制度は憲法違反だと主張していいでしょう。

コラム 「文化観光施設税・文化保護特別税と覚書」

古都税問題においては、京都仏教会会員寺院による3回の拝観停止が行われたが、その拝観停止という運動戦術には前史があった。

1956（昭和31）年、神社・寺院などが所有する「文化観光財」を有料で観覧する者に対して一回10円を課税することを内容とする文化観光施設税条例の施行を京都市は試みたのである。京都古文化保存協会に結集した社寺側は条例案に反対し、23の社寺が無料公開・無料制限公開・信者以外の拝観謝絶という三つの措置を取った。しかし、市議会で条例案は可決され、7年半にわたって拝観者に課税が行われている。

文化観光施設税期限切れの64年、京都市は再び5年間に期限を区切った文化保護特別税条例の成立を図った。寺院側は反対するが、6ヵ条の覚書を両者が取り交わすことで条例は施行された。覚書の中でもっとも重視すべき条文は次の第6条である。

「文化保護特別税の期限は、本条例適用の日から五年限りとし、期限後においてこの種の税はいかなる名目においても新設または延長しない。」

この条文は、古都税問題において、京都仏教会が税の不当性を主張するにあたっての大きな論拠となった。

（藤田）

9　宗教法人法「改正」問題

行政が宗教法人をコントロールする方向へ軌道修正

――宗教法人法改正は平成7年ですね。同年3月20日のオウム真理教による地下鉄サリン事件が法改正論議のきっかけでした。たくさんの被害者が出て、事件の2日後には山梨県上九一色村のオウム真理教教団本部に警察の強制捜査が入りました。オウム真理教が宗教法人格を得ていて、そのことが警察の捜査などにも制約を与えたとする議論があり、社会的批判が強まったことを受けて宗教法人法の改正が行われたのです。

同年12月15日に宗教法人法の一部を改正する法律が公布されました。この改正は国家による宗教の監督強化につながる可能性が極めて高いものです。信教の自由や政教分離の徹底、宗教法人の自治を重んじる宗教法人法の精神に反した改正だったと思います。（藤田）

洗　この改正はおかしいと主張して京都仏教会は戦ってきましたが、全く聞いてもらえない状況になっているのは残念です。

オウム真理教の地下鉄サリン事件がきっかけになったのは事実ですが、宗教法人法はこれでいいのか、改正する必要があると強く主張したのは当時、自民党にいた白川勝彦という国会議員でしたね。オウム真理教は東京都所轄の単立法人だったが、本部は山梨県の上九一色村にあり、そこでサリンを製造していた。そうなると、所轄庁は事実を把握したり、指導したりすることが出来ないではないか。このように宗教法人を野放しにしていいのかと質問をしたのがきっかけで改正論が一気に台頭したと思います。そうして、宗務行政が消極行政、受け身の行政であることにいらだち、「悪い宗教がいっぱいあるが、それに対して自分たちは何もできないじゃないか」と不満を持っていた行政の連中が、国会での動きに乗じて宗教法人法の改正に持って行ったものですよね。

昭和30年代の「邪教」キャンペーン

宗教法人法の改正問題が国会で取り上げられるのは2回目でした。1回目は昭和30年頃ですが、読売新聞が立正佼成会を邪教だとして、約1年にわたって邪教キャンペーンを展開した。この時、読売の側の勇み足で、事実ではないこともたくさん報道されたのです。教祖にあたる長沼妙佼さんが病気の患者の頭を足で踏んで殺してしまったとか、妙佼さんは昔売春婦だったとか、名誉棄損にあたるような報道をしたようですが、それは事実とは違っていた。しかし、そういう報道を1年近く大新聞が行ったため、国会で取り上げられることになり、立正佼成会の幹部が国会に参考人として招致され、一方的な質問をされました。指摘された問題については各地で事実関係を調べて、読売の報道が正しくないことは明らかになりましたが、ちょうど立正佼成会も拡大時期であったので、脱会した元信者からひどい宗教だと誹謗中傷があったのも事実です。

立正佼成会は初期の頃、姓名判断を中心にしたおかげ信仰、病気治しなどをやっていて、病気が治らなかった人が「騙された」と批判する状況がかなりあったわけです。その時、国会質問で強く追及したのは社会党だったと思いますが、所轄庁である宗務課に質問しても、我々は宗教的な活動の中身に対して指導したり、監督したりすることは法律で禁じられていて、そうしたことを調査することも出来ません、という回答しか返ってこない。

そこで参考人招致が終わった後、宗教法人法はこれでいいのか、一度改正すべき点がないか検討しろ、という国会決議がなされたのです。国会決議に基づいて宗教法人審議会での議論が始まりますが、その際、改正議論に乗じて神社本庁から、宗教法人法と別に神社法を作るべきだという提案がなされました。「神社は他の宗教とは違って公共性のある宗教だ。だから宗教法人法で一律で扱うのはおかしい」という主張でした。公共性がある証拠として、神社本庁の本宗と言いますか、仏教の本山に相当する神社である伊勢の神宮は、天皇の祖先を祀っている神社だから、他のプライベートな宗教とは違うと主張したのです。

それに対し、仏教はもとより他の宗教界の代表からも大反対がでました。信教の自由を守っていく上で宗教はすべて平等に扱わなければならない。特定の宗教を別扱いする法体系を作るのはとんでもない話だと、神社本庁と他の宗教団体の代表の意見が全く対立して、答申を完全な形でまとめるのは難しい状況になったわけです。それでも一応この時に何点かこういう部分は改正した方が良いという、答申は出しています。

しかし、そのうちに日本は宗教法人法どころではない状況になっていった。昭和35年の60年安保です。安保闘争が広がって行って、国会が包囲されるような状況で、政治がそっちへ行ってしまったこともあって、改正案は出されないままでずっと来たという経過です。

オウム事件を契機に強行された「改正」

この時も役人たちは宗教法人法を改正して、もう少し自分たちの権限を確保したいという考えをもっていた。宗教団体の監督まではできないとしても、何らかの指導ができる方向に持って行きたい。その方向で改正をしたいという考えは、官僚たちに前々からありました。だからオウム事件で法改正ができそうになった状況に乗じて、一気に改正することにしたわけです。

――宗教法人法改正の問題点をご説明いただければと思います。まず、都道府県をまたがる単位宗教法人の所轄庁が都道府県知事から文部大臣に変わったことについて。（藤田）

洗　これは本当に意味のない改正だと思います。要するにオウムが東京都所轄の単立宗教法人で、しかも全国的な活動をしているため、所轄庁が把握できないという批判に応じた改正ですね。それ以前の宗教法人法は、原則として都道府県知事が所轄、例外として2都道府県以上にわたる被包括法人を持っている包括法人の所轄は文部大臣とするという規定だったのです。

新宗教の多くは教会の実態からいうと単立であるのが相応しい。新宗教は全国各地の教会で信者からの献金があっても、それを一度本部に集めて、本部から各地の布教師たちに給料を払うような組織で全体が動いている教団が多いのです。それならば教団全体が一つの人格、つまり単立法人であるのが相応しいわけですよ。

創価学会もそうなっています。立正佼成会は全国に200以上の教会を持っていますが、法人化している教会は三つしかない。本部教会と東京都内の一つ、茨城県内の一つ、三つが法人格をもっていて、それを包括する団体としての立正佼成会は大臣所轄の法人になっています。実態的には全国で上がってくる献金はすべて本部に集められて、そこから教会長に給料が支払われており、財産管理も全体が一つの団体として方針決定しているという基本的な性格を持っています。その点で、オウムが単立だったのも当然です。

法改正では、全国的活動をする法人は大臣所轄にすべきだとの声に応じて、法律の上では他の都道府県内に境内建物を備える、つまり財産を持っていることが明確な場合には、単位法人であっても大臣所轄にする、とされた。これは所轄庁を大臣に移せば、全国的な活動をする宗教団体の実態を把握することができるだろうという仮定の下に行われたのですが、実際にはほとんど不可能です。宗教団体の宗教活動を所轄庁は把握しないのが原則、建前です。所轄を変えたからといって活動内容が把握できるか、サリンを作っているのかどうかを文部省ならば把握できたのかといえば、無理な話でしょう。

――備え付けが義務づけられている書類または帳簿に関して、信者その他の利害関係人から請求があった時は、閲覧させなければならないとされたことについては。(藤田)

洗　これは情報開示ですね。ある意味では私が文化庁にヒントを与えたことになるかもしれない。もし宗教法人法を改正するのではあれば行政が宗教をコントロールするような改正であってはいけない。信者が下から適正にコントロールしていけるような改正が適正かもしれないと、宗務課OBとして意見具申の手紙を出しました。ただし、「利害関係人」などということは当然含めていません。

宗教団体の組織は、キリスト教のように総会主義のところもあれば、財団的な性格をもつ宗教団体もあり千差万別で、法律で一律に規定をしていいか疑問です。財産処分や被包括関係廃止などの場合は公告をしなければならないと法律で決めていますが、公告はしっぱなしでいいわけですね。公告について異議があった場合にはどうしたらいいか、法律が一律に決めるのではなく、各宗教法人の規則の中で信者たちが法人の経営に関心を持ち、関与することが出来るような方向の道を開く改正ならばいいのではないかと言ったわけです。

ところが、一律に規定し、利害関係人まで範囲を拡大してしまった。宗教法人と訴訟をしている人も利害関係人です。不当な目的ではない場合、と制限をかけてはいますが、閲覧させなければならないという一律の規定に変えてしまった。非常にリスクのある改正だと思います。

——毎会計年度終了後4ヵ月以内に、事務所備付け書類の一部の写しを宗教法人が所轄庁に提出しなければならなくなったことについては。（藤田）

洗　これは京都仏教会でも強く批判し、抵抗してきた書類提出義務です。一体何の為に提出させるのか。信教の自由を侵害しないように、という注意事項はありますが、法律の中に提出させる目的が規定されていません。何の為に出して、何に使うのかを何も決められていない。使わないのであれば、資源の無駄使いです。現在は不活動法人を洗い出すために使えると文化庁は言っていますが、むろん法律の中に規定されていることではありません。文化庁の宗務課がそう言ったただけで、時代が変わればいつでも目的を変えることが出来ます。その時の状況に応じて行政が自由に目的を変えていくことが可能で、非常に問題ですね。所轄庁が余計な仕事を作って予算を獲得するのが目的だったのでは、と疑われるところです。

——所轄庁が、事業の停止命令等を行うべき事由に該当する疑いがあると認める時は、宗教法

人審議会の意見を聞いたうえで、当該宗教法人に対する報告の要求・質問が可能になったことについては。（藤田）

洗　官僚側は当初、調査権が必要と言ったのですが、「調査権」には宗教法人審議会が強く抵抗しました。それで「報告徴収権」という名前に変えたのです。

宗教法人審議会委員で善隣教教主（現・聖主）だった力久隆積さんが、改正の本当の目的はこになるのだろうと猛烈に反対を唱えていました。実際、所轄庁の役人側が改正で一番欲しがっていた権限です。必要だという根拠として文化庁は、79条（事業停止命令）、80条（認証から半年以内の行政解散）。それから81条（解散命令を請求する権限）の3か条をあげました。これは所轄庁だけの権限ではなく、裁判所自らが解散命令を出すことができるし、それこそ信者さんなど利害関係人も裁判所に対して解散命令の請求をすることができます。所轄庁としては、当該法人の実態がどうなっているか調査する職権がなければ権限を行使できない。だからどうしても調査権が必要だと主張しました。それに対し、審議会に入っていた法律学の先生が、それは必要だと賛成したものですから改正することになったのですね。

ただ調査権に関しては宗教団体側が非常に強い抵抗を示したこともあって、報告を徴収する場合も無条件ではなく、79条、80条、81条に関わるような疑いがある場合に限って報告を求める権限を与えるという規定にしています。そこで問題になった79条、80条、81条ですが、こんな条文がそもそもなぜ宗教法人法の中に入っているのかという疑問があります。法人となりうる組織をもつ宗教団体ならば全て法律上の人格をもつことができる。そういう法律であるにもかかわらず、なぜ、所轄庁に権限を与えるこのような規定が入っているのか疑問です。

79条の事業停止命令ですが、これは6条でいう公益事業以外の事業が6条の規定に違反している場合に1年以内の事業停止命令を出すことが出来るという規定です。ではどういう場合に違反することになるのか。6条は宗教法人の目的の範囲内で収益事業を行うことができると規定している。そうすると目的以外の事業を行った場合は、違反していると考えられる。違法な事業はもちろんダメですが、合法的な事業であって、これをやったら宗教法人の目的の範囲外になるような事業があるのかどうか、が問題の一つですね。

宗教法人法の逐条解説などでは、水商売のような事業は宗教として相応しくないだろうと言っている本がありますが、本当にそう言えるのかどうかは分からない。法人の事業としてではありませんが、坊さんがバーを経営している実例もあります。それが宗教にふさわしくないと決めつけることができるか疑問です。一般に広く認められている合法的な事業の場合、法人の目的に反していると言われるケースはほとんどないのではないですか。一般に、「法律の目的の範囲内で」と規定されていても、具体的にこれは法人の目的から外れると決める事はなかなかできない。実際、目的に違反するとして事業停止命令が出された事例は1件もありません。

もう一つは収益があった場合、これはその宗教法人、または関連する公益事業団体その他に使わなければならない、と使途の制限が決められていますね。収益事業をやって収益があった時に、それをいきなり政治団体に献金したりすれば、確かに第6条違反になるかもしれません。その宗教法人自身の為に使うか、関連する宗教法人もしくは公益法人に使わなければならないと定められているからです。しかし、収益があった場合、法人の一般会計などに入れず、直接、他の目的に支出することは実際問題としては考えられない。本体会計に入れておけば政治献金をしても自由ですから、収益事業会計から直接そんなところに支出する必要などない。第6条に違反するケースはほとんど考えられない。何のためにこんな条文が入ったか、不審です。

宗教法人法制定前の宗教法人令の時期には、自営業者が宗教法人として届け出るなどのケースがたくさんあった。零細業者の場合、経営している店の売り上げを直接生活費に使ってしまう。これがそのままで宗教法人になると、収益を宗教法人のために使ったとは言えない。こうした宗教法人令当時の問題を考えて、6条違反があった場合の事業停止命令が潜り込んだのかもしれません。いずれにせよ宗教法人法を制定する時に、官僚側が何らかの権限を少しでも残しておきたいという意図があって盛り込んだ条文ではないかと思います。

80条は、認証から1年以内であれば行政庁が認証を取り消すことができるという規定です。宗教だと思って認証したが宗教でないことが分かった、行政側が見抜けなかったということですが、本当にこのような規定が必要なのかどうか。これまでこの規定で認証を取り消した事例はありません。認証して宗教団体と認めたものが、もし違っていたというならば、認証取り消しではなくても、81条によって裁判所で解散させることが出来るのですから、この条文も不要な規定というべきでしょう。これらは必要ない条文が宗教法人法に紛れ込んでいたということでして、質問、報告徴収権を所轄庁に与えるよりも、79条、80条を削る方が、すっきりして良かったのではないかと思います。

――宗教法人審議会の定数を10人以上15人以内から10人以上20人以内に変更したことについては。（藤田）

洗　従来は10人以上15人以内となっていて、実際には13人でずっと運用してきたのが事実です。その委員の内の10人は宗教界を代表するという形で、日本宗教連盟加盟の5団体―神社本庁と、教派神道連合会、全日本仏教会、日本キリスト教連合会と新日本宗教団体連合会、この5つの団体から2人ずつが推薦され、その他の3人は学識経験者が任命されました。伝統的には元文部事務次官が座長を勤め、私が宗務課にいた時もそうでした。他に学識経験者委員では、発足当初、岸本英夫先生が宗教学の分野から入り、それから法律学の分野から1人という形で、3人の学識経験者委員を置く構成で長年やってきたわけです。ただし、その後、行政ＯＢが座長を務めるというのは禁止されました。

この宗教法人審議会に、宗教界代表がたくさんいたのは、行政が違法な、あるいは好き勝手な裁量行政をやらないかどうか監視させようというのが元々の目的であったはずです。初期には確かに行政のやり方について宗教界代表から、あれこれ注文が付いた。この一年の主な宗務行政の内容が審議会で報告されて厳しいチェックが働いていたと言われています。しかしチェック機関としては徐々に機能しなくなって、私が宗務課にいたころには既に、年に1回おざなりに行政事例の報告を受けるだけの審議会になっていたように思います。行政側の報告があって、ああそうでしたかって言うぐらいのものだったですね。

13人中7人の委員が「改正」に反対

しかし、宗教法人法の大幅な改正のような問題に関しては、宗教界からもいろいろな意見がでました。平成7年の法改正の当時に座長をやっていたのは三角哲生という元文部事務次官ですが、彼が答申をまとめる時に、13人の宗教法人審議会委員中7人が時期尚早だと反対に回った。過半数が反対したわけです。ところが、座長が強引に審議を打ち切り、答申を出した。宗教界から今後もそういう抵抗があると、行政にとっては都合が悪い。そこで委員数を増やして過半数を取れないように、と考えたのが宗教法人審議会の定数改正です。

現在は宗教界の代表は10人で変わりませんが、学識経験者と称する人が10人入っていますね。その学識経験者も、行政に積極的に賛同するような人が選ばれる傾向があるようです。

ところで、このあとに宗教法人審議会の条項はさらに部分的に改正されています。従来、法律の改正は審議会に諮問し、また審議会から文部（科学）大臣に宗務行政一般について提案をする権限が与えられていましたが、それを、法に規定されている宗教法人審議会の権限に属するものに限り大臣に提言することができる、と変える改正がこっそりと行われました。他の法律の改正に伴う一部改正だと言っているようですが、これが行政のやり方ですね。会社法改正の時も宗教法人法の罰則の過料が上限1万円から10万円に一挙に引き上げられた、ということがあります。

先ほど触れた79条、80条、81条に関して報告を求める時には、宗教法人審議会の意見を聞いたうえで、と法律では規定してありますから、こういう時には審議会にかけなければならないわけで、宗教法人審議会はものを言うことが出来ます。しかし、法改正とかその他については宗教法人審議会には何の権限もない。ますます行政主導になっていったわけです。

宗教法人法は、本来、政教分離を徹底するため、あくまで受け身の行政を前提としています。所轄庁の認証とは、法の規定に違反していないかどうかの確認を求めるだけで、実際に法人を設立し、規則の改正を行うのは宗教法人自身の権限であって、所轄庁、行政の許可や認可は必要なものではない。そういう考え方に立つ認証制度からいうと、行政がこれらの権限を持つのは大変おかしなことで、宗教法人法の精神を全く曲げてしまった、といえる。行政が宗教法人をコントロールできる方向へ軌道修正する第一歩だったと言っていいのかと思います。

私が宗務行政のOBたちの声として聞いているのは、あと残っているのは「認証」制度を変えて「認可」にすること、裁判所が解散命令を出すことを変えて、行政解散ができるようにすることだ、という話です。そうなると完全に行政庁が宗教をコントロールすることができる。宗教を行政の管轄下に置こうとする意図を役人たちが持っていると感じざるを得ないですね。宗教法人法を改正するならば、むしろ所轄庁を単なる認証庁にすべきです。都道府県の場合、宗教法人担当は2、3人しかいないのですから、中央もその程度でいいのですよ。例えば法務省の適切な課に宗教法人係を置いて、それを認証庁にすればいい。そういう改正が望ましいと私自身は思っています。

書類提出問題と非訟事件手続法

――改正のウラには創価学会・公明党問題もあって、政治的な要素も無視できません。当時を振り返ると、創価学会などは改正反対で真剣に動いていましたね。

もう一つ補足したいのは書類提出の問題で、改正後に文化庁が、これは不活動法人を洗い出すのが目的だと言い出したのですが、それから不活動法人の数を一桁まで具体的に出して、去年に比べたらいくつ減ったと示せるようにしました。不活動法人の把握はそんなにきっちりできるものではなく、アバウトな数字しか出ないはずですが、書類提出の意義を示すため、何か数字を出す必要があったのでしょう。書類を提出しない宗教法人の代表役員に対する過料に関しては都道府県によって非訟事件手続きに入る基準というか姿勢が違っていて、ほとんど手続きをしない県もあれば比較的やっているところもある。過料の額は裁判所の判断で差があるわけですが、行政の手続きも地域的アンバランスがうまれているのは事実ですね。**（津村）**

洗　確かに宗教法人法改正には政治的な問題が非常に大きく関わりました。改正に反対したのは唯一、新進党だけ。他は社会党、共産党も含めてみんな改正賛成だったのですね。新進党のその時の党首は小沢一郎さんでしたが、公明党はそこへ合流していたわけです。自民党は宗教法人法改正に反対する新進党を痛めつける上で創価学会を槍玉に上げるのが効果的だと思ったかどうか。亀井静香さんなどは池田大作氏を国会に証人喚問してやる、と言っていました。宗教法人法改正によって特定の宗教を槍玉にあげようなどと本気で考えたとは思えないですが、そうした恫喝的な発言が法改正に伴って激しくありました。この時、公明党は野党のままでは大変だという思いをしたのではないかと私は考えているのですが、今では公明党の結党の理念からすると正反対にみえる政策でも自民党と妥協して、与党の立場を守っていますね。

もう一つは過料の不公平の問題。宗教法人法には書類提出だけではありませんが、過料に処するという罰則規定が設けられている条文がいくつかあります。法律で決めてはいるのですが、行政は一律に過料通知をしているのかどうか。過料とは変なものであることがこの問題を通じて分かります。科料は刑事罰ですが、過料は行政罰で、行政の裁量が働く。つまり行政が裁判所にこういう事件がありましたと通知しなければ事件にならないわけで、行政の裁量がこのように働いてもいいものかどうか、私にはよく分かりません。書類提出以外の罰則規定に抵触した場合、その扱いはどうなっているでしょうかね。

――過料では非訟事件手続法が適用されるのですね。（田中滋）

洗　私は非訟事件手続法に詳しいわけではありませんが、これは問題がある法律だと思いますね。裁判は原告と被告がいて、裁判官は中立の立場から両者の言い分を聞いて公平に判断を下す対審構造が本来のあり方ですが、非訟事件手続法の場合、行政庁はこういう事件がありましたと通知を出すだけで、裁判の場に出なくていいのです。それに対して反論、主張があれば、これも書類で裁判所に異議申し立てをする。しかし、申し立ては過料を課すことを決めた裁判官が読んで、決定を変更するかしないかを決める。もちろん最高裁まで抗告する手続きはありますが、その場合も非訟事件手続法では、対審構造で公開の法廷を開くわけではなく、地裁がちゃんと資料を見て決定したのだから、と言われればそれまでということになるようです。書類不提出の過料問題で善隣教が抗告しようとした時、弁護士さんからこの法律はナチスドイツが好んで使っていた法律だと指摘されたといいます。考えてみると、行政から訴えられた当事者は行政を相手に何も言えない。決定を下した裁判所を相手に争わなければならないという変な法律です。これが本当に裁判といえるのか。疑問を感じます。

裁量で行政が宗教団体を選別

平成7年の改正に直接関わることではありませんが、宗教法人法には認証の申請受理後3ヵ月以内に認証をする、しないの決定しなければならないという規定があります。ところが、書類受理を延々と引き延ばすことによって、実質的に認証を遅らせ、行政がこれは良くない宗教だと思う団体に法人化を諦めさせるやり方がある。ちょうど7年の法改正頃から目立ってきた傾向です。実質的に行政の裁量を拡大する方向ですね。

私が宗務課にいたのは約40年前だから古い話ですが、櫻井圀朗先生の指摘で、私の在任当時にも三重県で認証の引き伸ばしをやった事例があると知ってびっくりしました。渡部蓊という私が宗務課に在籍していた時に課長補佐だった人が書いた『逐条解説　宗教法人法』には、認証は羈《き》束《そく》行為であって、行政に裁量権は無いと明記されています。それが当時の宗務課の認識でもありました。

引き延ばしは「3年ルール」などと呼ばれますが、宗教法人法で、申請から3ヵ月以内に認証に関する決定をしなくてはいけないと定めた精神から考えれば、3年間引き伸ばすことが合法だ、とはとても言えないでしょう。形式的には申請が出てきても受理しないで、その前段階の指導として3年間引き伸ばすわけですが、ひどい話ですよ。法の精神を完全に破っている。

宗教法人法14条第5項に、所轄庁は認証にあたって宗教法人規則に12条に規定する事項以外の事項を記載するよう求めてはならないと書いてあります。宗教法人側から12条にある事項以外のものを何か載せたいというのであれば、記載してもいいのですが、所轄庁側からこういうのも載せたらどうかと求めてはいけない、とする規定です。これは行政庁の裁量権を否定する規定と考えてもいいと思います。

ところが文化庁は平成9年に認証に関する審査基準なるものを作っています。その元になるのは平成6年に作成されたということです。6年と言えば、地下鉄サリン事件の前の年で、オウム真理教が様々な問題・事件を起こしていた頃です。そもそも何でこんな宗教を認証したのかと東京都が責められましたが、そうした状況が、審査基準作成の背景にあるのかもしれません。9年版は宗教法人法の一部改正が成立し、宗教法人の提出書類が出てきたから、それも踏まえたものでしょう。

行政側も建前としては、宗教活動に直接的に所轄庁が介入していいとは憲法上は言えないが、実質的には所轄庁が「良い宗教」と「悪い宗教」を振り分けようというような発想が背景にあると思います。だから審査基準の中に近隣住民とのトラブルがないか、などという条項が入っている。仮にトラブルがあったとして、それがどうしていけないのでしょう。伝統仏教の本山でもご近所トラブルは起こりえます。まして知名度の高くない新宗教の場合には「聞いたこともない変なもの」という感覚で周りが受け止めれば、トラブルも起こりやすい。しかし、違法行為をやっているわけでもなんでもないのならば、行政がその宗教を排除していい理由がありません。行政の主観によって、認証を延々と引きのばし、認証申請を諦めさせる。良い宗教、悪い宗教を行政担当官が選別しているわけです。

実際、東京都の担当官などは、ある雑誌（『月刊　寺門興隆』平成25年3月）の取材に答えて、「こんなもの（基準）で大丈夫なのか」（括弧内引用者）というようなことを言っています。「（審査基準を低くしたら）反社会的な団体が宗教団体を装って潜り込んでくる可能性がある」などと語っていまして、「相当な数」の設立認証の相談があるが、実際に認証するのは年間数件だけだ、と得意気に言っているのですね。これはもう本当に裁量の最たるものだろうと思うのですが、そういう裁量行政が実質的に始まっていると感じます。

平成7年の法改正の頃、宗務課の専門職員をやっていた村上興匡氏が宗務課の幹部に、法律通り裁量なしに認証をしてはどうか、と言ったそうです。すると、裁量とは自動車を運転するときのハンドルの遊びみたいなもので、宗教法人法を上手く運用していくためには多少の裁量が必要だ、と説明されたということです。しかし、この審査基準は、とてもじゃないけど遊びの範囲には入らないと思いますね。法の精神とは真逆の方向を向いて180度ハンドルを切ったのではないか。180度とはいかなくても90度以上は変えている印象ですね。

私の在任中も、宗教団体から出された申請書に法律の規定と合わない部分が何ヵ所か見つかった例があります。法律の規定では、要件を備えていなければ不認証にしなければいけない。しかし実際には、すぐ後に認証することを前提にですが、「一旦取り下げて修正し、またお出しになったらどうですか」と助言することはありましたね。法律の規定には合わないが、これならハンドルの遊びの範囲という気がします。

「お東紛争」の行政裁量

宗務課在任中の記憶で、法の規定を外れてしまったなと思われた事件は、京都の東本願寺、お東さんの騒動の時です。この騒動では、改革派が選挙に勝って嶺藤亮さんという方が宗務総長になったのですが、それによって象徴化されて実権がなくなることを嫌った法主側が、宗派の内局役員が東本願寺の責任役員になるという東本願寺規則の規定を廃止して、東本願寺が独自に責任役員会を任命できるように規則改正しようとした。そして、法主の息のかかった前内局の責任役員会でそういう改正案を作って、本山の所轄庁である京都府に出してきた。

その時に京都府は困ってしまいましてね。というのは、すでに新しい内局は実質上できているのですが、宗派の規則では法主の允許《いんきょ》が必要です。法主が允許を出してないので、正式には新内局はまだ成立していない状況だったのです。

この場合、法主の允許とは何か、允許という日常使わない用語が法律的にはどのような権限を示すのかがよくわからない。もし仮に認証のようなものだとすると、允許を出さずにいるほうがおかしいということになる。もし許可のような強い権限を持つものだとすると、允許がなければダメだと言えるかもしれない。この法律的な性格がよくわからないから、旧責任役員会の改正案を京都府が認証していいものかどうか、まずその点で迷ったわけです。

一般的に、選挙で新政権ができる場合、新しい体制がきちんと成立するまでは、前内閣が日常的業務は引き続きやるということはある。しかし、いわば、「死に体」の内局や役員会が規則改正という、いわば憲法を変えるような、そういう重要な改正をする権限があると考えていいかどうか。その点もよくわからない。京都府のベテランの担当係長さんが、宗務課に「どうしましょうか、もうじき申請から3ヵ月です」と言ってきたのです。その時に、宗務課長が、「もう少し様子を見たらどうですか、新しい内局はすでにできていて、いつまでも就任させないわけにいかないでしょう。どう転ぶかは実質、時間が解決してくれると思いますよ」と3ヵ月を越えて認証を伸ばすことを認める指導をしたのを、私は見ておりました。私が宗務課にいた当時、実質的な認証引き延ばしはその1件だけしか知りませんでした。

その時は「上手いやり方があるものだな」と感心したのですが、いま考えるとまずかったかなと思います。宗教法人法第14条は、宗教団体であること、規則が法令に合っているということ、規則を作ったプロセスが法の定めにのっとっていること、この3点の要件を満たしているかどうかを所轄庁は審査せよ、としている。もし、この要件を満たしていると認められる場合には、認証しなければならない。そして、要件を満たしていないか、または要件を満たしていることを確認できない場合には、不認証にしなければならないと法律は規定しています。

京都府は、規則改正案の制定のプロセスについて、14条の要件を満たしているかどうかを確認できなかったわけですから、不認証にすべきだったと思います。不認証にすれば当然、行政相手の訴訟になるでしょう。なってもいいのではないですか。それで所轄庁が負けたら、それはそれでいいはずです。裁判は行政が勝たなければいけないという、妙な伝統みたいなものが日本にはありますが、要は、その団体が宗教法人法に合致した状態であるかどうか、というそれだけの問題です。裁判の過程で、法に合致していることがわかれば、敗訴して認証する結果になったとしても、別に不名誉でもなんでもないだろうと思いますね。

行政側は裁量でなんとか不祥事を防ぎたいと思っているのかもしれませんが、立派な宗教団体でも財産上の紛争が起こったり、宗教的な活動について違う意見が出てきて対立が起こるのは、いくらでもあることです。裁量行政で防ぎようはありません。国の責任として行政がそれをコントロールしようという考えが基本的に間違っているし、憲法に違反していると私は思います。

一方で、世間は何かあるとすぐ行政を責める風潮がある。だから慎重になるのかも知れませんが、信教の自由、政教分離とはどのような意味を持つかを行政が国民に理解させる努力こそ必要でしょう。宗務課のような行政庁がもし仮に必要だとすれば、宗教法人をコントロールするためではなくて、まず政治家やジャーナリズムに啓蒙活動をするために働くべきです。それならば存在する意味が少しはあるかなと思うのですが、現実は逆を向いていますね。

――明らかに本来の宗教法人法の「認証」主義とは全く違う事を、現場の行政が平然とやっているのは憲法を無視し、政教分離を無視している、というべきですね。役人は与えられた公務の目的や性格に拘束されるし、もっと広い意味で言うと憲法に拘束されるのは当たり前です。現場の役人の二枚舌的意識はどこから生じるのか、それをどう直せるのか、素人の感覚では非常に気になります。もう一つは公益法人制度の改革にもつながりますが、要するに宗教法人には税金が課せられていないし、公共的性格を帯びているから、もっと外部からのコントロールがあってしかるべきだという、非課税論を媒介にして規制を強化せよとする議論の形がある点です。これは一般的な国民の感覚も無視できない。（田中治）

洗　週刊誌や新聞は、宗教団体が何か問題を起こすと、所轄庁は何をしているんだという批判を展開しますね。つまり所轄庁が宗教団体をコントロールするものだという誤解が日本の社会の中にずっと存在してきた。戦前は実際そうだったので、その感覚が残っているのでしょう。これに対し官僚たちは、権限を持って何とかしたいという思いは当然あったはずです。その延長線上で、完全に法律に違反して認証をだらだら引き延ばすルールができたのでしょう。引き延ばしていれば変な宗教は法人格をとるのは諦めるだろうと。

変な宗教か、そうではないかを役人の主観で区分していいはずがありません。だから近隣住民とトラブル起こしていないかなどという基準を立てるわけですね。しかし、そんなことを基準にするのは間違いです。法人格をもつこと自体を妨げるべきではない。自由設立である株式会社でも悪い事をする例はいくらでもあって、国民がそれに引っかからないようにするためには自衛するしかない。宗教団体が法人になっているからといって、それだけで信用する感覚がそもそもおかしいですね。法人になる入り口で良い宗教と悪い宗教を振り分けようとするのは、信教の自由を著しく侵害することで、やってはいけないのです。このことを日本の社会がまず分かっていない感じがします。

アメリカには宗教団体の所轄庁はありませんし、先進国の中で宗教団体を所轄する官庁がない国は他にもたくさんあります。宗教法人の設立で、非宗教団体が混入するのを防ぐために認証が必要だとすれば、認証庁という名称がいいですね。

もう一つの税金と公益性の問題ですね。宗教法人の宗教活動が非課税であるのは当然のことだと思いますが、一つの特典のようにみなされて、非課税だから公益と合致しなければならないとする圧力は今後ますます強まってくると思います。この場合、公益の概念が問題ですね。

――最近の動きを少し触れておきます。日本基督教団の京都教区の総会で、平成7年改正の宗教法人法の再改正の要望書が議決され、26年秋の教団総会でも総会議長の名前で賛同することが承認されました。教団総会議長は日本基督教団の代表役員です。そして、年が明けて2月、総会議長らが文化庁に行き宗務課長に会って、その要望書を手渡しました。宗務課長は宗教法人が継続的に活動しているかどうかを確認するために書類提出が必要だ、宗教法人法の再改正は考えていないと回答したそうです。その時、認証の3年ルールについても京都府での実例を挙げて抗議したのですが、個別事例は関知しない、と木で鼻をくくる返答だったと言うことです。ともあれ、宗教法人法の問題で、包括宗教法人がこのような具体的な行動に出るのは、久しぶりです。（津村）

洗　3年ルールの問題では京都仏教会も抗議に行きましたが、宗務課は回答義務はないということでした。そして、京都仏教会の会員寺院で書類を提出していない寺院があるので出してください、と「法令遵守」を求めてきましたが、まず宗務課のほうが法令を遵守してもらいたいと言いたいところです。日本基督教団が、教団として申し入れをしたのは一つの前進かも知れませんね。

コラム

「洗建駒沢大学教授『オウム疑惑と宗教法』」

……確かに宗教は、人間の魂を救い、人間の幸せを願うものである。それ故にまた、しばしば人間が救われた理想の状態を思い描くことも多い。それは神仏の働きによって実現されることを説くことが多いのであるが、時として政治的プログラムをたて、現実社会にこれを実現しようとする場合もある。宗教と政治はまったく異なった領域を持ち、異質のものであるかのように思うのは、まさに近代の思考なのであって、素朴で粗野な宗教は、むしろ政治性を帯びやすく、権力を指向しやすい存在なのであることを忘れるべきではなかろう。

オウムも最初は権力に接近しようとして選挙に出馬した。客観的に見れば当選できる可能性はゼロであるにもかかわらず、これが可能であると信じたということは、まさにオウムが宗教であったからと考えるほかに理解のしようがない。権力に接近することに失敗したので、彼らは自ら権力を構築することを試みて、軍事力を蓄えた（国の中に国家を建てた事例としては、太平天国の先例がある）。しかし、これも客観的に見れば、到底国家に対抗できるようなものではなく、これを政治的革命集団として理解しようとすれば、あまりに幼稚な作戦で間抜けな革命家の集団としかいえないだろう。やはり、オウムは宗教なのである。鬼っ子ではあるけれど。……

……今回のオウム事件の教訓は、宗教法人法の不備ということではなく、具体的な犯罪の容疑がある場合には、警察、課税庁など強制権を持つ官庁は、毅然とした対処をする必要があったということである。もちろん、サリンの製造など、誰にも予想できない事態であったので、今回の警察の対応を批判するのは酷である。戦前の反省に立ち、信教の自由への配慮から、むやみに強権を発動することを控えてきたこれまでの警察の態度は、むしろ評価すべきものである。しかし、単に反対者の嫌がらせや中傷、誹謗の類でなく、具体的な犯罪の容疑がもたれる場合には、宗教団体に対してもこれを見逃しておいてはならないということである。

オウムに関しては、脱走信者などから、拉致、監禁、薬物注射など、具体的な犯罪の訴えが相次いでいたのであり、また、税制の面でも、上九の施設が「宗教法人がもっぱらその本来の用に供する宗教法人法第三条に定義する境内地、境内建物」として使用されていないことは、立ち入り調査するまでもなく合理的な疑いを持ち得たのであり、これらを見逃さず、適正な事情聴取、立ち入り調査などを行っていれば現行法のままでも、これほどに犯罪を肥大化させずに済んだものと思われる。

その他、正体を隠しての勧誘や霊感商法など巧みな心理操作に基づく問題活動があるが、これも宗教団体に法人格を付与することと混同すべきではなく、刑法等の問題として処理すべきであろう。

（京都仏教会会報『京佛』59-1〈平成7年〉から）

10 宗教と公益性

——横行する新自由主義的解釈

公益認定法の問題

——宗教法人の公益性が盛んに叫ばれ、世間的に見て公益性があるとされる活動に宗教法人が勤しむような状況が生まれています。しかし、そこにあるのは、一般の人々ばかりではなく宗教者自身の公益性についてのあまりにも平板な考え方です。震災などの災害が起きたら宗教団体もボランティアに行けばそれでいいと言わんばかりです。宗教法人の公益性についての一般的理解の問題性を今日、洗い出すことが出来ればと思っています。（田中滋）

——公益法人制度改革は、平成14年3月の閣議決定で公益法人制度の抜本的見直しが進められたことから始まります。当時は小泉内閣ですが、橋本内閣以来の行政改革の一環として行われたものです。公益法人が官僚の天下り先になっていると問題になり、公益法人制度の見直しが必要だというのが改革の理由でした。18年6月2日に「一般社団法人および一般財団法人に関する法律」など、公益法人制度改革関連3法が公布されています。

この法改正以前の公益法人、つまり社団法人・財団法人は、一般社団法人・一般財団法人、もしくは公益社団法人・公益財団法人に移行し、さもなければ解散したものとみなされるという規定になっています。移行期間は法施行から5年、25年11月末まででした。

法改正以前の公益法人の設立根拠は民法34条で決まっていまして、こう規定されています。「学術、技芸、慈善、祭祀、宗教その他の公益に関する社団又は財団であって、営利を目的としないものは、主務官庁の許可を得て、法人とすることができる」

「主務官庁の許可を得て」とあって、許可制です。主務官庁の判断で公益性が決定されてしまうのです。こうした点が原因で官僚の天下り先になると問題になりました。

そこで、新しい一般社団法人・一般財団法人は事業目的に公益性がなくても、法務局の登記によって設立することができるとしました。法人の設立が簡単になったのです。さらに、一般社団法人・一般財団法人のうち、公益目的事業を行うことを主たる目的とする法人は、内閣総理大臣・都道府県知事に申請し、国や都道府県が設置する公益認定等委員会の審議を経たうえで、公益性があると認定されれば、公益社団法人・公益財団法人になることができるようになりました。

以上の説明は、行政改革推進本部事務局の「公益法人制度改革の概要」と、国税庁の「一般社団法人、一般財団法人と法人税」というインターネット上で取得することができるパンフレットに基づくものですが、これらを見て疑問に思ったことがあります。

一般社団法人・一般財団法人と公益社団法人・公益財団法人という形で、公益法人制度が二段階になったことの意味がパンフレットを読んでも理解できません。登記すれば簡単に設立ができる一般社団法人・一般財団法人は、すべての事業が課税対象になることが原則なのですが、例外がありまして、非営利性が徹底された法人と共益的活動を目的とする法人については、一般社団法人・一般財団法人であっても非営利型法人となって収益事業以外は非課税となるのです。それならば、なぜ公益認定等委員会の認定を得て公益財団法人・公益社団法人にならなければいけないのか、そのメリットがよく分からない。一般社団法人・一般財団法人だけでいいのではないかと、単純に思います。

それから、公益社団法人・公益財団法人の「公益」とは一体何かということです。一応定義はあり、公益認定法では学術及び科学技術の振興を目的とする事業など、23の事業が公益事業となっています。そうなると、23の事業に当てはまらないものは公益ではないのかという疑問がある。法改正以前の公益法人のように、主務官庁の判断で公益性が決定されてしまうことは問題だということで定義したのでしょうが、公益という概念を23種類で説明するのは難しいでしょう。

さらに、そもそも宗教法人の公益性とは何かという問題があります。公益認定法で定義されたものだけが宗教法人にも当てはまるのか、そのあたりが疑問に思いました。（藤田）

洗　法律上の公益の言わば大雑把な定義のようなものとして、「不特定多数の人の利益」という非常に曖昧な概念が存在しました。ですから宗教も不特定多数の人の利益の為の活動である、と言うことができたわけです。それが今度、公益認定法の中で23の事業が列挙されました。法律上の公益がこのように法律の形で示されたことを、私は一番心配しております。

この公益法人制度改革では、宗教法人や学校法人のような特別法によって作られている公益法人は対象としないということでした。従って公益法人制度改革3法は宗教法人と本来関係がないはずなのです。「宗教法人の宗教活動は公益かどうか」などとは法律には何も書かれていない。公益認定法に書かれている公益は宗教法人には適用されないものであると解釈すべきですが、しかしお役人というのは法律の中に公益性が規定されていると、宗教法人の公益性を問題にしようとする時に当てはまるかどうか参照する傾向がある。これに照らして、宗教法人に対して「お前のところは公益性がない」と言い出しかねない。その兆候は既にある。これは非常に問題ですね。

旧民法は明治28年に成立し、もとは文語体でした。文語体で書かれていた時には34条のトップに祭祀、宗教を置いていた。「祭祀、宗教、慈善、学術、技芸其他公益ニ関スル社団又ハ財団ニシテ、営利ヲ目的トセサルモノハ主務官庁ノ許可ヲ得テ、之ヲ法人ト為スコトヲ得」というのが当初の民法の規定です。口語体にする時に順番をひっくり返して最後にもってきたわけです。制定当時の政府の感覚では、宗教はそれ自体公益性のあるものとして考えられていたが、口語に変えた時には、宗教とはどこが公益なのか分からないという感覚があったのではないか、とも思います。

法改正でこの規定そのものは33条に移りましたが、民法の中には残った。当初、これは入れないことになっていたのを、新日本宗教団体連合会が無くしてしまうと宗教の公益性の根拠が法律上どこにもなくなってしまうと主張して、要求が通った経緯があります。

宗教の社会的機能―統合と変革

いずれにしても、宗教の公益とは何か、と考えると、公益認定法であげられている事業とは次元が違うと思われます。公益性を不特性多数の利益と言ってもいいでしょうし、あるいは社会貢献性とか、あるいは人類への貢献性と考えてもいいでしょう。宗教の社会的機能をどう捉えるかという問題になります。この問題について、宗教でほぼ定説化している考え方は以下の二つです。一つは、長い伝統を持った宗教が社会の中で定着している場合、その宗教の存在が社会の中軸的な価値を維持し、社会の統合に寄与する。これは統合機能と言われています。宗教の一つの側面として社会の価値を安定させ社会の統合に寄与するという貢献性があると言えるでしょう。ところが、複数の宗教が社会の中で共存するかたちになると、凝集した集団と集団の間に亀裂が生じる、という逆の働きも見られる。その力学の中で宗教は、従来の伝統的な社会の価値を変革していく働きを持つことになる。つまり、安定と、変革の両面の機能を持つ、というのが定説です。

そもそも宗教を原点に立ち返ってみると、神道とか中国の道教、インドのヒンドゥー教のように自然発生的な宗教の場合は、社会に存在する単一の宗教として人々に世界観を提供し、社会統合の働きを強く持っている。他方、教祖的人物の宗教体験を出発点とする創唱宗教では、従来その社会に無かったような新たな世界観、価値観、つまり世界の中で人間がどのような存在であってどう生きるのが正しいのかという新たなものの見方が提供される。そして新たな価値観が社会に広がってくると、これが歴史を変革してゆく力となる。非常に大きな形で、人類史の展開に宗教は深く関わって来たということが言えるかと思います。

今日、公益的としてあげられる慈善も、今は宗教から切り離され、慈善事業、社会福祉などとして世俗化し、行政や民間団体が行うものとされていますが、これも歴史を辿ってゆくと、いずれも宗教が生み出してきたものです。世の中にある貧困の問題や、恵まれない人々、虐げられている人々、弱い人々、こういう人たちに手を差し伸べることは宗教的価値観に基づいて行われてきました。これは仏教やキリスト教に顕著にみられる傾向ですね。日本の古代にも光明皇后などが仏教の教えに基づき悲田院などの制度を作ったと伝えられていますが、キリスト教はさまざまな慈善事業、福祉事業、虐げられた、あるいは恵まれない人々に手を差し伸べる活動をやってきた。それが近代に入って日本にも伝わり、刺激になって仏教の中からもそうした活動が生まれてくる。それは宗教そのものの目的というより、人々の幸せを願う宗教的活動の一つの結果です。宗教活動そのものは、いわばもっと奥にある。その奥にあるものが表面に現れて慈善事業などを生み出し、今日伝わってきて公益事業の一つとして考えられるようになってきたという歴史があります。しかしそういう目に見える形ではなくて、社会の変革に寄与してきた側面はもっと深いところにあると私は考えています。

個人の尊厳も宗教から

例えば一神教は様々な欠陥をもっていますが、一神教がもたらしたものの一つ、聖なるもの、つまり人間と隔絶した向こう側に一番根源的なものがあるという概念は重要ですね。本当はどのような宗教でも目に見える具体的な対象を崇拝しているのではなくて、それを通してその奥に根源的なものを見ているのですが、ともすると目に見えるものにとらわれて、そのものが力を持つかのような感覚になる人も多く生まれてきます。これに対して一神教は、目に見えるもの自体は本物ではないということを明らかにした。それは人類のものの見方や理念に大きな変化をもたらす歴史的な働きを持ってきた、と思います。そして、実はそれが個人の尊厳という近代的価値に繋がってくることになった。

以下はすでに述べたことと一部重なりますが、古代から中世にかけてキリスト教では、神の真理は全て目に見える存在である教皇を通じて人類に示されるというかたちで教義が形成されてきた。カトリックでは一神教と言いながら崇拝対象は山ほどあり、神の子としてイエス・キリストの像を祀るだけでなく、母親のマリアも聖母として信仰の対象となっています。神でないものを礼拝してはならないので、マリアの場合は礼拝と区別する意味で「崇敬」ですが、マリアに対する信仰の方がイエスに対する信仰よりはるかに強い地域はたくさんあります。また、聖人というものを認めていて、各カトリック教会はその教会の守護聖人を祀り、聖人像の足などを撫でるといろいろな病気に効くなどという信仰もみられます。神の意志は教皇が示してくれるという前提で、カトリックではそうした信仰も受容されていったわけです。

宗教改革ではそうした教皇制が強く批判されました。では、神の意志をどのように受け止めていけばいいのかが問われ、様々な思想が展開されます。改革者ルターは「万人祭司」、つまり、全ての人が神の前では同じという思想に到達します。神の意志は一人一人の個人の心に働きかけてくるという考え方ですね。その思想が様々な制度の上で具体化されていくのは、ピューリタン以降のことです。一人一人が神の真理の担い手であり、犯しがたい尊厳性を持つものだとする考え方こそ、「近代」が形成されていく基になったと言ってよいかと思います。

当時は、社会を分裂させるだけの極めて危険な教えだ、と非常に警戒された考え方でした。なかでも、個人の意思を最大限に尊重しようとしたのが再洗礼派と呼ばれた人たちで、幼児洗礼の意義を否定し、成人になって自分の意志で洗礼を受けるべきだと主張した。尊厳ある個人の意思によって信仰は持たれるべきだ、とボランタリーなものを尊重する思想を展開した教派です。

再洗礼派はカトリックからも、ルター派やカルヴァン派などプロテスタントの主要教派からも排撃され、結局、西ヨーロッパの中心部から東欧の辺境へと放逐されて、歴史の表舞台から姿を消します。その流れを汲むものとして、アメリカのアーミッシュという一派があり、今も中世ヨーロッパのような生活様式を頑なに守っていて、外界からの影響を嫌い、新聞もラジオもテレビも見ない。アーミッシュたちも個人の意思を非常に重んじるので、成人に達するまではアーミッシュにならなくてもよく、自分の意志でその宗教に入るという制度を持っています。

再洗礼派が表舞台から消えたあと、個人をあくまで中心に置いて宗教の問題を考える思想は、ピューリタンによって受け継がれる。イギリスは非常に政治的な宗教改革を行い、神学的にはカルヴィニズムを取り入れるのですが、実際には様々なものを混合させて非常にカトリックに近い英国国教会を形成し、それを国教化して全国民に押し付けます。そのような動きに対し、これは本当のカルヴィニズムではない、と反抗をはじめたのはピューリタンたちです。エリザベス一世の頃に強烈な弾圧を受け、カルヴィニストの間にも変化が生まれてくる。最初はイギリス全体をカルヴィニズムに変えるのが目標だったが、それが出来ないとなると、せめて自分たちだけでも自らの信仰を守ることを許してもらいたいと求める「セパラティスト」、分離主義者が台頭してくる。これは改革運動の中でも初めは異端視されていました。

やがて教会とは何かという議論が深まる中で、地域の人全部が入り、揺りかごから墓場まで所属する組織（チャーチ型というのですが）であるということは教会の本質ではない。神と人、人と人が契約して同じ信仰を持つ人だけが集まって作る教会、契約教会こそが教会の本当の姿だ、という考え方がピューリタンの間に生まれてくる。この教会組織をコングリゲーションと言います。個人と言っても個人が全くバラバラにではなくて、契約を結んで集団を作る「契約教会」の形を生み出してきて、これがピューリタニズムの中心になってゆく。

契約によって作る社会の理念は自然法の思想家に受け継がれて、契約社会の考え方がルソーによって思想化され、近代の推進力となった。神と人との契約という思想は、唯一神という隔絶した神の観念をもっていた宗教が生み出すことのできた近代化への一つの道ではなかったかと思います。この考え方に基づけば、個人が神との契約によって社会を作り、個人のメンバーがこの社会を発展させるために契約によって政治団体を作るということになる。つまり個人が主人公である民主主義の社会が目指されてくるわけです。こうした思想が生まれる基盤には超越神の考え方があったと思います。

日本における権力構造は、世界で唯一かもしれませんが、一つの王朝、天皇をずっと頂点としてきた。実際上、天皇が政治権力もつのは平安の初期から中期にかかる辺りまでで、その後は摂関政治という貴族政治に、さらに幕府による武家政治に移っていきます。しかし、摂政とか関白は天皇によって任命されることで正当な権力として世に認められるものですし、鎌倉、室町、江戸の幕府の将軍も朝廷の征夷大将軍として天皇から任命される形式を取っていくわけです。

つまり西洋において、権力は神によって正当性が意味づけられてきたわけですが、超越した神との契約の関係次第で様々な政治構造が可能になっていく。現在の民主主義は神から与えられた尊厳をもつ個々人が、契約によって代表者に権力を与える形です。日本の伝統では、天皇が聖と俗の間にいて、神の領域と人間の領域にまたがる目に見える生き神として存在してきた。そして、先祖である神から子孫へと、血統によってずっと続く形で神と人との関係が想定される。そういう宗教文化を背景として考えれば、個々人が尊厳を持つ存在であるという考え方が日本でなかなか定着しないのも頷けます。

このように人類の歴史を遡れば、宗教がものの見方、世界観、価値観を生み出してきたことに、宗教の公益性を認めるべきでしょう。価値の問題は基本的に科学的・実証的に生み出されるものではなく、世界観から生まれてくる。広い意味の世界観、そこには人間観があり、そして人間のあり方についての価値観、善・悪という価値判断がある。これらは世界秩序に対する人間の感覚から生まれてくるのであって、実証的な科学的事実の積み重ねから生まれてくるものではないことはマックス・ウェーバーを持ち出すまでもない。もちろん世界観は様々な哲学などからも生み出されてきましたが、最も古くから人類に世界観を提供してきたのは宗教に他ならないわけです。

宗教がなぜ誕生したのか。これはいろいろ説があり、確定的なことは言えませんが、人間は幸か不幸か、自分という存在をあたかも己の外側に立って眺めるかのように意識することができる、対自的意識をもつことができる。そういう存在であるため、苦しい状況に遭った時に、自分という存在は一体何だろうと思い悩んだり、あるいは自分のアイデンティティについて悩んだりする。一体何のために生きているのだろうという悩みを持つ存在であり、それに対する答えを見出そうとして宗教者が修行などを通じ独特のものの見方を生み出してきた。この世界のあり方がどうなっているのか、人間とはどういう存在なのかという問いに答えを出そうとして生み出されてきたのが宗教という文化であると思われるわけです。日常的経験とは違う、特殊な宗教的体験の中から新たに世界のあり方を見出し、人間存在の意味を創造的に生み出してきた。宗教の価値は、世俗社会の中でいま公益的と考えられている問題や、世俗の立場から社会貢献性と考えられているような問題には限定されません。歴史を貫く視点から人類に新しい価値観などを提供する可能性を持った存在が宗教というものだと思います。

だから、宗教の公益性について、「今、この社会の中で人々に具体的にどんな利益を与えるか」といった視点で論じると、宗教に公益性は無いとする話になりかねない。そうではなく、もっと根源的に、人類の新たな価値観などを見出し、その価値が歴史を動かして人類史に貢献していく（歴史に残っていくのは数少ないかもしれませんが）。そうした可能性を秘めた存在として、宗教の公益性を考えなくてはならないと思います。

ファシズムへと通底する公益性論

役人は法律に公益はこうだと規定されていると、それを基準に公益を考えようとする。宗教に対しても公益性があるから非課税であるというのではなくて、非課税になっているから公益性がなければならないといった形で介入してくる。そうした現象が既に始まっている気がします。

東京都宗教連盟で講演をした時、会場の僧侶から「法律がこういう風に変わったので宗教法人が公益法人であるためには公益事業を50％以上やらないといけないと言われた」という話を聞きました。しかし、宗教法人法第6条では宗教法人は「公益事業及びその他の事業を行うことができる」と書いてある。公益事業をやらなければいけないのではなく、「やってもいい」ということです。自分たちの信仰に基づき社会のためにこうしたことをするべきであるという、信仰の結果として生み出される公益事業はやればいいと思うが、それが「目的」ではないのですね。宗教法人法第2条に宗教法人の目的が書いてありまして、宗教活動を行うのが宗教法人たる要件ですから、宗教法人の活動の50％以上が公益事業になってしまったら、むしろ宗教法人の資格を失いかねません。しかしそんなことが現実に要求されている。

戦前、宗教に国家が介入してきた時の理念は国家神道だったわけです。国家神道の理念に合わなければいけないという押し付けが宗教に対してありました。それに合わないと、不敬罪などで潰された。いわゆる宗教弾圧です。役所は日常的に様々な公認宗教に対してもチェックし、指導のかたちで介入が行われ、実質的に信教の自由が失われていった歴史があります。そして今、国家神道に代わる行政の介入の口実が、公益という考え方から出てくるのではないか、といった危惧を強く持っています。行政サイドがやたらと公益的でなければいけないとお説教をすることに対しては警戒をしてもらいたいと思いますね。実際、宗教法人法の一部改正後、いわゆる裁量行政が非常に強くなっている。認証に関する審査基準で、法律に書いていないさまざまな要件を行政が裁量で行うようになってきた側面がありまして、信教の自由の侵害が、すぐそこに来ている感じです。その流れの中で、公益の概念が非常にやっかいなものになるかも知れないと危惧しているところです。

宗教界や学会では最近、公益性の代わりに公共性ということが言われるのですが、それも危ないですね。宗教界で公共性を最も主張するのは神社本庁でして、昭和30年の宗教法人法改正論議で、「自分たち神社は他の宗教と違って公共的宗教だから、宗教法人法とは別に神社法を作れ」と主張しました。政教分離は基本的に宗教を、個人の信仰・私的なものである、という捉え方をするので、それに対する反発として言っているのかもしれません。しかし、宗教は私的なものであるから公共の場で宗教は発言できないとするのは間違っている。公共の事について、誰もが私的な立場から発言しているわけでして、私的なものとしての宗教が公共の場で発言をすることを禁じられるようなことはない。どんどん発言していけばいいのです。

公共性とは、厳密にどういう定義になるのか良くわかりませんが、要するに「社会の全員を取り込んで共通の」という感覚で言われているのではないでしょうか。だとしたら、神社本庁がいう公共性は危険です。神社に公共性があるという主張、これは昭和30年の宗教法人審議会では、神社本庁以外の宗教界の委員が全員反対したので、神社法は作られなかった。そのことの意味を認識すべきでしょう。

神社本庁は主張が認められなかったので、その直後に伊勢神宮の地元である三重県選出の自民党議員（藤波孝生）を使って質問主意書というものを出している。その中で、神社に公共性があることの根拠として挙げているのは天皇制の問題なのですね。神社本庁の本山にあたるのは伊勢神宮ですが、その御祭神として祭られているのは、八咫鏡、つまり三種の神器の鏡です。伊勢神宮にあるのが本物であって、皇居にあるのはレプリカ、形代《かたしろ》といわれるものです。確かに、朝廷から伊勢神宮に三種の神器とされてきた鏡を持っていって、そこに祀ったのは歴史的な事実でしょう。いずれにせよ、伊勢神宮はそういう皇室のものを持っている。熱田神宮には草薙剣の本体があって、皇居にあるのはそのレプリカ。とすれば、皇室のものを預かっているのが単なる一私法人であっていいのかという主張です。これは国家的なものではないか、それを神社神道の本山である伊勢神宮などが預かっているのだから、神道には他の宗教にはない公共性がある、というのが神社本庁の主張です。

私法人だから経済的に困ったら売り払うことが出来るか、という問題が質問主意書に挙げられた。それでこの鏡と剣は皇室経済法第7条にいう、皇位に伴って継承される由緒ある財産にあたるのではないかと質問し、政府の方はその通りだと答えているのです。管理は宮内庁が神社と密接に相談しながらやっているので、私法人のところにあるのは問題ではないとしている。ただ、三種の神器は皇位に伴って継承される由緒ある財産にあたる、とする回答は問題だと思います。

確かに長く伝承された財産、由緒ある財産である事に間違いはありませんが、これは宗教的財産ですから皇位に伴うのではなくて、皇室に伝わる私的財産と解釈すべきではないか。つまり皇位とは天皇の位ですから、これは国家的な地位に伴ってということになり、皇位という国家機関の地位が宗教的意味を持つことになります。皇位に伴って継承されるのならば、国家的な財産として代々天皇の位に就く人に継承されることになってしまいます。そうするとこれは国家機関の非宗教性という政教分離の原理に抵触する解釈ではないかと私は思います。

ただ、そういう政府回答を引き出したものですから、神社本庁は非常に喜びましたね。その回答以後は、皇室行事の賢所の儀だけはテレビで公開されるようになります。そもそも皇室行事は基本的に神道的な宗教行事です。いわゆる宮中三殿と言われる三つの神殿の前で、それぞれ同じことを3回繰り返し行っていて、三殿のうち神殿と皇霊殿で行う儀式は、テレビ放映はされておりません。それは皇室の私的な宗教行事であって、国家行事ではない、テレビはそこに取材に入らないということになっている。三種の神器を祭る神殿で行う賢所の儀も、元々は宗教的な行事だからということで、テレビで放映することはなかったのです。ところが、この質問主意書に鏡も剣も天皇の位に伴って継承される、つまり国家的なものであると政府が認めたものですから、賢所の儀だけはテレビ放映されるわけです。政教分離の政府解釈は本当に矛盾したものばかりだと思いますね。

天皇は日本国憲法において国家の機関として定められており、日本国民全員に関わる存在としてあるわけですね。天皇家が神道行事を行うこと自体は自由なのですが、神道の信仰は全国民のものではない。あくまでも天皇家の私的な行事として、区分けされていた。ところが、皇位に伴うものとして宗教財産が入ってきたため、部分的に天皇家の神道行事が全国民の受け入れるべき公共のものとして公開される状況が生まれた。宗教の公共性の復活は、全国民を取り込むものになる可能性があるので、私としてはその言葉は使いたくありません。

新自由主義と公共論

――公益性論や公共性論は、宗教というものが人間の歴史の中で果たした役割という長いタイムスパンの中での役割とは違い、近代国家、国民国家という枠の中で宗教がどんな役割を果たさ

ないといけないのかという、ある種、国家の中に閉じ込められた宗教の役割論に流れていく傾向がありますね。（田中滋）

――１９８０年代以降、新自由主義の考え方が非常に勢力を持ってきて、それが今日のグローバリゼーションに繋がっていく。基本的には今までの国家の機能を弱める形で（ある意味では古い形の公共性を壊して）、市場の自由な活動を通じて、「儲けになるものは何でもさせろ」という際限のない自由の主張が一貫して続いている。そういう意味では国家機能を強化する再編成というよりは、むしろ今まで国家が担ってきた範囲を狭め、市場の論理でそれを埋め合わせていこうとする流れの中にあるような気がするのです。この点で、公益法人制度改革なども新自由主義のような考え方の中で問題になっているのではないかという印象がありますね。（田中治）

――宗教の公共性の議論は、法律も何もないところで目に見えない圧力をかけるような傾向がありますね。要するにファシズム的な圧力を感じます。規制するならばきちんと法律を作って理屈の通る規制をすればいいのだけれど、そうではない。（佐分）

洗　公益性も公共性も本当は危ないなという感覚があるのです。そういうことが宗教に対して求められ、強調されるようになってくると、山にこもって滝の修行を専らやっている宗教者はどうなるのでしょうか。社会のことに関心が無い、公共性も公益性も無いから、こんなものは止めてしまえというのでしょうか。カトリックの修道院もトラピストのように生産物を売るのは社会と関わりがあるかもしれないですが、社会と関わっているとイエスの教えを守れないから、世俗の外に出て専ら神に仕えたいと、ベネディクトゥスが教皇に願い出て作られたのが瞑想修道会です。元来は社会と関わらないことが基本にあるのですね。こういう宗教は宗教ではないのか、宗教として価値がないのかという問題です。そんな発想に結びついていく危険がある。信仰を貫くためにぜひこうした事をしたいという動機があって生まれてくる公益的活動、社会貢献であれば行ってもかまわないと思うのです。しかし宗教は公益的でないといけない、公共性がないといけないという理由で活動する方向に進むと、宗教を殺してしまいかねない。

山にこもって専ら修行しても、今は何の役にも立てないかもしれないし、将来も役に立たないかもしれない。しかしそういう修行の結果、何か今まで考えられなかったような、世俗の活動からは絶対得られないような新しいものの見方が生まれてくるかもしれない。そうした人類的な貢献がありうる。そのような潜在的な能力を持っているのが宗教という現象なのですから、公益性、公共性の有無に関わらず、宗教そのものを人類にとって必要なものとして認めていく社会でなければならないと思います。

――統合と革新という二つの公益性の根源のうち、統合性ばかり注目され議論されて、革新の部分は否定されている。例えばオウム真理教などに革新の可能性を見て失敗した人もいますが、宗教の革新性の部分への信頼性は相対的に落ちているのかなと非常に強く思います。修行とか遁世は、いわば今の社会ではブラックボックスに入っていて、議論の外になっていますが、下手をしたらそこまで公共論が及んでくる可能性もないとはいえない。（佐分）

公益法人制度改革の意味

——公益法人制度改革に限定して少し話をしたいと思います。まず公益法人の概念、その範囲については、狭い定義と広い定義の二通りあります。広義では、いわゆる特別法によって作られた宗教法人や学校法人を含み、これは総数で約26万あり、そのうちの18万が宗教法人です。この26万を全部一緒にした言い方が広義の公益法人と定義していいと思います。それに対して狭義の公益法人は平成18年の公益法人制度改革の対象となったいわゆる旧社団法人・財団法人で、民法に基づき主務官庁の許可によって設立が認められたもの、これが2万5千です。

その2万5千の法人が18年の改正によって改組を求められて、最終的には25年の11月末までに新制度へ移行せよとされた。最終的にどうなったか言いますと、ほぼ半分の1万2千が一般法人に移行しました。4割の9千が公益法人になり、残りの1割が解散ないし合併で終結しています。公益法人制度改革は基本的には旧社団法人や旧財団法人の問題で、宗教法人とはまったく関係がない。これが議論の一番の原点だと思うのです。

なぜ18年にこの制度改革が行われたのかというと、広い意味の行財政改革の一環として行政組織を縮小整理し、その穴を民間が埋めていくためです。非常に真面目で世の中のお役に立ちたいと思っている団体でも、今までは許可がないと設立が出来なかったが、簡単に登記のみで設立出来るようにしようという。これは官僚の机上の議論で、そんな人が山ほどいるという想定はそもそも現実性がないと私は思いますね。いずれにしても公務員組織を縮小して、その穴を民間の真面目で意欲的な、あるいは公共心に富んだ者が埋めてくれるだろうという前提で作ろうとした制度だといえます。

一方で、この制度改正は、おそらく特別法によって作られている宗教法人などの存在もにらんでいたとは思います。しかしそれには触れず、今まで主務官庁にがんじがらめだった法人に関して、自由度をもう少し大きくするという建前でやってきた。つまり、公益法人制度改革は狭義の公益法人の改革でしかないということを政府は標榜したわけですが、それと同時に広い意味での公益法人という言い方もされていて、18万という大きな数の宗教法人についても、ターゲットに想定しているのだろうと思います。

また、以上の問題と関連して注目したいのは、平成18年の公益法人制度改革と、その後の20年の税制改革は論理が切断されていることです。18年の公益法人制度改革は、いわゆる新自由主義的な発想でアメリカの公益法人に対する制度を日本に持ってこようとしたわけです。その論理は、ある団体について公益があるという認定を国家がする。続いて、その団体の税金を免税する、あるいは非課税にする。そして、こうした団体だからこそ国家ないし外部による規制を強めていく。つまり公益性と、免税ないし非課税という論理と、規制強化という3点セットにしようという構想を、17年の政府税調ワーキング・グループがはっきり示していたのです。

では、平成20年の税制はどうなったか。18年の改正の論理通りならば、公益認定法人だけが非課税であり一般法人は基本として全面的に課税するはずのところが、冒頭で指摘があったように一般法人についても一定の要件を満たしている場合、従来どおり課税をしないことになってしまった。結局、公益性があることに対するご褒美として税金をかけませんという17年のワーキング・グループが考えた論理が、税制の論理では貫くことができなかったことになると思います。

では、なぜこの論理を貫くことが出来なかったのかといえば、あまり理由が明らかにされていないのです。どんな資料を見ても、なぜそうなったのかという理由抜きで説明されている。

ただ、税制の論理からはその理由について想像ができます。株式会社は個人の株主がお金を出し合って大きな会社を作り、会社に儲けさせて利益を配当として貰うシステムです。日本の法人税は、配当を受ける個人株主の課税の前取りとして法人に課税する、原則的には法人の大小を問わず、30％を原則として法人の儲けから課税します、という制度の組み立てをしているわけです。そうすると、非営利法人なるものは株主がいないから、そもそも法人税の対象になりえない。財務省が、日本の法人税はいわゆる法人擬制説に基づき、個人株主の税金の前取りだという論理を維持している以上、非営利法人に課税してしまうと法人税の原理が解体してしまう。それでやむを得ず、非営利法人が本来の仕事をしている限りは、税金をかけることはしないシステムになったと思います。この法人税の論理を新自由主義が打ち砕いてしまえば、法人税を全部変えなくてはいけなくなり、大変なことになってしまう。そういう事情でなかったかと考えています。

コスト＆ベネフィットの発想

旧公益法人2万5千のうち、新しい公益認定法人に移った4割にとって、外部の規制が強くなる一方で、公益認定のメリットがほとんどありません。そういう面をみれば、ここで言う公益とは、行政がスリムになった結果、担い手がなくなった部分の下請け作業をさせられることを意味しているのが明らかだと思います。公共性なるものの内実はコスト＆ベネフィットの発想と結びついているわけです。つまり、行政の効率性をあげるため、民間にとって採算がとれるものは民間に任せる。民間が到底引き受けられない不採算の業務は、そういう人がいるかどうかはともかく、善意あるボランタリーな団体にまかせる。かつそういう団体には税金は課さず、名称としては公益という立派な名称を名乗らせる。一見すると国家のお墨付きがあるかのように見える、というのが今の状況かなと思います。（田中治）

洗　従来の許可制から届出制、つまり登記すれば法人になれるように自由化した点は大きな前進と思いますが、公益認定法人と非営利の法人の二階建ての制度を作る必要は全然無いですね。あくまでも行政は自分の権限を維持したいのかなという気がします。公益という立派な名前が欲しくて、全日本仏教会も公益財団法人になったわけですが、一般財団法人ではいいではないですか。

公益事業の中に宗教活動はないですから、仏教教団・団体を傘下に持ち、全体を代表する組織として全日仏が掲げてきた従来の理念では認定されない。だから定款でも仏教文化の宣揚などを目的に挙げているようです。過去、全日仏は仏教界を代表して、共通の不利益があれば行政に申し入れをしたこともありました。全日仏も日本宗教連盟もそういう役割を果たしてきた実績はあるのです。例えば、収益事業を課税対象にする時に宗教界と国税はずいぶん話し合いをしています。それで、破魔矢などを定価販売しても、販売業にならないということになりました。しかし、公益認定財団になるとどうでしょうか。行政の方針を宗教界に反映させるだけの団体になってしまうと、存在意義のない、むしろ有害無益な団体に変わるのではないか、と心配しています。

多元性と公益性

——公益性、公共性について、社会の多元性を維持するという点から考えてみたいと思います。一つの社会を前提にしてその中でどういう機能を果たすかではなく、人類史における貢献というような長いスパンで見る議論を立てた時に、多元性が重要になってきますね。企業でもそうですが、一つの製品ばかり専門化して作っていると、同じ製品が全く別の技術によって簡単に作られてしまうこともある。すると即座に倒産してしまうことも考えられる。社会も同様で、一つの方向に凝り固まることには危険性がある。一番中心的な部分では指導者がリーダーシップを取って進めてゆくが、リーダー達が想定していないような問題が起きた時に、別の角度から解決方法を提案できる社会は非常に健全です。そういう意味で社会は一丸となって進むだけではなくて無駄に見える多元性を抱えこむことがすごくプラスになる。ユニットは国民国家でもいいし、地域社会でもいいですが、多元性を確保する点において、宗教は非常に大きな働きをするのではないかと考えています。（田中滋）

洗　それは大切な視点です。政教分離の理念の中に多元社会の維持ということがありますね。国家が宗教の領域に介入しないで、様々な宗教の自由な活動を保障する。国家がそれに介入しないことで、社会の健全性が維持できるとする議論です。それこそ山にこもっていて、社会には何の役にも立たない宗教もあっていい。それを前提にしないで、宗教に関して公益、公共などと言うのは、困ったものだと思います。

――市民がさまざまな活動を展開して社会に貢献するのは決して悪いことではない。しかし、公益性の名を借りて、田中治先生の言う「穴埋め」に使われるということ。これは一体何が問題なのかと考えてみたいですね。

行政がギブアップした部分を補完する、と考える場合、行政の下請けをするといった見方もできる。下請けとなると勝手なことが出来ないわけで、行政が思うように市民が動くことが公益性論の一番のポイントですね。行政が望む方向で仕事をするという限定、枠付けがある。だから、行政が気に入らなければ、公益認定はしない。行政が公益性の基準を握っていることは明確ですね。阪神淡路大震災後はボランティア元年と言われ始め、世の中も少し変わっていくのかと思ったのですが、変わるどころかどんどん行政の下請けに使われていくような悲しい流れになっています。(田中滋)

洗　現行憲法で、国民の権利に関し、公共の福祉による制限がありますが、自民党の憲法改正草案では、それは公益という言葉に置き換えられているのです。何が公益かは時の政権が決めることができる。行政の思う方向に行かないものは公益ではないとばっさり切られる恐れは十分にあります。

コラム

「中国の国家宗教事務局」

アメリカには日本の宗務課に相当する役所はないが、中国には国務院に「国家宗教事務局」があり、行政各レベルで宗教団体の監督庁が存在する。国家の宗教政策を策定するのは中国共産党の中央統一戦線工作部（統戦部）で、国家宗教事務局は宗教管理の実務担当。同局のホームページを見ると、2009年以来、局長を務める王作安や副局長の蔣堅永は統戦部の出身だ。

中国でも憲法で宗教信仰の自由（および無神論を宣伝する自由）は保障され、また、「国家は正常な宗教活動を保護する」としているが、党の政策としては「宗教を利用して、党の統率的指導と社会主義制度に反対すること」は許していない（川田進『東チベットの宗教空間』北海道大学出版会）。つまり憲法の規定する「正常な宗教活動」は「安寧秩序ヲ妨ケス及臣民タルノ義務ニ背カサル限ニ於テ」認められた大日本帝国憲法の「信教ノ自由」と同じく、はっきりした制約がある。

戦時下の日本では総力戦体制のもと、大日本戦時宗教報国会が設けられたが、中国では政府公認の5大宗教（仏教、道教、イスラム教、カトリック、プロテスタント）が中国仏教協会など7つの「愛国宗教組織」を作って（川田・同）、「愛国愛教」の立場で党と政府に管理され、協力している。チベット問題では、ダライ・ラマ14世が認定したパンチェン・ラマ11世に対し、国務院が別の少年を転生者として承認し、のちに中国仏教協会は政府認定のパンチェン・ラマ（ギェンツェン・ノルブ）を副会長の一人に選んだ。中国の政治と宗教の関係はきわめて深い。

（津村）

11　宗教法人と税金

教会税のある国々

――次は宗教法人課税の問題です。「宗教とお金」は、世論を最も動かしやすいテーマ、攻撃の対象になりやすいテーマです。学校法人が非課税になっているからといって批判されることはほとんどないのですが、宗教法人の場合はさまざまな議論が出てくる。宗教者の側が宗教活動は非課税である意味をまずきちんと認識している必要があると思います。（田中滋）

洗　宗教団体がお金を扱うのは悪い事であるかのような議論をよく聞きます。しかし、宗教団体に関わる人々が霞を食って生きているわけではないですから、金を受け取り、使うのは当然です。過去を振り返れば、宗教団体は税金を払う側ではなく、税金で食ってきた歴史がある。中世のヨーロッパには十分の一税があって、収入の十分の一を教会に支払ってきた。日本も、明治に入って社寺領上知令が出されたことからも分かるように、それ以前、社寺が領地を持つ大名のように年貢を取って、経営されたという時期もあったわけです。

先にも述べたように、ドイツでは教会を国家と対等な公法人であると位置づけています。公法人というのは税金によって運営される団体という意味でもあります。国教制度は取っていませんが、カトリック教会とルター派教会などは教会員からの税金で維持されています。スウェーデンはルター派教会の国教制度を取っていて教会税があります。国教会が住民管理、住民行政の一端を担っているため、国教会の信者でない者もそれに相当する部分の教会税だけは払わないといけないことになっていました。ベルギーは公認教会制度をとっており、カトリックが中心ですが、プロテスタント諸派の共同体が正当な教会だと認めたものは公認宗教になるようです。そして公認教会の牧師、司祭たちには税金から給料が支払われる制度が維持されています。途中からイスラムも公認宗教のうちに入ったようです。

いずれにせよ歴史的に、宗教は公のものだという考え方のもと、税で維持されていく流れがあったわけですが、明治以降の日本ではその状況が変わった。浄土宗や真宗、日蓮宗のように、信者からのお布施によって維持されてきた宗派の寺はともかく、国家の保護の下で領地を持っていた本山級の寺は上知令後、経済的に寺門を維持できなくなり、お寺や寺宝を公開して、拝観料としてお布施を頂くことで経済的な苦境を乗り越えようとしたところも多い。それに対し、地方の末寺は檀家制度に守られ、主に檀家の寄付によって支えられてきた。住職が積極的に教化しても、うんと怠けていても、檀家数は大きく変わるわけではない。そういう制度の中で、仏教の伝道力が大きく削がれる結果をもたらしたと思いますが、結局お寺の経済は檀家のお布施によって維持されるのが基本だと考えられるようになった。

週刊誌レベルでは、新宗教などは金があるのだから、課税していいのではないかという安易な議論も飛び出してきたりしていいます。確かに創価学会などは大きな資金力を持っていますが、これは全国の信者の寄付が全部一箇所に集まってくるから、非常に大きな額として見えるという点も考えておく必要があります。伝統仏教では、貧乏なお寺が圧倒的に多いですが、一部には肉山寺院と言われるようなお金持ちの寺もありますね。例えばとげぬき地蔵の高岩寺などは、単独で非常に大きな収入がありますし、豊川稲荷なども結構お金が入ってきます。いずれも曹洞宗のお寺ですが、もしそれを全部一ヵ所に集めると、曹洞宗は相当な資金力を持つことになるはずです。創価学会、立正佼成会とか、真如苑など集中的な財政管理をしている新宗教と同じくらい、あるいはそれ以上に目立つでしょうね。

宗教法人非課税の根拠は公益性ではない

さすがに国税は週刊誌レベルの宗教法人課税論で動きませんが、地方税では宗教法人をターゲットにした課税の動きがあります。櫻井圀郎先生が指摘しておられますが、宗教法人の敷地内には自動販売機が参詣者の便宜のためによく置いてありますね。それを収益事業の物品販売業だと認定し、自販機を置いてある敷地の面積を測って、固定資産税の課税対象とする例がある。まだ全国一律ではないようですが、東京都と愛知県が宗教法人をターゲットにした地方税の課税に積極的であるようです。

学校の構内に自動販売機が設置されていても、学校法人に対して収益事業だから課税対象にすると言ってきたケースはないと思います。お役所の自動販売機の設置場所も課税対象にしたりしていないですね。こうみると、世論に動かされ宗教法人だけをターゲットにして、不公平な地方税課税の攻勢がかけられているようにみえます。それが宗教課税の突破口になっていく恐れも全くないわけではないと思われますので、不当な課税に対してははっきり反撃し、訴訟に持ち込むことも必要でしょう。

ただ、訴訟費用はわずかな面積の固定資産税よりもはるかに高くつくわけですから、それに踏み切れるようなところはほとんどない。不当な課税に対抗しない、できない状況を作って、じわじわと宗教法人に課税をするのは当然という風潮が作られていく危険性はかなり増えてきていると思います。単独では抵抗しにくいので、宗教界が共通認識を持って宗教課税に対して反論していく体制を作っていくことも必要でしょう。

では一体、宗教活動はなぜ非課税なのか。公益法人については、公益性があるから、つまり行政の肩代わりで社会貢献をしている団体だから税をかけずに保護しているということがしばしば言われる。そうした認識が蔓延しています。しかし、宗教は本来行政がやるべき事を肩代わりしているわけでは決してないですから、このように公益性と非課税を結びつける論理を立てると、非常におかしなことになります。

この点をしっかり認識しないと、宗教法人は非課税だから、公益的な活動をしなければならないといった圧力、所轄庁の宗教法人介入の一つの口実に使われる恐れがある。公益性があるから、国家が保護するために非課税にしているという理屈。世間にはそういう考え方が強くあるし、行政の側にもあるが、それは違うんだと宗教界がはっきり認識し、強く反論していく必要があると思います。

税法学が専門の田中治先生がいらっしゃいますが、税の理論では法人の非課税は公益性の有無と関係はないですね。法人税とは、法人の総収入から経費を差し引いて、この収益を出資者に分配する、そこの部分にかけられる税金です。いわゆる非営利団体は、年度末に剰余金を繰り越していく必要があって貯めていても、それは誰かに分配する為のお金ではない。つまり、法人税の課税対象とすべき収益は存在しないから、法人税は生じないという論理だと思います。宗教法人も年度末に剰余金が仮にあっても、それを分配するわけではない。次年度に繰り越していく。それだけのことです。したがって課税の対象となるものがないから、税の論理の上で非課税なのです。

固定資産税についてはどうかといえば、これも税の論理としては基本的に担税力、税を負担する能力があるかどうかという問題です。例えば工場とか船舶などの固定資産についてはそれを所有していること自体が利益を生み出すとして見られ、こういう施設あるいは不動産自体に税負担の能力があるとして、固定資産の課税対象になる。その観点からみると、宗教法人の境内地、境内建物は、宗教的な尊厳を維持し、信者に益するものがあるにしても、それ自体が利益を生み出し、それを所有することによってなんらかの利益があがるという意味での担税力があるとは考えられない。従って、非課税になっていると見るべきものだろうと思います。

ただこの点で比較上問題になるのは、マイホームなどの固定資産税です。確かに単に自分が居住しているだけの土地、建物は、それを持っているからといって何かの利益を生み出すものになるか、担税力があると見るべきかといえば、それはどうも違う。宗教法人の境内地、境内建物が担税力がないとすると、マイホームだってないだろうという議論は成り立つところがあると思うのですね。

税制の歴史を十分に知っているわけではないですが、宅地と農地を比較すると、農地はそれを持っていることで何らかの収穫がある。あまり大きくないにしても収益を生み出すという担税力を見ることができるでしょう。ところが、実際は農地の方が宅地より税率が低いですね。担税力のない宅地の税率がなぜ高いか。日本人がいわゆるマイホームを持つようになったのは高度成長期以降で、それ以前、ほとんどの一般庶民は借地借家で暮らす伝統だったと思います。家や土地を貸して収入を得ている地主が固定資産税を払っていたわけですね。その流れをみると、宅地は農地に比べはるかに小さな面積で高い収益を得ることができる。そこに担税力を認め、高い固定資産税がかけられたというのが歴史ではないかと思います。

世界的な視点から見ると、例えばイギリスは国土をほんの少数の貴族階級が所有していて、多くの人は土地を借りそこで生活し、あるいは商売している。つまり土地という資産が巨大な収益を生み出してくる事実がある。最大の地主はたぶん王家と思いますが、王室にも課税しようという議論がイギリスでは起こっているようです。それに続く大地主は国教会ですね。英国国教会は国教ですが、国は一銭もお金は出していません。お金を出さなくても十分にやっていけるだけの土地資産をもっているのです。この資産を自由に使われてしまったら具合が悪いというので、国の委員会のようなものが作られて、そこで財政運用についての決定を行っています。イギリスの例では、土地資産がそれ自体大きな利益を生むのは明らかで、だから課税しろという事になる。そうした観点からすれば、日本の社寺の境内地・建物などは、それを所有すること自体で、何らかの税負担能力を生み出すものではない。つまり担税力があるとは認められないから非課税という理解でいいでしょう。

さらに、宗教団体が土地を所有すること自体に特別の意味があることも考えられる。例えば山を所有しているケース。筑波山神社や日光の二荒山神社もそうだと思いますが、山そのものがご神体なんですね。山が全体として境内地になっています。

伊勢神宮も内宮の後ろの山並み3つくらいまで全部境内地だと思います。広大な境内山林を持っています。これを国有化すべきかどうかについて、戦後に問題になったことがあるようで、ウッダードが『天皇と神道　GHQの宗教政策』に書いています。GHQから視察に行ってみると、信仰の対象とされており宗教団体によって緑樹も保全されて立派に管理されているので、宗教法人の所有にしておいた方がいいだろうとの結論になったといいます。そうした環境保全の意味では公益性を言っていいのかもしれませんが、その観点を抜きにしても、山がまるごと神体として丁寧に扱われているというそのこと自体が何かの大きな利益につながり、担税力を持つと言うことにはならない。一般の資産課税の場合とは違うということで非課税が当然とみていいだろうと思います。

調べてみると、なかには説明できないような非課税の制度もなくはない。仏像などを輸入すると輸入関税が免税になる理由はよくわかりません。ただ、基本的には、公益性があるから国が保護するために非課税にしている、という説明で税の問題を取り扱おうとすると、たくさん困った問題が生じると思います

そもそも政教分離制度とは、国が宗教に介入しない代わりに援助もしないということです。国が宗教を保護する制度は政教分離違反になります。ですから、非課税を国家による保護だと認識することは、宗教団体側として絶対にやめるべきです。保護されるのはいいことだと考えるのは

間違いです。政教分離とは結局、ノーサポートであるからノーコントロールで、何の援助もしない、保護もしないから、コントロールもしない、統制もしないのがセットになっていることを説明すべきです。サポートされることを望めばコントロールされることも受けざるを得ない。税の問題に関しても、国の保護ではないという自覚をもって税の問題は考えるべきことなのかなと思います。田中治先生、足らざる点を補充していただけますか。

税法学の立場で見ると…

――では、若干補充的にお話をさせて頂きます。一つは、税の論理では公益の有無は全く無関係で、担税力があるかどうか、つまり納税者がそれを支払う能力があるかどうかだけが問題になります。税をかけることの正当性は、その支払い能力ゆえにある。それにおそらく尽きると思うのですね。もちろん政策的な理由から非課税にするのはありうるにしても、政策的要素や公益は税の論理とは関係ない、と税の側からは言えるということです。

もう一つは同じ税と言っても、税目つまり税の種類によって担税力の理解・説明の仕方が少し変わってくること。例えば法人税の場合には、一体何をもって担税力があるとみるのか、固定資産税の場合には何をもって担税力とするのか。税目によってそれぞれ違いがあって、ある税目の担税力の論理を別の税目に使うことは原則としては認められません。例えば、収益事業に使っている土地だから、当然、固定資産税をかけていい、という話にはならない。つまり収益事業で課税するのは法人税の論理です。仮にある場所が収益事業に使われているからと言って、境内地や境内建物の一部である場合には、固定資産税は当然のこととして非課税なのです。つまり収益事業で課税があったら固定資産税も課税するなど、連想ゲームのように類推することは税の世界では許されていない。しかし多くの人が誤解しがちだし、裁判官も誤解に同調してしまう傾向があります。

さらに忘れてはならないのは、宗教法人税制などはない、ということです。学校法人とか宗教法人は基本的には全く同じで、宗教法人ならばこうだとか、学校法人だからこうだといった区別は法人税では存在しない。宗教法人固有の税制はないし、それを作るのは憲法違反だと思います。

日本に法人税法が作られたのは、明治32年（1899）です。その3年前に民法がはじめて日本で制定された。百数十年にわたって原則として、公益法人については法人税の課税はおこなわれていません。その一番の理由は、株式会社と違って収益を獲得して、それを関係者に分配する団体ではないからです。

実は敗戦後の昭和25年にシャウプ勧告というものが出されたのですが、その時にひょっとしたら全面的に公益法人にも課税されていた可能性がありました。

アメリカの税制は今も当時も、法人と個人は全く同じ扱いで、同じく担税力ある存在として考えますから、例えば法人でもアメリカは累進税です。日本では個人は累進税率、大金持ちはより高い税率なのですが、法人については原則として一律で、25・5％というのが標準税率ですね。政策的に少し変えていますが、原則は規模の大小を問わず同じ税率です。

法人が何の為に儲けるかといえば、株主にそれを配当するためです。株主は自分のもらった配当から税金を払えばいい。法人はこの理屈から見ると所得の課税の上では無視していい。ということは、論理的に法人税は必要ないわけです。ただし、株主の数は非常に多く、しかもすべての株主がみんなちゃんと申告する保障はない。だから、とりあえず税の取りっぱぐれがないように、原則として25・5％を取っておこうというのが、日本の法人税の基本的な考えです。これに対しアメリカは違うのです。法人は法人で独自の税金の支払能力があるから、株主がいようがいまいが、とにかく法人の儲けがあったら払ってもらうし、大きな儲けを得た法人は累進税率を適用する。

アメリカはこの「法人実在説」を採用する数少ない国です。その考え方の影響で、昭和25年に、シャウプ勧告は原則として法人もすべて課税することを提案した。ただし公益法人は公益性が大きいから税金を免税する。しかも公益法人一つ一つについて、公益性を税務署が審査をして、あなたのところは公益性が高いから税金を払わなくて良いと判断する仕組みを導入しようとしたわけです。アメリカは今なおそういう制度を続けていますが、戦後同じ制度を日本に持ちこもうとした時は、結局反対されて導入ができなかった。それぞれの法人の事業を精査し、公益性の有無、強弱を判断するのは到底不可能だというのが反対理由です。

結局、日本は従前通りの（公益法人）原則非課税は維持した。しかし営利法人の会社と同じような収益事業を公益法人が行う場合、それを放任すると平等の点から問題が生じるので、民間の企業との競合性がある場合には課税することにしたわけです。原則非課税で、例外として収益事業に課税をする制度は、昭和25年以降導入されたもので、歴史的には新しい。今の法人税制では

34の業種について、民間と競合するとみて課税対象にしている。請負業とか物品販売業とか、倉庫業とか運送業などです。これらは例外であって、日本の公益法人は、宗教法人も学校法人も含め、仮に剰余金があったとしても、本来の事業のため次の年、さらに次の年に回されるはずで、剰余金の分配はありえないことが前提になっています。その点が法人税についての注意するべき原則でしょう。

他方、固定資産税に関しては、課税の意味について学説上、あるいは裁判上で大きく対立があります。一つは、その土地から儲けが出るからという理由、つまり収益をあげる源の財産だという理由で課税するという収益税としての考え。もう一つは収益の有無に関わらず、財産を持つということはそれ自体に担税力があるという考えです。なぜ担税力があるとみなすか。これはあまりはっきりとは言わないが、ストックの背後にはフローがある。つまり、その財産を維持できるのは、フロー、現金ならば現金を持っているからこそだ。いわば氷山の一角として出ているのが財産で、その下には大きな儲けがある。フローを表象するようなものとしての財産だということです。要するに財産税の考えですね。現在の支配的な判例学説は実は財産税なんです。最高裁も財産税説を採用しています。

境内地非課税は「特権」に非ず

だからマイホームに固定資産税をかけて何が悪いんだというのが今の支配的見解です。当否はともかく、税法はこのような考え方で通しています。ただし、宗教施設については、地方税法に非課税とする規定を置いています。宗教法人がもっぱらその本来の用に供する境内建物および境内地については非課税だと条文に明記してありますから、課税の有無はこれで法律上勝敗が決まるわけです。

ただ非課税になるべき理由はまだあります。境内地、境内建物についてもし税金をかけるとすれば、宗教法人はその税金を払うためにのみ信者から何かをいただかなければならない。その税金を払うために、宗教団体がお金を徴収するというのは、場合によっては、徴税権の行使になりかねないとも考えられる。また、もともと宗教施設を持っているということから、ただちに支払能力を推定できるかといえば、そんなこともない。非課税は特権でもなんでもないわけです。

税の論理から言うと、もともと無理なのに税を払えとするのは無理です。地方税法は当たり前のことを規定しているのですが、ただ、京都市は社寺が多く、固定資産税では損をしているなどといった話になる。税に関しては、一般に自分だけは真面目に払っているが、自分以外の人はひょっとしたらとんでもない事をしているのかもしれないと思いがちで、そういう目で宗教法人を見ている傾向がある。固定資産税についても境内地非課税は当然、という認識をしっかり持つべきです。

残念ながら法人税については、いわゆるペット供養の事件で、税務署側が結局、最高裁（平成20年）まで勝ち続け、判決が確定した影響はずいぶん大きいですね。あの裁判の時、さまざまな事情があったのかもしれませんが、宗教界が十分なバックアップや、きちっとした反論ができなかったのは問題です。（**田中治**）

宗教の目に見えない部分を捨象した「変な判決」

洗　あの事件で何が最も大きな問題かといえば、ペットを供養するという一連の流れを、この部分は請負業である、ここの部分は倉庫業である、と分断する論理がまかり通ったことです。本当に困った話でして、宗教のさまざまな要素を勝手に切り分ける論理がまかり通ると、何でも収益事業にして課税対象にすることが可能なのですよ。

つい最近、幸福の科学という宗教団体の事件で弁護士から相談されたことがあります。教団から離脱した信者が寄付を返せと請求した訴訟です。寄付の返還請求は認められなかったが、納骨堂に関して納めた金を返せとする訴えについては一審、二審ともに原告が勝ち、今年7月に最高裁で一審判決通り確定しています。

問題は納骨堂の契約について、焼骨、つまり焼いた骨の収蔵を委託することを、主たる内容とする委任契約あるいはそれに類似する契約だと裁判所が認定をしている点です。納骨堂はトランクルームではないし、骨を置く場所に困ったから宗教団体に骨を預けたわけではないでしょう。後に信仰を捨てたかもしれないが、やはり死者の供養を目的とした宗教的な委託契約が本来の内容です。裁判所は目に見えない供養という部分を捨象し、表面的な事だけを取り上げて骨を収蔵しておく施設の契約だとした。そんな認定がまかり通るようになっているのです。これは非常に危うくて困ったことです。裁判官は宗教など分からない人間が多いとしても、昔ならばこんな変な判決がまかり通ることは考えられなかった。宗教界は大いに警戒しないといけないですね。

さきほど田中治先生が、宗教法人の境内地は、収益事業をしようが何をしようが境内地だとおっしゃいました。本当はそうだと思うのですが、しかし地方税法348条2項3号の「専らその本来の用に供する」に関する解釈で、境内地として認められていても専ら本来の用に供せず、収益事業に供している場合がある、といったことを裁判所も認めるようになっているのですね。課税庁側は、専ら使っているか否かは、実態において課税庁が見るという論理です。しかし、宗教施設なのか宗教施設ではないのか、などを課税庁の人間がどう判断するのでしょう。駐車場のようなものも宗教法人の本来の用に供するといえるのか。課税庁の論理では課税対象にされる可能性がある。見解が分かれそうな部分について、課税庁がそう言うから仕方ないとあきらめているようでは宗教法人も維持できなくなるでしょう。

――ペット供養に関する最高裁の平成20年の判決で本当にびっくりしたのは、収益事業か、収益事業ではないかの判定基準について述べているところです。法人税法施行令に書いてある34の業種にあたるかどうかであれば、それはまだしも理解が可能なのですが、非常に抽象的なレベルで収益事業にあたるかどうかを判断するとしている。その一つは対価性で、二つ目が競合性だと言うのですね。

対価性について判決は、例えば民間のペットの販売業者はペットが亡くなって処理する場合に対価をもらうが、問題の寺院もペットの重量に応じて、何キログラムまでは何円とか相場を決めて対価としてお金を受け取っている、この事実は疑い得ないと言っている。競合性についても、この種のペットの葬祭、ペットが亡くなった場合に引き取って処理する事業は、一般の民間業者も行っており競合することは明らかだと言うんです。本来は課税しないが、競合性を配慮して政策的に課税するという説明ならば一応理解できないことはない。しかし、寺が何キログラムまでは3千円とか、何キロ以上なら1万円と示していたことを根拠にそれは対価だと決めつける、その対価性の理解は宗教に関する認識が全く欠けていますね。（田中治）

洗　私の自宅近くにペット葬儀を引き受けている日蓮宗のお寺があります。確かに大型犬と小型の猫では費用が違うようですが、ペット業者はお葬式をやって遺骨の整理までできたら、それでおそらく終わりでしょう。しかしそのお寺では、毎年、年忌供養をやっていて、人間と同じように三回忌の案内を送ったりしている。参列者も多いようです。ペット業者とお寺がやるペット供養は全然違うと思いますが、そうした本質を見ようとしない裁判官は非常に困ったものだと思いますよ。

市場経済の論理を内面化する危険

――社会学や宗教学で宗教について考えるときに、重要なキーワードが世俗化の概念ですね。簡単に言うと社会で宗教的な影響力が減退していくことですが、もう少し別の平たい言い方をすると、お金の力が大きくなること、あるいは国家の力が宗教に対して大きくなること、さらに別の言い方をすると市場経済の影響力が宗教よりも大きくなることですね。今までは宗教が全てを律していたが、様々な原理が出てきて、別の原理によって世の中が動く部分がどんどん大きくなっていく。それが世俗化ということになると思うのです。

このペット葬儀の件では京都仏教会もサポートできなかったと指摘がありましたが、宗教の世界に住んでいる人間も、世俗の論理、官僚の論理や市場の論理で事象を見がちで、そうするとこのペット葬儀の訴訟が持っている意味が見えなくなる。市場の目、貨幣の目ですかね、あるいは国家、官僚による見方が我々自身の中に染み付いてしまっていて、そういう目でいろいろな宗教現象を見るのが日常化している。僧侶も研究者も、そういう市場、貨幣や官僚の眼差しを内面化していて、それでおかしなことがあちこちで起こり始めている。

世俗化が進んだ社会において、宗教が健全な姿で宗教として存在し続けるためには、恐ろしいほどの努力をしないといけないのかな、と思います。おかしいと思われることが当たり前のような顔で存在する状況で生きている、宗教はそれをどうやって押し返すのかが問われるのではないでしょうか。（田中滋）

コラム
「宗教法人と固定資産税」

地方税法上、宗教法人が専らその本来の用に供する境内建物及び境内地については固定資産税は課されない（348条2項3号）。固定資産税は、収益の有無にかかわらず、財産の所有の事実に応じて課税される財産税であるが、担税力という点から見て、上記の宗教施設に課税することは相当ではない。すなわち、宗教活動に用いられる建物や土地の保有に課税をするならば、その税負担をまかなうために、当該宗教法人は、一定の金員を信者等から恒常的に集めることを余儀なくされる。本来、信者の喜捨等によって運営されている宗教法人に対して、上記の宗教施設を所有することを根拠に課税することは、納税資金のために、宗教法人本来の活動の範囲を超えた負担を負わすことになる。宗教活動本来の用に供するために建物や土地を持っているからといって、それは当該宗教法人の収益や支払能力を意味するものではない。課税を強行すれば、それは信教の自由を侵害することにもなりかねない。このような配慮の結果として、宗教活動に用いられる建物等への非課税措置が設けられているものといえよう。

なお、固定資産税の非課税措置においては、法人税において問題となるような民間との競合性等の有無は問われない。法人税にいう収益事業であれば、一定の場合において、競合性を理由に非課税措置が認められないことになる（このような紛争例として、いわゆるペット葬祭業事件がある）。固定資産税の非課税該当性の判断において問われるべきは、地方税法の規定のとおり、問題の建物や土地が宗教活動の用に供せられているかどうかである。（田中　治）

12　宗教者への提言

「信教の自由」の意味

――社会全体としては多様な価値が共存できる状態が望ましいと思いますが、一方ではそれを管理する動きがあり、宗教に限っても行政のコントロールが強められつつあります。これまでの議論で、世俗化の流れの中で、宗教者自身のものの見方、社会の動きへの対応が問われていることがあきらかになってきました。次代を担う宗教者へ提言として、ご意見を頂きたいと思います。

(佐分)

洗　宗教者にとっては当然、自らの宗教の信仰を堅持することが一番大切でしょうが、そのためにも信教の自由の保障はきわめて大切であり、国家が宗教に介入してこないよう政教分離を守ることが不可欠です。憲法がさだめていることだから、政府も当然憲法に基づき信教の自由を保障し、政教分離も守ってくれるだろうと思いたいところですが、日本人はどうも国家の善意を信頼しすぎているところがありますね。

憲法は、実は国民が国家権力に対して縛りをかけ、好き勝手なことをしないように権力を拘束するものです。そのことを深く理解して、そこにきちんと立脚することが大切なのですが、日本人はそれがよく分かっていない。自民党の憲法改正草案を見ると、どうもひどいものですね。今の憲法は国民の権利ばかり書いてあって、国民を規制する、国民が守るべき義務はあまり書いてないじゃないか、とそんなことを議論している。自民党という政党は憲法とはなにかを全く理解していないようです。

立憲主義と言って聖徳太子の十七条憲法を引き合いに出す意識がおかしい。十七条憲法は「和を以て貴しと為し」とか「篤く三宝を敬え」など道徳的に国民を縛る側面を持っていますが、憲法はそういうものではないのです。そもそも法治国家も憲法も、王様が好き勝手に支配することに対し、貴族や民衆が戦って権力の恣意を法によって縛ろうとしたところから生まれてきた。

確かに、この考え方は近代以前の日本には無かった。江戸幕府の法令は全部幕府の命令の形で、民衆を支配したものです。他方、近代法の体系は、逆に権力に守らせるルールを求めていくなかで確立された。法治国家は政府が支配するのではなくて、法が支配する。政府はあくまでその法を具体的に適用していく機関に過ぎない。そういう形に持っていこうというのが、法治国家の理念だとすると、「国が憲法を守り、法を守るだろう」と他人ごとのように考えているのは非常に危うい。宗教者も自分たち自身の問題として自覚する必要があります。

私自身、宗務課に入って、全く宗教を理解しないような人たちが、法律を運用して宗教をコントロールしようとする姿を見て、こういう人たちに黙って任せていては危ないと実感しました。憲法12条には「この憲法が国民に保障する自由及び権利は、国民の不断の努力によって、これを保持しなければならない」とあります。お国が守ってくれるわけではないのですよ。特に信教の自由は、国民の一人である宗教者が自ら努力をしなければ決して守られないことを理解して頂きたいですね。

「信教の自由」を「心の中」に限定した戦前の政府

明治憲法の28条は「日本臣民ハ安寧秩序ヲ妨ケス及臣民タルノ義務ニ背カサル限ニ於テ信教ノ自由ヲ有ス」と規定していました。つまり国民は信教の自由を持っていると書いてあるのですが、その信教の自由のために、戦前の日本の宗教者は何か戦っただろうかと考えてみても、思い当たることはありません。国が守ってくれると思ったのかもしれませんが、結局どうなったか。

昭和4年頃、文部省は信教の自由について、どんな教えを信じるかという自由、つまり心の中の自由であって、教団、結社を作ることは信教の自由の内には入らないと言っています。明治憲法で結社の自由がどう規定されていたかといえば、29条で「日本臣民ハ法律ノ範圍内ニ於テ言論著作印行集會及結社ノ自由ヲ有ス」とあります。つまり法律で規制することで、いくらでも結社の自由は制限する事ができたのが、明治憲法体制だったのですね。信教の自由は認めるが、それは心の中の自由であって、布教活動をしたり宗教団体を作るのは信教の自由の保障とは別だとする解釈を政府は立てた。国家に任せておいたら、国家にとって都合がいいようにどんどん解釈を変えていくのは、実際の歴史が教えてくれることです。心の中の自由なんてものは、そもそも法律の保護の範囲内ではないのですよ。法律でいくら禁止しても、心の中は見えませんから、禁止に従わないで自分で勝手に信じる人は当然いるわけで、無意味なことだけ保障しているわけです。

江戸時代にはキリシタンの禁制がありましたが、何百年もの間、隠れキリシタンとして信仰を維持する人々がいました。踏み絵などをやって心の中を炙り出そうとまでしましたけど、それでも心の中は見えません。法律の対象にはならないのです、心の中というのは。

日蓮系では不受不施派が、豊臣政権以来、明治までずっと禁止されていましたね。秀吉が天下統一をした時に、各宗派のお坊さんを集めて政権のために祈禱させようとした。ところが、日蓮宗の不受不施派は、法華経の信仰をしない人からは財施はもらわないし、法華経を信じない人のために、法施、すなわちご祈禱もしないという立場で、法要出仕を断った。怒った秀吉が禁止したわけですが、千葉県辺りに隠れて生き残っていたのですね。明治以降復活しています。

薩摩藩では、念仏を禁止していました。九州地方には隠れ念仏がけっこうありますが、これらはおそらく薩摩から広がっていったものでしょう。真宗の異端の「隠し念仏」があり、新しい後生、来世を願うという意味から「新後生」といわれたようで、そこから新宗教も生まれています。

信仰に関わる三つの自由

いずれにしても、権力が信仰を認めないと抑え込んでも、心の中までの支配はできない。ですから法律上、信教の自由を保障するというのは「心の中の自由」を保障する意味では決してありません。憲法上の信教の自由の保障は、自分の信仰を外にあらわす自由です。これが自由でなければ信教の自由があるとは言えないですね。

信教の自由とはどういう自由であるかについては確かに諸説があります。最も古典的で否定できないのは、表現はキリスト教的ですが「信仰告白の自由」、つまり自分が何を信じているかを表に現す自由、それから宗教的礼拝の自由、すなわち儀礼等の形で行為に現していいという自由、そして宗教的結社の自由、団体を作る自由——この三つがいずれも自由でなければ信教の自由にならない。これは憲法学でも常識で、この三つの自由を否定する人は誰もいないと言っていいでしょう。

新しい説としては、個人的信教の自由、教会的信教の自由、市民的信教の自由と、レベルを分ける考え方もありますが、いずれにしても宗教的な活動を行うことの自由がなければいけないということです。そもそも信教の自由という言葉自体は明治期に翻訳されたものです。これは教えを信じる自由とありますから、戦前の政府のように内心の自由に限定する解釈が出てきてしまう。しかし、英語で言えば、Freedom of religion で、「宗教の自由」なんですよ。アメリカの憲法では、Free excise of religion とあり、「宗教実践の自由」なのですね。信教の自由を国に任せておいたら、自由はどんどん狭められていくということを忘れてはなりません。

戦後にできた宗教法人審議会でも、宗教界代表の委員から「最近は自由になったのはいいが、迷信的な宗教が流行っている、規制できないのか」などという意見がでてきたそうです。それに対して、その当時委員だった岸本英夫先生が、「あなたはそうおっしゃるが、迷信でない宗教なんてあるのですか」と切り返した話が残っています。宗教は科学ではありませんから、科学的実証が出来ないという意味では、主観的な思い込みが宗教だといった言い方もできる。そうした意味で迷信でない宗教はない、と岸本先生は冷や水を浴びせたのでしょう。宗教者ですら、信教の自由をよく理解していない一例です。

重ねて言いますが、信教の自由は憲法に規定されているから大丈夫だ、とは決して言えません。

政府にまかせておけば大丈夫などということでは決してないのです。憲法自体が「不断の努力」を求めていますが、宗教者自ら、信教の自由を日々勝ち取っていく努力が必要なのだという視点、考え方を持っていなければ、これを守っていくのは非常に難しい。宗教者自身が憲法、宗教法人法、宗教に関連する法律をしっかり学んで、誤った主張を正すことができるほどに己の身につけなければならないと思います。

「信教の自由」を守るための運動論

――信教の自由に関する具体的な問題として、京都仏教会や日本基督教団が文化庁宗務課に抗議を申し入れた宗教法人設立の認証「3年ルール」の問題があります。京都仏教会は、宗務課や都道府県の所轄庁が行っている裁量行政に対する批判の形で論点を展開してきたと思います。裁量はありとあらゆる分野で行政が持ちうる権力ですね。ただし、宗教法人法に基づく認証でいま行われている裁量は、政教分離の原則を壊してしまう。その意味で社会の根本を揺るがす、決して行なってはいけない裁量であり、他の行政の裁量行為とは全く違うものであることをもっとアピールすべきだと思います。

その際、「信教の自由」という当たり前のように使う言葉が英語では「Freedom of religion であり、アメリカでは Free excise of religion、すなわち「宗教実践の自由」を意味するということを強く訴える必要があるでしょうね。「信教の自由」は心の中の自由だけを意味するものではないということを強調していくことが重要ですが、社会に効果的に訴える方法について、ご意見

を伺いたいと思います。（田中滋）

洗　そうですね。宗教法人法改正反対を社会に訴える運動を続けてきましたが、なかなか理解されないというのが実感です。難しい問題ですね。

前にも申しましたが、発足当初の宗教法人審議会は、行政に対して宗教界がチェックしていく働きを持っていました。私が宗務課にいた40年前は、既にその機能を失っていましたが、戦後ずっと宗務課にいた女性職員の方の話を聞くと、彼女たちは、宗教界は怖いという印象を持っていたそうです。つまり行政が恐れるぐらいの存在であることは、信教の自由を獲得していく上で大切だと思います。別に行政と喧嘩しろということではありませんが、適度の緊張関係にあるのが正常な関係ではないかなと思います。

今では宗教法人審議会も非常におとなしいものになりましたが、行政が言うことを信頼して全部聞き従う姿勢では信教の自由は守れない。宗教界全体もその自覚を持ってほしいですね。行政に宗教界は怖いと言わせるぐらいの緊張関係を維持すること、それこそが多元社会における健全な国家と宗教の関係と言えるのではないでしょうか。現状では、京都仏教会や日本基督教団が改正宗教法人法について抗議文や要望書を持って行っても、宗務課は平気で一蹴します。しかし、信教の自由が危うくされている状況に対する自覚が宗教界に広がり、こぞって行政に批判の声をあげるようになれば、不当な裁量行政を押し通すことはできないはずです。

――認証を行政が意図的に遅らせる問題と、所轄庁への書類提出の問題は、関連はしているけれども、対策は分けて考える必要はあるでしょうね。というのは、認証の問題は明らかに宗教法人法に反していることを行政自ら行っているわけです。要するに行政が法律に違反するという法治国家では有り得ないことが公然と行われているという問題ですね。形式論的に言うと、行政訴訟の一環としての不作為の違法確認だとか、義務付け訴訟だとか、そういう手段を通して争おうと思えば可能です。もちろん裁判で争え、と積極的に主張するつもりはありませんが、出るべきところに出ると、明らかに正当性は宗教の側にあるという問題です。それを前提に宗教界がこぞって「そんなアホな事をするな」と当然言うべきだし、世論の支持も受けやすい問題ではないかと考えます。

所轄庁への書類提出に関しては、多くの寺院・神社などは一応書類の提出をしている。ところがこれは違憲だと考えて自覚的に対応している宗教団体は提出拒否で、一見すると自覚的に行動している方が不届き者みたいに見られかねない。問題は宗教法人法の改正の当否、改正そのものが正当かどうかということで、法改正した立法府の行為が問われる。一般論としては、法律が作られれば、それに従うのは原則ですが、この法律そのものが、宗教法人審議会の過半数が反対している状況の中で作られた事実を考えれば、法律論で言うところの「立法事実がない」ことになる。法律を正当化する為の根拠になるものがない状況で、実質的な基盤を欠いたまま法律が出来た問題性を問える。法律の世界でも立法事実が十分ではない場合、問題とされるのです。

例えば、破壊活動防止法の場合、法律としては制定できても、その発動を事実上阻止するよう主張するのは違法でもなんでもないわけですね。あるいは古いことですが、戦後、統制経済が長い間続き、一般市民も米を買う場合に米穀通帳を持って買わないといけなかった。それがないとダメだ、と法律上強制されてきたのですが、米の流通が改善されると、多くの人は通帳を使わずに米を買い始めた。米穀通帳を義務付けた法律が廃止されたのはかなり後になってからです。

法律があるということと、それが正当性をもつかどうか、実質的な基盤を持つかどうかということの間には、ある種のズレがあるようです。従って、立法そのものが問題だと思う者が、異議申し立てをすること自体、何ら非難されるべきことではないと考えます。

所轄庁への書類提出を拒否すると過料がかかってくる。問題はそういう状況で、どう対応するかですが、提出を義務づけ、罰則を設けた法律自体が問題だという場合、論理的にはその法律が憲法に反するかどうかを問うことは当然あり得る。違憲立法への抵抗権、あるいはそうは言わないまでも、十分な立法事実がない状況で法改正を強行したことに対する異議申し立ては何ら問題ではない。もしそれが問題だとされれば、法治国として最終的には裁判で正否が問われる。要するに抵抗する方に理由があるのか、あるいはないのかという問題になると思われます。その意味で、信ずる所に従って書類を提出しないというのは、選択としておかしくないでしょう。

法律は、ある種の状況について暫定的な安定構造を作っているだけの話であり、究極的にはそれが多くの人の支持を受けるかどうかということです。宗教法人法改正についても、関係者が問題だと感じるのであれば、そのことを表明するのは当然です。法律家としては言いにくいところもあるのですが、広い意味の抵抗権は視野に入れていいし、国会が決めた法律がすべて正しくて、真理だというようなことは当然ありえない。そこは法律の世界でも十分通用する議論だと私は思っています。（**田中治**）

洗　法廷で争うにしても、例えば認証の問題で3年ルールを適用された当事者でないと裁判は起こせない。宗教団体としては、とにかく認証をしてもらいたいので、争いたくない事情もある。宗教界の中で当事者をバックアップする体制、あるいは雰囲気のようなものがないと、なかなか難しいのかなという気がします。

書類提出問題でも、抵抗権は当然あると私は思っていますし、憲法違反だと争えるのではないかという気がします。宗教法人は書類を提出しろ、ただし所轄庁は書類の取り扱いについて信教の自由を侵すことのないように配慮しろと法律には書いてありますが、何のために提出するか、目的は何か、は示されていない。行政が裁量で自由に使えるかたちです。そんなことが政教分離の国家体制の下で許されるのか。これもやはり訴訟で争える問題だと考えます。

ただこれで裁判を起こそうとすると、非訟事件という形での訴訟になる。非訟事件手続法にもとづく裁判では、本当の相手であるはずの所轄庁は出てこない。裁判所が一方的に命令を下し、裁判所に対して異議申し立てするのも書類でするしかない。国民は裁判を受ける権利があるという憲法の原則に反するような訴訟体制で扱われる。公正な裁判が期待できない以上、その方法には限界があります。こうした問題があることも啓蒙的に訴えてゆく必要があるでしょう。

――抗議しても結局相手にされない無力感があるかも知れませんが、効果がないわけではないと思います。相手も痛いところを何度も何度も突かれている。うるさい連中がいるから、これ以上無理なことは止めておこうという自制が働いている可能性はあるのではないでしょうか。その意味でも、京都仏教会のような存在が、全日本仏教会や日本宗教連盟などと共に、反対を訴えていくことが大事ですね。
社会運動にはおもしろいところがあって、必ずしも多数が勝つとは言えないのです。何の議論もせずに多数決を行ったら、だいたい保守的な意見が勝ちますが、運動を進めてゆく中で百人中1人の人が頑張ると、形勢が大きく変わることがある。正当な意見だが実現するのは中々難しいと99人が思っているような状況でも、1人が何かの成果を挙げると99人の対応がオセロゲーム的にひっくり返る可能性があります。だから、少数だと意味がないという話ではない。例えば、環境問題で市民運動をやっている人達が何かイベントやって、3人しか来なかった。しかし彼らは、3人も来てくれたと考える。この3人がまた1人ずつ連れてきてくれたら、という発想をするのです。

京都仏教会が古都税条例を潰したことが、他の地域で行なわれていた同種の条例に終止符が打たれるきっかけとなったのは良い例です。古都税の反対運動は、単に京都というローカルなところの閉ざされた運動ではない。京都仏教会の論理が通ったことで、全国的に同様の課税がやりにくくなったわけです。（田中滋）

注

注1　宗務官「文部省宗務官ハ上官ノ命ヲ承ケ宗教ノ教義、儀式等ノ調査研究及宗教ニ関スル団體ノ指導ヲ掌ル」(昭和14年・勅令第五〇四号) 高等官 (奏任官) だった。ちなみに、各宗派管長は奏任官より上位の勅任官待遇。

注2　ドイツ基本法　ドイツ連邦共和国基本法。第4条で信仰の自由、信仰告白の自由、宗教的活動の自由を保障。第140条ではヴァイマール憲法を受け継ぐ形で「宗教団体の権利」を定め、「国教会は存在しない」と明記するとともに、公法人の宗教団体に対し、住民税台帳に基づき税を徴収する権能を与えている。ただし、この権能は各「ラント (州) 法」の規定に従うとされている。

注3　五傍の高札　五傍の掲示ともいう。1868年4月7日 (慶応4年3月15日)、五箇条の御誓文が出された翌日に発布され、全国の高札場に立てられた。その第三札で「切支丹邪宗門ノ儀ハ堅ク御制禁タリ若不審ナル者有之ハ其筋之役所へ可申出御褒美可被下事」と切支丹邪宗門の禁を通達している。5月には「混淆イタシ心得違有之候テハ不宜」との理由で切支丹と邪宗門を別項に分けて掲示した。73 (明治6) 年2月、「一般熟知ノ事」として取り除かれた。

注4　日本基督教団　昭和16年にプロテスタント33派が合同して設立総会を開いた。設立当初、加盟教団別に1～11部に分ける部制を採用したが、翌年、治安維持法違反で第6部、第9部のホーリネス系の牧師が検挙され、これをきっかけに地域別の教区制に変更された。敗戦後は残留する教派、離脱する教派に分かれた。

注5　宗教法人令　1945 (昭和20) 年12月28日勅令第719号。全18条。第7条で「宗教法人成立シタルトキハ成立後二週間内ニ主管者ニ於テ規則並ニ主管者ノ氏名及住所ヲ教派、宗派及教団ニ在リテハ文部大臣ニ、寺院及教会ニ在リテハ地方長官ニ届出ヅベシ」と届出制 (準則主義) を定めている。

注6　神道政治連盟　「世界に誇る日本の文化・伝統を後世に正しく伝える」ことを目的に掲げ、神社本庁を母体として昭和44年に結成された。ホームページでは憲法改正、靖国神社問題、政教問題、ジェンダー、教科書問題などを「私たちの取り組む課題」として挙げる。神道政治連盟国会議員懇談会 (安倍晋三会長) には

平成27年8月現在で国会議員303人が参加。同年10月に発足した第3次安倍改造内閣では、同懇談会のメンバーが閣僚20人中17人を占めた。

注7　認証の3年ルール　宗教法人法は宗教法人設立時の規則認証に際して、「宗教団体」であることを証する書類を添えて所轄庁に申請するよう規定している。さらに、同法は所轄庁が申請受理後3カ月以内に認証・不認証の決定を行う、と定めているが、現実には3年間の〝経過観察〟を経ないと「受理」されない。「宗教法人の規則等の認証に関する審査基準」（平成6年文化庁次長決定、同9年改正）に依拠した対応だが、宗教法人法にこのような行政裁量の根拠はない。

主要参考・引用文献

井上恵行『宗教法人法の基礎的研究』（第一書房）
A・D・リンゼイ／永岡薫訳『民主主義の本質』（未来社）
小野清一郎・長井真琴『仏教の法律思想』（大東出版社）
吉津宜英『縁の社会学』（東京美術）
黒田俊雄『王法と仏法』（法藏館）
辻善之助・他編『明治維新神仏分離史料』（名著出版）
中根千枝『タテ社会の人間関係』（講談社）
金重明『朝鮮王朝の滅亡』（岩波書店）
京都仏教会監修／洗建・田中滋編『国家と宗教　上・下』（法藏館）
福島正夫編『日本近代法体制の形成』（日本評論社）
吉田久一『清沢満之』（吉川弘文館）
トーマス・ルックマン／赤池憲昭訳『見えない宗教』（ヨルダン社）
ハーヴィ・コックス／塩月賢太郎訳『世俗都市』（新教出版社）
ブライアン・ウィルソン／井門富二夫、他訳『現代宗教の変容』（ヨルダン社）
村上重良『国家神道』（岩波書店）
坂本是丸『国家神道形成過程の研究』（岩波書店）

島薗進『国家神道と日本人』（岩波書店）
「戦後の宗教法人の歩みと宗教行政」（文化庁宗務課『宗務時報』昭和55年）
渡部蓊『逐条解説　宗教法人法』（ぎょうせい）
ウイリアム・ウッダード／阿部美哉訳『天皇と神道―ＧＨＱの宗教政策』（サイマル出版会）

附論　「外務省のラスプーチン」が語る宗教と国家——佐藤優氏を囲んで

佐藤優氏（右）と田中滋氏（左手前）

洗建氏

この座談会は、平成28年3月22日に東京青山の相国寺東京別院で行いました。

出席者

佐藤　優、洗　建、田中　滋、佐分宗順、長澤香静、津村恵史

田中滋　今日は佐藤優さんをお迎えして、洗先生と「国家と宗教」について語り合っていただければ、と考えています。佐藤さんは官僚組織の中でさまざまな壁にぶつかり苦闘されたわけですが、洗先生も宗務課で、ここは自分の居場所じゃないと感じる経験をされた。ある意味でお二人は通じるところがありますね。ちなみに、この本はタイトルに「国家を超える宗教」と入れる予定なのですが。

佐藤優　そういえば、同志社大学の原誠先生は最近、『国家を超えられなかった教会―15年戦争下の日本のプロテスタント教会』（日本キリスト教団出版局、2005）という本を書いています。

田中　仏教も国家を超えられなかった。

佐藤　いえいえ、歴史的に見て仏教は強いですよ。

国家と宗教の問題となると、今は少し下火になりましたが、靖国の代わりに宗教的に中立的な追悼施設を造るという議論がありましたね。実はあれは国家宗教になる大変な危険性があると思うのですよ、フランス革命後、ロベスピエールが「理性の殿堂」を創ったのと同じように。そもそも死者の霊を弔うこと自体が宗教的な行為です。ああいう議論が国会の中でいわゆるリベラル派から出てくることに怖さがある。私はキリスト教徒で、キリスト教は日本の社会の中に根付いていない宗教ですけれども、そこから見ると、日本人の宗教に対する感覚は非常にズレている。決して非宗教的なわけではないが、自分たちの宗教性をあまり自覚しないですよね。神社本庁など率直に言って宗教としての意識が希薄です。いまだに日本国民の習俗だと思っているのではないでしょうか。

洗建　そうですね。宗教全般を含むような概念はもともと日本語の中にはなく、「宗教」という言葉も明治以降の翻訳で定着した。しかも、新しく入ってきたキリスト教のイメージで、自ら選びとる信仰というニュアンスを伴い、今でも宗教といえばまず連想するのが、キリスト教か新宗教になります。

佐藤　確かにそうかもしれませんね。

キリスト教は日本には変な入り方をしているんです。起源から考えるならば、プロテスタンティズムは、どちらかと言えば反動的な復古維新運動です。ところがアメリカを経由して、欧米の文物、近代科学の成果とともに入ってきたので、キリスト教が近代的なものであるかのように誤解されてきた。もう一つ、仏教徒にはなかなか理解されませんが、日本のキリスト教徒は薩長土肥体制が本当に嫌いなのですね。日本キリスト教の反体制性格は、左翼であるとか、リベラルだとか、マルクス主義の影響を受けたというよりも、明治期に薩長土肥体制下でキャリアを積めない若者たちがキリスト教の方向に行ったことが背景にある。

それと同時に儒教的な伝統ですね。自分たちの主君に仕えることを、イエス・キリストに仕えるということに比較的簡単に置き換えたのです。ものすごくリゴリスティックというか、儒教的で息が詰まるような感じですね。韓国のように土着のまじないとかと宗教混合を起こして、土着化して行く方向には向かわなかった。

洗　そうですね。特に明治期のプロテスタントの著名な人たちは、ほとんど幕府方の武士ですよね、有名な内村鑑三にしても。しかも非常に教養がある人たちで、知性的にキリスト教を受け入れるという傾向が強い。しかし、ヨーロッパではご指摘のとおりキリスト教は生活に根付いて、呪術的なものもたくさんある。

佐藤　ヨーロッパのカトリックには山ほどありますね。日常的には聖書なんか読まない。カトリックだけではなく、ロシア正教の礼拝堂では聖書を持っている人の姿を見かけない。

洗　私はカトリックの神父の友達がいますが、「カトリックでは教皇がいればそれでいいんだよ」などといっていますね。

佐藤　まさに率直に、そういう事だと思います。プロテスタントの場合は、イースト菌が入ったふくれたパンで聖餐式をやりますが、カトリックの場合はウエハースで、ちゃんと飲み込んだかどうかを神父がチェックしますからね。なかで膨れるので、のどを乾かしておいて、あとで吐き出して持ち出すやつがまれにいるんです。

『プラハの墓場』（東京創元社、2016）というウンベルト・エーコの本に出てくる婆さんがそれをやっている。黒ミサに使うためです。それが本当にキリストの肉体に変わるという教説（実体変質説）ですから、カトリックの場合は。

洗　ルルドに行ったら、あそこの水で病気が治ったという人が奉納した松葉杖がずらっと壁にかかっていましたよ。

佐藤　本書ではルターの宗教改革に言及されていますが、これは宗教間対話にとって大変いいことだと思います。来年（２０１６年）は宗教改革500年でもありますし。読んでみて特に感銘を受けたのは、他の人にはない視座があることで、カルヴィニズムだと普通は親鸞あたりと結び付けるが、日蓮と比較しておられる。私も感覚的に日蓮の方が親和性は高いと思うのですよ。これは私の母体のカルヴァン派からも、日蓮系の教団の方からお叱りを受けるかもしれないですが、イスラム教のハンバリー派、すなわち今の「イスラム国」とか、アルカイダの母体となっているグループも、構造として比較的近いのではないでしょうか。

いずれにせよ、相互理解という点で、あまりにも今まで対話に欠けていたのです。キリスト教の側から考えてみると対話をするだけの基礎体力がない。それに対して仏教はやはり基礎体力がある。これは決しておべんちゃらで言っているわけではないですよ。著名な作家でも最終的には仏教に接近しますね、瀬戸内寂聴さんにしても、五木寛之さんにしても。そういう意味で、キリスト教はなかなか途中から人を引き付ける力がないのです。新たに信仰に入ったという人にしても、私の周辺では、とりあえず同志社大学のブランドで入学し、周りから感化を受けて入信した人間くらいしか知らない。後はみんな家の宗教ですよ、二代目、三代目で。ひと昔みたいに改宗して入ってくる人はほとんど今はいないですね。

洗　幕末頃に成立した新宗教でも、今は同じような傾向が出てきていますね。

佐藤　私は、去年から同志社大学神学部の客員教授もやっていて、教材を作ったり、テキストを読んだりしていますが、意外にも役に立つのが旧・東ドイツの神学教科書なんです。日本基督教団出版局から今年に入ってオンデマンドで出たカンフリート・ミューラーの『福音主義神学概説』という本です。

どこがいいかというと、共産国なので高校生まで宗教教育が禁止されていて、大学に入っていきなり本格的にキリスト教の勉強をする。神学部の2年間で、キリスト教的環境で育った若者たちと同じ神学のレベルに到達させる目的で書かれた教科書だからです。同志社の神学部は入学定員60人ですが、キリスト教の洗礼を受けている率は1割です。9割はキリスト教と関係なく育った。知的な関心をキリスト教に対して持ち始めた若者に、いきなりアメリカやイギリスやドイツのテキストを使うとついて行けないわけです。神学部に入って、初めて聖書を読むという学生ではね。

洗　仏教系でも同じことで、偏差値的に入りやすかったから仏教学部などに入ってきたという人はたくさんいるのですよ。

佐藤　私は同志社大学の神学部出身ですが、同志社は戦前・戦中と、うさんくさい役割を果たしたと思うのです。戦時下、日本基督教団ができた時、神学校の合同も併せて行われた。関東では日本基督教神学専門学校、今の東京神学大学ができました。同志社も日本基督教神学専門学校と合同させようということになったが、有賀鐵太郎という、後に京大のキリスト教学科初代主任教授になった人がうまく回避させた。彼は学生の自動車隊をイタリアに送って一周させたことがある。1941年に国策出版社の第一書房から『学生自動車隊のイタリア一周』(有賀鐵太郎著)という本が出ています。これを読むと、同志社のキリスト教はファシズムのキリスト教だ、ファシストと非常に関係の良いキリスト教なんだと書いてある。我が国の国体についても親和性があると。例えば、同志社の歴史神学の教授だった日野真澄は『国体の本義と基督教の真髄』(日本組合基督教会本部、1938)という本を書きましたし、次の世代の歴史神学の神学者魚木忠一は『日本基督教の精神的伝統』（基督教思想叢書刊行会、1941）を出版し、右派的なキリスト教としてプレゼンテーションした。それらの実績も日本基督教神学専門学校との合同を避けるため、説得力をもった。戦後は、同志社が生き残るためだったという文脈で教えられましたが、本当にそうだったのかは良く分かりません。

戦後、ＯＳＳ（戦略情報局）にいたオーテス・ケーリが日本に来て、有賀さんと非常に仲良くなった。それで結局、「戦時中、日本は軍国主義にひどい目に合わされた。特にわれわれキリスト教徒は」という話で、免罪されるわけですよ、戦時中の戦争協力の責任は。それだけなく、日本の国立大学にキリスト教精神が入ってないのがそもそも問題だ、と東大・京大にキリスト教学科を作ろうとしたのですね。京大は受け入れてキリスト教学科が生まれ、そこに有賀さんが主任教授で行く。ところが東京大学は、やはり東京大学のプライドがありますから、そんな得体のしれない学科は創りたくない、と断る。しかし、その後にＩＣＵ（国際基督教大学）ができるという問題が発生します。

これはちょっと不思議な話だけど、外務省に入って初めて分かったのは、外務省の人たちは「国体」観念がすごく強いのですね。これは外務官僚の内在的な論理ですよ。あの戦争は陸軍の暴走で始まった。敗戦で国体の保持が出来ないような状況になった時、外務官僚が命がけで頑張った。例えばポツダム宣言について照会した返事にあった「subject to」という言葉を、「天皇の地位は制限の下に置かれる」という誤訳ぎりぎりの意訳をして「国体は護持された」というストーリーを作り、宣言受諾にこぎ着けた。その後も外務省の白洲次郎や吉田茂が占領軍から信頼を勝ち得た。戦後において日本の国体は日米同盟と結び付いた国体なんだ、と。国内法については内閣法制局長官が有権的な解釈をできるけれど、国際法の安保条約に関しては外務省の国際法局長が解釈を行います。外務省は単なる外交を担う役所ではなくて、日本の国体を保持する役所だ、という感覚ですよね。

そして、少し調べていて気づいたのです。東京大学にキリスト教学科ができなかった。その結果新しく、キリスト教精神に基づくエリートを生み出す大学、すなわちＩＣＵが必要になってきたのです。高松宮がＩＣＵの設立委員であり、アメリカ側の募金の責任者はダグラス・マッカーサーなんですよ。ＩＣＵのホームページからはマッカーサーが消し去られていますが、要するにあの大学の在り方というのは、戦後における日米合意の下の「国体」を表しているわけですよ。

いま安倍政権は戦後レジームからの脱却、戦前回帰の志向をみせていますが、皇室は必ずしもそういう方向ではない。皇室の関係者が学習院ではなくてＩＣＵに行くというのは、非常に分かりやすい構造ではないかなと私は見ています。「国体」という宗教の戦後の実態をよく表していると思います。

例えば自衛隊などにも旧・陸軍中野学校からの伝統が脈々と維持されているのですね。そういう見えないところで、「国体」という宗教、戦前の国家神道的なものが、今の日本の政府機関のあちこちに埋め込まれているのです。

宗務行政に関わる文化庁あたりは、むしろ一番そういったものから疎遠なのかもしれない。外務省であるとか、自衛隊であるとか、一見、宗教とは関係のないような機関に、自分たちは国益

を擁護している、国家を守っているのだという感覚で戦前型の国家神道的な発想が入ってきているのではないかという気がしますね

洗　国家神道的なものは、神社本庁に強く残っていると思いますが、それを宗教とは認識しない日本人は非常に多いということですね。これは宗教という概念への感覚に関わる問題です。日本人の宗教行為で一番中心になっているのは、初詣、墓参りなど年中行事ですね。しかし、これらを日本人は宗教だと全然思っていない。

佐藤　私には、紅白歌合戦なども宗教行事に見えるのですがね（笑）。毎年同じ企画で視聴率を取れる。そこでカオスを創りだして、11時45分になったところで静かな寺の映像が映されて除夜の鐘が鳴り、また新たなコスモスが現れ出る。まさに宗教的年中行事です。

洗　初詣に来ている人は、信仰だとは全く思っていないが、行かなければ不安になる。これは未開宗教と非常によく似ている。マリノフノスキーは情緒的あるいは無意識的な不安を取り除く働きをもっているのが未開宗教であり、呪術であるということを言っています。初詣などは宗教ではないものとして説明しようとしてもできません。宗教とは意識していないが、厄年になると、わざわざ厄払いといわれているところにお参りに行く。なぜ行くのだということです。

佐藤　そうですね。私が逮捕されたのは42歳、数えだと43で、後厄が来たのではないかと。ロシア思想を研究している友達にまじめに言われましたね。「佐藤、これ後厄だよ、厄払いしてないだろ」って（笑）。

国体についてさらに補足すれば、「万邦無比の我が国体」はある意味では当たり前で、どの国

もそれぞれ「万邦無比」なのですよ。ただ、あれだけ古い宗教が形を変えて残っているところが日本の面白さでしょうね。

洗　結局「万邦無比」の国体が問題になるのは、それが他国に比べて優越しているという思想ですね。それぞれ個性的な国体はどこにでもある。

佐藤　個性的な国体が普遍主義になって、力によって普遍性を実現しようということになる。

洗　「八紘一宇」ですね。

佐藤　例えば日韓併合後、檀君神話がある朝鮮で、天照神話という異質なものに基づいた神社を創ろうとした。少し知恵のある人がいたら、祭神は檀君にしたと思うのですよ。それならもう少し違う形になりえた可能性もあった。沖縄には波上宮などがありますけれど、やはり土着化しない。

沖縄の離島・久米島は私の母親の出身の島でして、そこに行くと、君南風《きみはえ》という琉球王国時代の神女がまだいるのです。その家の一族は今も神女を出さなければいけないから、ある年齢になると島に戻ってくる。それで1年に2回くらいかな、宇江城《うえぐすく》という城跡に行って、天上と地上の秩序を守るための儀式をやっているのです。勾玉をつけ、黄色い服を着て。それをしないと、島の人たちは天上と地上の秩序が崩れるように感じるわけですよ。島の人たちからすれば、それで全世界の秩序を守っているのでしょうね。琉球王国はなくなり、王国にいた神官はほとんどいなくなったのに、久米島にはなぜか残っている。不思議な状態ですね。

島根の隠岐島には、後鳥羽上皇の御火葬塚というのがありまして、北条家から後鳥羽上皇のお世話をするよう命じられた村上さんという家系が代々家の仕事として受け継いでいる。次はだれが継ぐかも決まっているそうです。宮内庁からはほとんど金が出ないが、何年か何十年かに1回、制服が下賜されるという話です。久米島の君南風と同じように、儀式を行うかたちの宗教には強さがある。500年や1000年の年月はどうということではない。後鳥羽上皇の御火葬塚を守ったり、久米島に戻って天上界と地上界の秩序を維持するとか、そうした使命感が家系や地域に埋め込まれている。

洗　儀礼中心の宗教といえば、まさに神道がそうで、根強さは大変なものですよ。儀礼を中心に行う宗教は、あまり意識化されない。教義は知性で受け止めるので意識されやすいが、儀礼を中心とするような宗教の場合は意識されないまま慣習化され、それをやらないと精神的バランスが保てない。原始宗教は主としてそういうものなのです。教義ではなく神話で、その物語を祭りの時に再演する。一種の疑似体験を生み出す、そういうタイプの宗教ですよね。

佐藤　ところで、先生ご自身がコミットされている宗教は?

洗　コミットしているのは何かと問われると困るのですが、仏教はその原理には共感するところが多いですし、社会と宗教との関係においてはキリスト教に大変敬意を持っています。かつてPL教団にいたこともあったので、新宗教にも興味があります。しかし、直接信仰している宗教はない、ということになりますね。

佐藤　私も新宗教には非常に関心があります。どうしてかというと、日本のキリスト教は生命力を失いかけているからです。ところがなかなか死なない。キリスト教は共産主義体制のような逆境の中に入ると強いのです。ところがその逆境がなくなると弱くなる。新宗教にも似たようなところがありますね。

この前亡くなった緒方純雄先生をはじめ私が教えを請うた先生たちは、戦時中に同志社にいた人たちで……

洗　逆境のもとにあった。

佐藤　そうなのですよ。家を捨てて出てくるパターンがほとんどだった。親がクリスチャンでも、同志社に行って文学部神学科（当時）に進むのはちょっと勘弁してくれ。なんでこの非常時にそんなところに行くのだと。

そういう環境の中で入学した人たちだから、優秀なのですよ。語学が本当に良くできましたね、かつての神学部の教授たちは。ある意味で自分の「生き死に」の原理を探りたいという動機で学生時代勉強しているので、身についている知識の深さも違う。

田中　さきほどイタリア自動車隊の話がありましたが、同志社の神学部も多様なのですね。

佐藤　有賀鐵太郎は非常に異質な人だったのですよ。彼は親がイスラム教徒のビジネスマンで、イスラム教経由でキリスト教に入信しました。東京府立一中出身の秀才で、戦前の同志社に来るような人ではない。それでもキリスト教を学びたくて入学し、アメリカに留学して業績を挙げた。才気走った人で、時代の先が見えすぎるのですね。

同志社にはもう一人ほとんど忘れられた神学者で魚木忠一という人がいる。これは愛媛のはんこ屋の丁稚奉公に行き、どうしてもキリスト教を勉強したいと、だいぶ遅れて神学部に入った。

『日本基督教の精神的伝統』という著書があって、考え方はゼーベルクの影響を受けています。純粋なキリスト教は存在しない、キリスト教はそれぞれの時代の文化に触発されて類型化してゆく。存在するのはヘブライ類型、ギリシャ類型、ラテン類型、ゲルマン類型、アングロサクソン類型、スラブ類型など様々な類型としてのキリスト教でありその間に上下関係はない。日本のキリスト教の課題とは、日本類型のキリスト教を作ることだ、と論じた。

日本のキリスト教にとっての重要な文化伝統とは何かというと、仏教と神道と儒教であり、特に仏教が鎌倉以降、人間の救済を重視した救済宗教であることは大きな意味を持つ、という理屈を立てた人です。戦後になっても日本人の精神性について語った、完全に時代の流れから取り残された神学者なのですよ。この系統が私は好きなのですね。いわば、脈々と口伝で伝えられている同志社の神学で、私はそちらの系統です。

田中　それは洗先生と親和性の高い発想ですよね。宗教の習合ですか。

佐藤　シンクレティズムは必ずしも悪いことではないのですよ。むしろ、宗教は土着しなければ、本物ではない。ですから、神仏習合というのは悪いことではないのです。そもそも宗教と国家の関係も廃仏毀釈のところで、非常に変わってしまったなという感じがあります。

田中　ところでさきほど議論があったカルヴァンと日蓮の比較についてもう少しお願いします。

佐藤　私がうかがいたいのは日蓮系の教団がなぜ此岸の問題にこれほどコミットするのかということです。新宗教でも日蓮系の新宗教は多いですね。そのあたりのエートスはどうなんでしょう？

洗　日蓮は「立正安国論」を書いていますが、カルヴァンの政教一致と似たような体質は日蓮にありますね。この社会そのものが法華経の真理に基づくべきだという考え方の流れは日蓮系にも強いと思いますよ。真宗ならば、真俗二諦論といって、この世のことは王に従え、ただ心の中は仏に従えといいますが。

佐藤　そうすると、ルターの二王国説、教会は神の右手、国家は神の左手というのに比較的近くなりますよね。

洗　ただルターの場合は、両方が協力して統治するという感じがありますね。イエス自身は、カエサルの物はカエサルに、神の物は神に返せ、といった。真宗の真俗二諦論はその感じに近い。世俗のことは世俗の者にやらせておけばいいという感覚があるのではないですかね。第2次大戦後は変わっていきますが、真宗の伝統の中では社会問題について直接発言し、批判することはあまりなかったと思います。

佐藤　超越的なこと、あるいは別の言い方だと内面的なことに特化していくと。

洗　そんな感じがしますね。

佐藤　プロテスタントは「信仰のみ」で、行為はどうでもいい、というように解釈されることがある。しかし、「信仰のみ」とは、どちらかといえば「信仰即行為」なんですね。信仰があると絶対にそれは行為になる。信仰と行為をｕｎｄとかａｎｄで繋ぐのがいけない。この発想になると、やはり日蓮系と近くなりますね。

洗　カルヴァン派は実際はっきりそういうようになりますが、ルター派はあまりそのようにみ

られてこなかった

佐藤　ルター派は、最も深遠なところでイエスが出てきて、それによって救われるという構造があるから、逆境になるとルター派の方が戦うのです。例えば、ボーンヘッファーもそうでした。ところがその一方で、エマヌエル・ヒルシュという、日本ではほとんど知られていないけれど、ナチスの神学を構築したプロテスタント神学者もいる。これはすごく優秀な人です。ルター派って難しいですよ。

田中　国家と宗教の関係は複雑ですね。

佐藤　理想的にいえば私は、宗教と国家については「無関係」という関係性を構築したいのです。原理が違うものだ、ということを押さえないといけない。そのうえで、必要最小限の領域において付き合う、と。

ところが必要最小限の領域が多くなっているわけです。宗教系の私学も国費助成を受けているし、ありとあらゆるところに国家が出てきますから。国家とまったく付き合わないということはできないが、国家と一体化するのは避けないといけないですよね。ましてや国家の尖兵になることは。

と同時に、資本主義社会では教会や宗教団体、お寺が独自にお金を稼ぐことが出来るシステムを維持することも重要だと思います。ある種のゼロサムゲームと考えていい。国家が宗教団体からお金を取ってこようとするのに対し、宗教団体が徹底して防衛する。その理屈は何でもいいのです。それは自らの存続のため、ごく正しいやり方だと思います。少し心配なのは、日本のキリスト教も仏教も、「エゴイズムを完全に捨てないといけない」という建前で物事を考えているということですね。自分個人のエゴではよくないが、あえて語義矛盾を冒すなら、多くの人が共有できる集団的な一種のエゴ、中間団体としての集団的な利益は強調していい。

「それは既得権益をもつ既成仏教の個別利益じゃないか」という批判もあるでしょう。しかし、国家という「リヴァイアサン」のような恐ろしい存在になる可能性をもつものに対抗できるのは、しっかりとした力をもつ中間団体だということを重視すべきです。そもそも日本のキリスト教には、国家に擦り寄って生き残るという選択肢はないわけです。

私が驚いたのは、共産体制下のチェコスロヴァキア、あるいは東ドイツなどは牧師が国家公務員だった。

洗　そうなのですよ。東ヨーロッパを調査すると、国が牧師・司祭の給料を払っているというところが多い。

佐藤　結局そのほうが首根っこを握れるわけですよね。共産圏の教会がどうして駄目だったかといえば、結局のところ財政を大部分、国家に依存することになってしまったためです。国家は無神論を掲げていて、「キリスト教は迷信だが、迷信を信じる自由をわれわれは認めている」という立場です。ソ連は厳しくて、神父や牧師に一切金を出さず、聖書の出版も何十年に一回だし、神学書もほとんど出版されない。ところがチェコスロヴァキアではいろんな神学書が出版されたのです。タイプ印刷で部数は100部程度ですが、レベルは高い。神学生の数が100人だったら100部しか刷らせないということですね。しかし、出版点数だけを挙げれば、「こんなにたくさん神学書が出ている」ということになる。国家による教会の極めて巧みな管理ですね。

それを考えると、自主財源が確立しているのは、非常に重要だと思うのですよ。「宗教と金」というだけでダークなイメージを持つ人は多いが、透明性がちゃんと担保されていて、それが教団なり寺院のために使われているとはっきり説明できるのであれば、お金を集めるのは全然悪いことではないと思います。拝観料をお寺の活動に使うのも、宗教の自主性を維持するためには極めて重要ですね。

佐分宗順　既成仏教は世俗的な意味でお金を欲しがりますが、宗教を守るために金が必要だ、と考えるお寺は少ないのですね、残念ながら。

佐藤　ところで、「国家を超える宗教」となると、国境を越えた普遍性は非常に重要になってきますよね。日本の仏教にとっての世界宗教性というのはどこにあるのでしょう?

洗　宗教も土着化しないと駄目だという問題と矛盾するようですが、本来、仏教は国家をはるかに超えて、世界性をもった原理の上に立っています。ただ、それが社会に定着していく過程では、民衆の持つ伝統的なものとの習合が起こらないと本当に定着しないという面を持っている。仏教のもつ世界性にまで、民衆を高める教育が出来ればいいのですが、なかなかそうはいかない。空間的広がりも東アジア、南アジアに限られる。

田中　ブッダの出発点は平和主義ですよね、仏教は平和主義の宗教だから、世界に広がる力が弱いのか…。

佐藤　平和主義を掲げても、キリスト教では神の平和とか言って、それはだいたい戦争を意味しますけどね（笑）。

佐分　人間の価値はカーストでは決まらないというお釈迦さまの教えはインドで定着しなかった。これは、やはりヒンドゥー教に負けたのですね。

佐藤　キリスト教でも、イエス・キリスト自身と同じく、自分はユダヤ教徒だと思っていたグループが負けて、ユダヤ人の間で基盤をもてなかったパウロ達のグループが世界伝道をして残った。それ以外のキリスト教は無くなったので、今、我々はパウロ派のキリスト教しか知らないのですよ。ところが聖書自体には、パウロ派と違うものが山ほど入っている。これらはパウロの言説によって整理されているキリスト教理解からすると矛盾する。だから18世紀の終わりから20世紀の初めまで、パウロを否定してイエスに帰れという運動があった。しかし、第一次世界大戦後には、宗教と戦争という問題意識もあって、パウロを再評価するという流れになる。カール・バルトなどを中心としてパウロの見直しが起きたわけです。

私も若い頃はパウロが大嫌いで、すごい反発を感じていたけれども、この歳になると非常にパウロに近づいてきました。学生の時には全く関心がなかった『使徒行伝』が面白くなりましたね。

田中　「戦争と宗教」の問題ではイスラム原理主義をどう考えるかというのも現代的問題ですね。

佐藤　戦術的に、イスラム教とあの過激なテロは関係ない、と世界中で言っていますが、やはり関係はあります。シーア派は脇に置くとして、スンニ派にはいくつか学派があり、ハナフィー法学派はトルコで強い。シャフィイー法学派の人々はインドネシアとか、ロシアの北コーカサス地方、チェチェンとかダゲスタンに住んでいる人々の間で影響力を持っている。３番目は、マリキ法学派、これはマグレブ、すなわちモロッコとかチェニジアとか、エジプトで強い。この3つの法学派はほとんどトラブルを起こさないのですね。トラブルを常に起こしているのは、4番目のハンバリー法学派で、これはアラビアに拠点を置いている。

彼らはコーランとハディース、ムハンマド伝承集しか認めない。墓も造らないし、先祖崇拝もなく、世の中との折り合いもつけない。アッラーは唯一の神だから、それに対応して地上ではシャリーアというイスラム法によって、唯一のカリフ帝国が支配する、ということをまじめに追求している。

私の理解が間違っていたら指摘してほしいのですが、仏教においては、人間は業を持っているから人間の存在を手放しで肯定的に扱うことはしないですね。キリスト教も「原罪」観がある。ユダヤ教は旧約聖書の物語を共有していて、原罪とは言わないにしても罪を非常に重いものと感じる。ところが、イスラムはそうした意識が希薄なのです。非常にストレートな人間観で、最後の審判も極めて簡単な算術的計算で悪事と善行を秤にかけて、少しでも善行の方が重ければ救われる。こういう比較的単純な救済観になっているので、人間が罪を持っている存在である、あるいは業を負っているという感覚がなく、自己批判原理が働きにくいと思います。

同志社は一神教学際研究センターをつくりましたが、本当にムスリムが信じている神と、キリスト教やユダヤ教の人たちが信じている神が同じものなのかといえば、これは相当違うのではないかと思っています。ユダヤ教とキリスト教はかなり重なるが、イスラム教となると簡単ではない。イスラム教の内在的な論理はかなりやっかいなものがある。社会的な状況からテロや戦争が起きる、社会問題が解決すれば対立は解決するというのは一昔前の唯物史観的図式で、これは全然違いますね。

イスラムの穏健派を通じて過激なグループに影響を与えるかたちで解決を目指すというようなことを語る宗教学者もいるけれども、実際には何が穏健派で何が過激派なんてことは、簡単には言えません。日本の仏教系私学は宗派ごとに経営母体が分かれていますね。キリスト教系も同志社の神学部は会衆派で、西南学院の神学部だとバプテスト派、上智だったらカトリックと分かれているけれども、イスラムの法学院は4学派一緒になって勉強するわけです。時代情勢の変化で、分かりやすい教えが強くなると、他の学派の連中もみんなハンバリーに引っ張られるのです。

田中　キリスト教世界が先んじて近代化を進め、遅れた中東、アフリカを支配して、国境も無理やりつくった。そのしわ寄せで混乱がうまれている、という議論がありますね。

佐藤　サイクス・ピコ協定ですね。しかし、イランやトルコの国境、イスラエルの国境は無理やり作られたものですが、彼らにはイスラエル人という感覚はあるし、それからトルコ人、イラン人にも明らかに国民意識があります。なんでアラブだけがあんなことになるのか。私はこんな仮説を立てています。

人権の対応語を日本人に聞いてもなかなか出てこないが、私は「神権」だと思うのですよ。すなわち神様の権利。日本の保守系の政治家が時々、天賦人権説は日本の国柄、日本の国体に合わないと言いますね。ある意味では正しいのかもしれない。というのは、神様が絶対的な力を持っていて、政治的な統治も神の全能を基礎としていた世界では、ガリレオやコペルニクスが出てきて後、神の存在に関わる形而上学は維持できなくなった。一方の人々は無神論の方向に行き、別の人たちは神は心のなかにいると考えた。心は座標軸上で表せないから、物理的世界と矛盾しない。しかし、そうなると神権の行き場所がなくなる。そこで、神権とは人権であり、人権こそ重要だ、天賦の人権を持つ市民が国家の主権者だという考えが生まれてくる。こうした人権の思想は近代化とともに広がって、イスラム世界においても程度の差はあれ共有されている。ところが、アラブ諸国ではエジプトを例外としてほとんど定着しなかった。その結果、２０１１年以降、「アラブの春」で民主的な選挙によって代表を選ぼうとしたら、民衆が神権を中心とするムスリム同胞団を支持する状況になった。民主的な手続きを取って、民主主義を認めない政権が成立するというパラドックスに陥る。エジプトではそれでは困るというので、軍事クーデターが起き、それを世界各国が支持するという状況です。他の国はもう大混乱で、リビアは東と西に政権が出来て内戦状態で、南のほうは誰も統治していない、訳が分からない感じになっている。西欧的な価値観とは別の価値観が支配している領域ということだと思うのです。

田中　ただ単に近代化が遅れたというような話ではなくて。

佐藤　遅れたというより、別の問題です。「イスラム国」にしてもある意味では超近代的で、一般の日本人よりもコンピューターを駆使するノウハウはあるかもしれない。

洗　確かにイスラムは独自の社会原理を持っていると思います。日本もキリスト教化したわけではないので、一神教の文化そのものではない原理が本来はあるはずだと思うのですが、歴史的に外から入ってくるものをどんどん受け入れる文化だったから、西洋社会と違う社会原理をもつ国にはならなかったのでしょう。

日本で初めて法律らしきものが出来たのは中国の制度を学んだ律令で、それを日本化していった。近代西欧法を受け入れた際も、やはり少し改変している。確かに人権という考えは日本の伝統の中にはありません。しかし、日本人はそれを外から入ってきた思想として大いに歓迎した。それを十分に定着させることができているかどうかといえば、人権感覚は日本人は非常に薄いと思います。しかし、やはり人権は大切だ、という理念はちゃんと存在するわけです。

佐藤 ただ、皮膚感覚で人権が分からないのでしょうね。例えば、「保育所落ちた日本死ね」。「死ね」という言葉遣いが公共圏の中で普通に流通するということへの違和感があまりない。それと一緒です。

先生のお話を伺って思ったのですけど、ヨーロッパの構成原理はユダヤ・キリスト教の一神教の伝統、すなわちヘブライズム、それからギリシャ古典哲学の影響、ヘレニズム、それからさらに、ローマ法の影響、ラテニズムという3つがあるわけですね。ところが東方正教会は、3番目のローマ法の影響が非常に希薄です。ローマ法は近代化の過程で国際法の基礎になり、国内法になる。民法などはローマ法そのものです。そうすると、東方正教会の圏内のロシア人と欧米の連中がなかなかコミュニケーション出来ないのは、法に対する考え方が違うからではないかと見ることができます。

ひるがえって日本をみると、東京大学のキャンパスは、オックスフォードでもケンブリッジでもなく、バーミンガム大学に似ていると思うのです。東大の基礎が作られた当時、世界において最も理科系が進んでいたのがバーミンガム大学です。そして、世界で一番最初に工学部ができたのは、東京大学なのですね。西欧では工学は総合大学の一学部じゃなかった。単科大学だったのです。外科が医学部に含まれてなかったのと同様です。

むろん東京大学にはそもそも神学部は存在せず、ヘブライズムの伝統はない。また、哲学部ではなくて、文学部哲学科だから、ヘレニズムの影響も非常に限定的ですね。ところが3番目のローマ法の伝統は、東京帝大、京都帝大ともに法学部という非常に力のある学部で受け継がれ、エリートが集まった。だから日本人は法的な議論は得意になり、外部世界と議論するときに、常に法を通じて議論するのですね。ヨーロッパ人からみると、日本人は一応、法律的な発想ができる文明人であるというわけです。ロシア人とはその点でかみ合わないのですね、法の発想はあまりないですから。しかしソ連時代でも、ユダヤ・キリスト教の伝統とギリシャ古典哲学の伝統がある。私が外交官でロシアを担当していて、人脈を比較的作ることができたのは、神学をやり、ギリシャ古典哲学も一応かじっていて、ロシア人との共通の教養をもっていたためではないかと思います。

田中　そろそろ最後の話題として、お二人ともかつては所属していた官僚社会についておうかがいしたいのですが、例えば福島原発事故への対応を見ていても、官僚たちには人権感覚があるのだろうかと感じることがありますね。

佐藤　それは役所によってずいぶん違うと思いますよ。

小さな政府という議論がありますが。小さな政府は「夜警国家」に近づきます。国家安全保障、外交、警察以外の業務は、官から民に移してゆく。そうなってくると国家は暴力的になってくるのです。だから官僚文化も暴力的になる。それと、文部科学省と外務省では、同じ中央官庁であっても官僚の感覚は相当違うと思います。

外務省で誤解されているのは、外国語を操って外国に住むのが長いので、リベラルな人たちが多いようなイメージがあることですね。これは完全な間違いで、あそこは極めて右翼的な役所で、発想も強権主義的です。しかも、比較的、国内法を無視する体質が強い。日常的に国際法をいじっていますが、国際法は最後は「力と力」ですからね。だからものすごく力の論理の信奉者が多いのです。ただ怖いことは嫌いだから、自分は体をかわすわけ。

あの人たちの人権感覚は極めて希薄ですね。例えば、環境省や厚生労働省などで、さまざまな問題を担当しているひとたちとはかなり違う。原発問題でいえば、環境省で原発を担当している人と、経産省、資源・エネルギー庁で担当している人は、果たして同じ国家公務員なのかというほどスタンスは違うと思いますよ。

田中　文化庁宗務課なども国家の暴力的論理から最もかけ離れたところにいる、と。

佐藤　これが厳しい状況に変わって、国家のイデオロギー統制の一翼を担うことになると、逆転して文科省が一番厳しいところになるでしょうね。

洗　戦時中も戦後も変わっていないのは、自分たちが宗教団体を守ってやっているという思いでしょう。守ってやっているのだから言うことを聞けと。

佐藤　一種のパターナリズムですね。外務省はその辺は希薄で、もっと乾いた感じです。愛想はいいが、腹の中で何を考えているのやら。

洗　私がいたのは40年前ですが、宗務課というところは国会会期中に議員の質問が来ることは稀なのです。でも待機しなければいけない。やることがないから呑んでる、ということはありましたね。

佐藤　その辺りの文化は共通してますね。僕の場合はソビエト連邦課にいるときは、それはもうとんでもない。「朝の4時から、今日は質問60問」とかいう状況でしたが、情報担当の部局に移ると、存在はしても、何もやっていない建前になっていて、CIAと接触していても会ってないことになっていますから、国会で質問も出てこないわけですよ。しかし、待機だけはかかるので、みんなでよく呑んでいましたよ。

洗　予算を持っているかどうかは大きな違いで、宗務課には補助金をつけるような業務がないですね。文科省でも宗務課は一番小さいところで、政教分離の原則に立って、本来、消極行政を旨とするのが伝統でした。

佐藤　介入してはいけないことになりますからね。

洗　それが宗教法人法改正以降、だいぶ介入するようになってきたのです。

佐分　京都仏教会では宗教法人法改正に反対して、備え付け書類の提出を拒否しています。罰則で過料がかかるが、それも払わない。

佐藤　そのうち拘留されますよ。

佐分　差し押さえを行うとは何度も言ってきますが、一向に差し押さえに来ないのです。来れば、裁判でも何でもやろうと思っているのですが。
佐藤　多分来ないでしょうね。面倒くさいので。
佐分　面倒なのですかね。国家がそんなことでいいのかな。最終的には来るのではないかと覚悟はしているのですが。
佐藤　個人資産を完全に無くしておくことですね。自己破産か何かをしておくのです、綺麗に。その場合は身柄をもっていって労役につかせます。いくらですか、過料は？
佐分　京都は5万円です。
佐藤　労役なら10日くらいで出てこれるのではないのですかね。ただ、担当の役人の立場で考えてみてください。差し押さえされる方はむしろラッキーで、不利益があれば裁判を起こせる。絶対に最高裁までやるに決まっているでしょう。どれだけの書類を書くことになるか。周りからも余計なことをして仕事を増やして、といわれる。それぐらいならば、皆見て見ぬふりをして、はい次の人に、とバトンタッチしますよ。
　もし国家権力が本当に何かやろうとするならば、公安警察を使います。幹部でちょっと浮いた噂がある人間、そういった者を3カ月、24時間、25人くらいのチームで追いかけるのですよ。そうしたら、どこか知られたくないところとか、何か恥ずかしい事が浮かび上がってくる。ここに愛人がいるとか、女性よりもむしろ男性に関心があるとか、そういうスキャンダルを、週刊誌などに流す。それで、とんでもない宗教団体だというイメージを作り、実は宗教法人法違反で書類も出していない、と2段階でやってくるわけです。むろん、そこまでやったら全面戦争になりますから、そんなには戦線を広げたりしないでしょうが。

佐分　古都税問題の時には、京都仏教会幹部で公安に跡をつけられた人もいるかもしれません。あの時にスキャンダルが出なかったというのは、われわれは本当にクリーンだった（笑）。

洗　宗務課にいた時に、一度、公安が話を聞きに来たことがありましたね。「え、いまだにそんなの調べてるの？」というような話で、天理本道や霊友会の話などをちょっと聞かせてくださいとね。依然として公安はそういう思想調査をやってるんだなと、思いました。

佐藤　宗教団体は調べていますよ。一昨年、「イスラム国」に渡航しようとした北大生が「私戦予備及び陰謀罪」の容疑で事情聴取されましたね。あれは西南戦争後にできた法律です。勝手に軍隊を作って、外国に攻めていかないようにするという。一度も適用されていないし、適用出来ないことは分かっているけれど、敢えて容疑をかけた。実際、あれは非常に危険な動きでしたからね。実はすでに数十人規模であちらに渡っているのです。1億2千7百万人の人口があれば、世の中の矛盾は一挙に武力で解決した方がいいという者が100人、200人いてもおかしくない。問題はメンター（指導者）で、彼らに思想を与える力のある人なのですね。だから宗教は危険なものだ、という見方は公安警察にある。思想自体を見ないとテロ活動の動機は分からないということで、近代的な人権感覚から外れ、内心にまで踏み込む調査をアメリカでもヨーロッパでも始めている。それが日本に及んでくる可能性はありますよね。

洗　それは危ない傾向ですね。

佐藤　危ないです。世論もそれを支持する危険性がありますから。

オウム真理教事件の時、キリスト教の方でも、これは刑事事件としてきちんと処理しなければならないが、オウムを含めその宗教自体を信じることを禁止する方向に走るのは大問題だ、という意見があったのですが、みんな怖くて言えなかったですよね。

洗　私も少し発言したのですが、オウムを擁護するかのように思われて、バッシングを受けますね。オウム新法も、10年間くらい監視するのは仕方ないでしょうが、報告書を出さなかったら合法的に集会所を借りることも禁止することができるし、集会そのものを禁止することができるというのは内心の規制そのものですね。これはやはりおかしなことです。

佐藤　破壊活動防止法をオウム真理教になぜ適用しなかったのか。これは革マル派にしても、中核派、赤軍派にしても同様で、破防法をかけて組織をバラバラにすると、逆に潜って掌握しにくくなるのですよね。例えば、過激派の機関誌だって第三種郵便物で認可していますよね。それで読者が掌握できるわけですよ、公安当局は。だからある程度の優遇措置などを宗教団体に認める方が、取り締まり易いという現場の発想があると思うのですよ。内心の自由、宗教団体の結社権までは侵害してはいけない、と一応理由はつけて。近代的な人権基準は守っているような素振りはするのですが、その方が監視し易いということです。

田中　カルトや過激派だけでなく、気がつかないうちに、国家による思想や信仰の管理が我々一般市民に対しても進んでいるかも知れませんね。

どうもありがとうございました。

解題　〈宗教と国家〉を読み解く

——龍谷大学教授　田中　滋

1　はじめに

現代における宗教批判はしばしばセンセーショナルなものとなり、宗教の側からの反論を一切許さないかのような世論がしばしば形成されてしまう。しかもマスメディアによる批判やそれに呼応・便乗した行政による法改正の動きなどには、憲法上の大原則である「信教の自由」を侵害したり、「政教分離の原則」を踏みにじるようなものすらある。宗教者は、それらの是非を適確に判断し、ときには毅然として反論しなければならない。しかし、現実は必ずしもそうではなく、むしろそれらの批判に萎縮し、また改悪された法を甘受しているかのようである。

そこには、「信教の自由」（＝宗教の自由、宗教実践の自由）［本書236頁］や「政教分離の原則」（＝国家と宗教の分離）の意味が日本にはまだ定着していない、あるいは宗教をめぐる現代の複雑な政治・社会状況を理解することが困難であるといった問題がある。本書は、こうした状況からの脱却を一つの大きな目的として企画された。

2　〈宗教と世俗〉の論理―差異を認識する

「信教の自由」や「政教分離の原則」の意味を再確認するためには、まずは〈宗教と世俗〉という二つの原理あるいは論理の違いを理解する必要がある。

かつて宗教は、法律であり、科学であり、文化であり、国家であり、そして暴力（戦争遂行や刑罰）をも独占するという絶対的な存在であった。言い換えれば、法律も、科学も、国家も、そして暴力の形態すらもが宗教に彩られていた。そこでは当然のことながら世俗世界は宗教から独立してはおらず、宗教内部での対立はあったとしても、世俗世界から宗教それ自体が断罪されるということはなかった。

ところが、世俗が宗教を凌駕した近代社会においては、人々は世俗の論理にもとづいて行動し、かつてのように宗教を絶対視するどころか、ときには敬意すら払わなくなる。そこでは宗教の原理は容易には理解されず、宗教が問題とされる状況が生まれたとき、それはもっぱら世俗の論理によって解釈・評価され、時には断罪されることになる。

世俗とは何か？

宗教と対比される世俗についてわれわれはあまり自覚的には考えず、それが一体何であるのかを必ずしも理解していない。しかし、われわれの日常を振り返り、その日常が何によって成り立っているのかを考えれば、世俗というものを理解することができる。たとえば、通勤を思い浮かべてみよう。電車に乗るにはお金が要るし（貨幣）、電車で隣り合わせた人のイヤホンの音漏れを注意すると暴力沙汰になるかもしれないし（暴力）、だからと言って先手を取ることは当然許されない（法律）。さりとて気ままな自動車通勤は自粛が求められている（環境）。このように、われわれの日常は、貨幣（市場経済）、法律、暴力、科学、環境等々といった論理あるいは原理によって、さらにはそれらの論理や原理を調整しコントロールする国家によって構成されている。これら全体が世俗と呼ばれるものである。

近代社会において宗教は世俗の論理によって解釈・評価され、時には断罪されると述べるとき、それは、具体的には、貨幣（市場経済）、法律、暴力、科学、環境、国家等々の論理や原理によって解釈・評価され、断罪されるということなのである。たとえば、宗教団体に多額のお布施を納めた人がその後その返還を求め、宗教団体がそれに応じないといったことがある。そうした場合に、宗教への入信をクーリングオフ制度の下での商品購入（貨幣＝市場経済の論理）と同一視して宗教団体を非難するのはやはり問題である。

お布施には、「物欲を断ち切らせる意味がもともと込められて」［本書149頁］おり、「自分としては精一杯のものを出させる」ことによって、「財施（お布施）に信者の『行』としての意味を与えてきた」［本書149頁―括弧内引用者］。これが宗教の原理の下でのお布施なのである。

宗教の特性―新しい価値の創造

では、宗教は世俗の多様な論理や原理とどう違うのであろうか。両者の違いについては多様な角度から論じることができるであろうが、本書の論点と関わる一点に絞って論じよう。

世俗世界を動かしている貨幣、法律、暴力、科学、環境、国家等々のそれぞれの論理は本来は単純明快である。ただ、それらが相互に、そしてまた後述するように宗教と結びつくことによって複雑な社会を生み出しているだけなのである。

これに対して宗教の原理はそれらの世俗の論理とは異なり、その発想は多様であり、それゆえに世俗世界が生み出しえないものを生み出す可能性を秘めている。

教祖的人物の宗教体験を出発点とする創唱宗教では、従来その社会に無かったような新たな世界観、価値観、つまり世界の中で人間がどういう存在であってどう生きるのが正しいのかという新たなものの見方が提供される。そして新たな価値観が社会に広がってくると、これが歴史を変革してゆく力となる。非常に大きな形で、人類史の展開に宗教は深く関わって来た［本書192頁］。

たとえば、信教の自由を根拠づける「人権」の思想、近代社会の基盤をなす「人権」の思想を生み出したのはイギリスのピューリタンである。

「信教の自由」を歴史上初めて主張するのはイギリスで生まれたピューリタン達です。ピューリタン革命の時に彼らは自分たちの信仰の権利は、国王の法には書いてないが、「神の法」に書かれている。これは人間としての権利である、国家を超えた人権だと主張する。人権という言葉の使い方も彼らに始まる［本書36頁］。

世俗化・近代化と〈行為〉の論理

宗教が圧倒的な力をもった世界では、神や仏といった〈超越的な存在〉が、その〈存在〉自体において崇高なものと考えられ、人々の〈行為〉をほぼ自動的に決定している。言い換えれば、〈存在〉の原理が〈行為〉の論理に対して優越している。

これに対して、近代の世俗世界では、市場経済活動がその典型であるように、「個々人が多様な選択可能性の中からある行為を自由に選択し遂行する」ことを当然のこととする〈行為〉の論理、すなわち「自由な行為選択・遂行」の論理が社会の中心に位置づけられている。そして、その〈行為〉の論理の下では、すべての〈存在〉、すなわちモノや人間、さらには神や仏などの〈超越的な存在〉を含めたすべての〈存在〉が〈行為〉の手段に貶められてしまう可能性が生まれる。これは、〈存在〉の原理の下では、神や仏などの〈超越的な存在〉によってその他の〈存在〉の意味（聖俗、正負、要不要など）がすでに与えられており、別の目的のためにそれらを新たに手段化することが容易でないのと対照的である。

「世俗化」とは世俗の論理が宗教の原理を凌駕することであり、それは、〈行為〉の論理が〈存在〉の原理を凌駕していくという大きな歴史的変動の核心的な現象である。

また、〈前近代―近代〉という歴史的な対比も、同じく〈存在―行為〉という枠組みによって捉え直すことができる。たとえば、人というカテゴリーの場合で言うならば、近代社会においては、人々は、人が何者（身分・家柄や性別など）であるのかではなく、その人が何をするのか、何をできるのかによって人を評価する。社会学の用語を用いるならば、前近代の身分制度に代表される「属性主義」（＝存在の原理）が近代においては弱まり、近代社会では「業績主義」（＝行為の論理）が当然のこととされるようになる。すなわち、前近代から近代への移行を意味する「近代化」も、やはり〈行為〉の論理が〈存在〉の原理を凌駕していく過程であると読み換えることができる。

前近代において優越していた宗教（＝存在の原理）は、近代においては、世俗（＝行為の論理）によって圧倒されていくのである。

以上を踏まえて言えば、行為の論理の優越した近代社会においては、宗教は存在の原理だけに依拠することが困難になる。それどころか世俗化・近代化の進行に伴って宗教は行為の論理にコミットすること、単純化して言えば、活動的であることが求められるようになる。従来はキリスト教（カトリック）において禁じられていた利得を得ることを是認し、予定説の下で天職に邁進するカルヴァン派プロテスタントの台頭は、まさに宗教（キリスト教）に対する行為の論理からの圧力を象徴する現象であると言うこともできよう。

脱魔術化と「儀礼非宗教論」、「拝観非宗教論」

M・ウェーバーは、近代化過程を説明する際に、「合理化」と「脱魔術化」という二つの概念を用いている。これら二つの概念は、従来は置き換え可能な概念としてほとんど同一視されてきた。しかし、先にに述べたように、近代化過程を存在の原理から行為の論理への移行として捉えた場合、「合理化」は「行為の論理の中心化・優越化」にほぼ対応し、「脱魔術化」は「存在の原理からの離脱」を意味するという形で、両者を明確に区別して理解することができる(1)。

存在の原理が優越する時代には、美しいもの、豪華なもの、大きなもの等々が神や仏などの〈超越的な存在〉を象徴する存在として競い合うかのように作られた。たとえば極彩色の寺院、光輝く金堂、聳え立つ多重塔や大聖堂、華麗なステンドグラスなどであり、それらを人々にスペクタクルとして提示することが宗教上重要であった。人々は、それらを通して神や仏などの〈超越的な存在〉の偉大さを知ったのである。まさに存在の原理の優越である。

しかし、近代化の進展に伴って宗教も行為の論理にコミットするようになると、これらの象徴的存在は徐々に宗教的な意味をもたなくなり、人々は最後にはそれらを文化財としてしか見なくなっていく。

> チューリッヒの宗教改革はまずカトリックがもっている教会のステンドグラスなどの色んな装飾を壊すところから始まっているんですね［座談会での洗先生の発言―本書では割愛］。

そうすると、宗教改革における教会のステンドグラスの破壊のように、神や仏などの〈超越的な存在〉を象徴するはずの美しいもの、豪華なもの、大きなものなどを否定するのは、宗教自身の脱魔術化＝存在の原理からの後退を象徴する出来事であると言えよう。

このような脱魔術化＝脱存在化の拡がりは、宗教それ自体と、美しく豪華なもの（存在）によって彩られた宗教的象徴空間やそこで行なわれる儀式・儀礼とを切り離して考える発想を生み出していく。

そして、こうした発想は、戦後の日本に事例を求めるならば、「地鎮祭のようなものは社会的儀礼に過ぎないのであって、これを行ったからといって、特に神社神道を援助、助長、促進するような事にはならない」［本書146頁］とみなす「儀礼非宗教論」（津地鎮祭訴訟の最高裁判決）や宗教的象徴空間を構成する仏像や伽藍あるいは庭園を美術的価値をもつ文化財と見なし、拝観料への課税を認めた「拝観非宗教論」（古都税訴訟の地裁判決）に見出すことができる。

しかし、地鎮祭や寺院拝観はやはり宗教行為なのである。「近現代の日本人が考える『宗教』は、ともすれば教養の側面に偏り、儀礼とかその他の側面を軽視しがち」であり、それは「改める必要」［本書145頁］がある。

3　〈宗教と国家〉の結合とその分離

〈宗教と世俗〉の結合

近代社会においては宗教に対する世俗の優位は疑いえないものとなっているが、宗教がすべてを支配していた時代から現代の世俗優位の時代へと至る歴史において宗教はひたすら弱体化していったわけでは決してない。宗教は、市場経済（貨幣）などの世俗の論理と結びついて歴史を動

（1）　合理化と脱魔術化とを相互に置き換えることはできない概念、異なる概念として捉えることは、近代社会における「再魔術化」（後述）という現象を理論的に説明する可能性を与えてくれる。また、「合理化（rationalization）」と「行為の論理の中心化・優越化」との違いは、前者が理性信仰を背後にもつ概念であるのに対して、後者は、そうした前提をもたない概念であるというところにある。合理化の果ての「再魔術化」という欧米系の研究者たちの驚きは「合理化」概念がもつ理性主義というバイアスに由来している。

かす大きな力を振るってきた。

たとえば、ユグノー（フランスのプロテスタント）は、みずからの市場経済活動を基盤とする豊かな経済力を背景にカトリックと長期にわたる宗教戦争を繰り広げ、ユグノーにもカトリックと同等の権利を認める「ナントの勅令」（1598）を引き出し、またその廃止（「フォンテーヌブローの勅令」1685）後にはオランダやイギリスに亡命することによってフランス経済を衰退へと導くという甚大な影響を歴史に及ぼしている。すなわち、ユグノーは、市場経済（貨幣）と手を結ぶことによって経済力を手に入れ、また武力＝暴力（貴族）とも手を結び、みずからに有利な勅令を勝ち取ったのである。そして、その有利な勅令が廃止されるや、市場経済（貨幣）とともにイギリスやオランダに亡命し、フランス経済を衰退させたのである。

宗教と国家の結合―神権政治と国教制

世俗の論理との結合の中でも、宗教と国家との結びつきは歴史的にもっとも重要な結合の一つである。その強固な結びつきの近代以降における典型と言えるのが神権政治（テオクラシー）である。カルヴァンはジュネーブで30年近く神権政治をおこない、人々には聖書の教えに厳格に従うことを求め、異端者には厳罰で対処している。

神権政治ほどではないにしろ、宗教と国家とが強く結びついた政治体制が「国教制」である。国家がある特定の宗教をその国家の公式の宗教とする政治体制である。

宗教改革以後のヨーロッパ世界では、カトリックとプロテスタントがそれぞれに台頭しつつあった商人や政治権力の獲得を競い合う貴族とまさに複雑な関係を結ぶことによって歴史が展開していった。そして、ヨーロッパ全域を巻き込んだ宗教戦争の果てに、ヨーロッパはカトリックかプロテスタントかのいずれかの国にほぼ色分けされていき、プロテスタント諸国においては国教制が採用されていった。

国教制度のはじまりを作ったのはルターですね。世俗の側面では国王に、精神的な側面では教会に、国民を両面から統治する権限が神から与えられている。そして国の教会については国王や君主が決めるべきだというのがルターの考え方で、領邦教会制といわれます［本書30頁］。

「ルター派教会が広がっていた北欧地域ではデンマーク、スウェーデン、ノルウェーなど今でも国教制」が維持されており［本書31頁］、教会税も形を変えながらも残ってきた。

スウェーデンではかつては国教会の教会税が徴収されていましたが、信教の自由が認められてから非信徒は教会税を納める必要はなくなった。しかしその後も、２０００年に制度が変わるまで、スウェーデンの国教会は住民登録管理を担当していました。そのため、非信者も行政活動の費用に相当する額を教会に税金として納めなければならなかった［本書121頁］。

「政教分離の原則」の形成―宗教と国家の強結合の解体

宗教が強い影響力をもった社会においては、宗教は、異端者に対してばかりではなく、世俗の論理に対してもしばしば抑圧的なものとなってきた。また、それらの宗教に先導された国家間での敵対・抗争が、すでに述べたようにヨーロッパの近世において繰り返されてきた。そうした状況の下で、人権思想を基盤としつつ抗争・闘争を回避する思想として生まれたのが「政教分離の原則」である。

> そもそも政教分離制度とは、国が宗教に介入しない代わりに援助もしないということです。国が宗教を保護する制度は政教分離違反になります。（中略）政教分離とは結局、ノーサポートであるからノーコントロールで、何の援助もしない、保護もしないから、コントロールもしない、統制もしないということがセットになります。サポートされることを望めばコントロールされることも受けざるを得ない［本書220―221頁―強調点引用者］。

「ノーサポート、ノーコントロール」、これが政教分離の原則の意味なのである。だから、政教分離の名の下に宗教は政治的な発言や活動をすべきではないという主張は、まさにとんでもない誤解であるということになる。「宗教が公共の場で発言をすることを禁じられるようなことはない。どんどん発言していけばいい」［本書200頁］のである。

4　国家神道体制下の宗教―近代における再魔術化の一形態

再魔術化する近代世界

世俗化の進行した社会では、〈行為〉の論理が〈存在〉の原理を圧倒している。人々は身分制度や厳格な家族制度あるいは男尊女卑などの前近代的な桎梏から解放されている。言い換えれば、身分の高低や家族内の序列、あるいは男であるか女であるといった存在の原理から解放されており、自由に各自の行為を遂行することができる。まさに近代は行為の時代なのである。

しかし、人々のそれぞれに自由な行為の積み重ねは、思わぬ結果をも生み出す。たとえば、国民の幸福を追求するはずの〈近代国民国家〉が〈超越的な存在〉となって人々に排他的なナショナリズムを喚起し、また生産と消費の媒介手段であるはずの〈貨幣〉が他のすべてに〈超越する存在〉となっていくという現象が生み出される。

他国民を差別・排除し、他方で自国民の反体制的な活動を非難・封殺しようとする排他的なナショナリズムの形成は、人々にとって〈国家〉が新たな〈超越的な存在〉として立ち現れてきていることを明らかに証拠づけている。マルクスは宗教を「阿片」に擬えた（科学による宗教批判）が、国家も〈超越的な存在〉として「阿片」となりうるのである。二十世紀末の社会主義国崩壊の大きな原因は、ソルジェニーツィンの『収容所列島』に象徴されているように、国家が人々の上に君臨し抑圧する超越的な存在となりうることを人々が十分に理解していなかったことにある。

また、貨幣という〈存在〉も、マルクスがその「物神化」（＝貨幣の〈超越的な存在〉への変貌）を指摘したように、その獲得へと人々を駆り立て、その果てに、21世紀には全世界を巻き込む形で貨幣万能で人を人とも思わぬ新自由主義経済体制を生み出した。

近代化の過程において、世俗の論理は宗教の原理を排除し、M・ウェーバーが指摘しているように、世界を「脱魔術化」させたかに見えたが、20世紀には国家が、そして20世紀末から21世紀初頭には貨幣が、世界を「再魔術化」させ、悲惨な戦争や甚だしい貧富の格差を生み出していったのである。

近代社会に生きる人々は、〈超越的な存在〉の奴隷となっているということを意識することなく、いつの間にか国家や貨幣の奴隷となっているのである。

ナショナリゼーションとは？

近代以前における宗教と国家の強結合の典型は「民族宗教」を基盤とした宗教国家であるが、日本の国家神道体制は、まさにそうした国家形態・政治体制を近代に再現させたものであり、近代における狂気に彩られた再魔術化の一形態であると言えよう。

この国家神道体制について語る前提として、「ナショナリゼーション」という現象について説明しておこう。

現在、恐ろしい勢いで進行しているのが、人やモノ、貨幣、情報、さらには武器（暴力）などが地球規模（world-wide）で自由に移動するようになるグローバリゼーション（globalization）である。そのグローバリゼーションが話題となり始めた当初、よく取り上げられたのが世界各地域の文化の均質化である。モスクワの社会主義を象徴する「赤の広場」にアメリカ＝資本主義を象徴するマクドナルドが出店したといった話しは、そうした文化の均質化を象徴するものであった。また一方では、北の先進国と南の発展途上国との間の格差、いわゆる南北問題が地球規模での大きな問題として語られていた。グローバリゼーションは、経済や文化などの各側面において世界を〈均質化〉させると同時に〈差異化〉させていく現象なのである。

　このグローバリゼーションと酷似した現象が、近代において形成された国民国家内部でも起こっていた。人やモノ、貨幣、情報が全国規模（nation-wide）で自由に移動するようになる「ナショナリゼーション（nationalization）」である。

　ナショナリゼーション（国民国家化）とは、人やモノ、貨幣、情報を〈全国規模〉で自由に移動させることを通して、国民国家内部の人、モノ、貨幣、法律・制度、文化・情報などほとんどすべてのものをその国民国家のものあるいは固有のものとすることであり、その過程において国民国家内部のすべてのものを〈均質化〉させると同時に〈差異化〉させることである。このナショナリゼーションが進行すると、国民統合が進むと同時に、国民国家は機能特化した各部分によって構成される有機体的な存在となる。その結果として、国民は豊かになり、国家も経済力や軍事力をもった立派な国家となると考えられた[2]。

〈創られた伝統〉としての国家神道

江戸時代の復古神道にルーツをもつ国家神道体制は、その最後には国家がありとあらゆるものを呑み込み戦争へと駆り立てていった政治体制である。その形成プロセスにおいては、先進諸国（キリスト教圏の国々）や既成仏教との関係において紆余曲折を経たものの、明治中期の「神社非宗教論」［本書62―64頁］という特異な論理の形成によって国家神道体制は成立する。

この日本固有の政治体制（万邦無比の「国体」）の確立へ向けて〈均質化〉と〈差異化〉が宗教をめぐっても展開した。

（一）特定宗教（神社神道）への中心性付与と他の宗教の排除・弾圧という〈差異化〉

（二）天皇の神格化による国民の〈均質化（天皇の赤子）〉を通しての統合

> 世界には民主制、君主制などさまざまな国家体制があるが、君主制も人間が人間を統治しているのであって、神が直接統治する国は世界中見渡しても日本以外にない。天皇は神であり、国民・臣民は天皇の赤子で、一家のようなものだ。このような天皇が直接統治している日本の国土は、神州、神の国である。これは万邦無比の国体である、という思想ですね［本書71頁］。

この「国体の思想」は、「家族国家観」［本書73頁］にもとづいており、そこに見られるのは、まさに血や家族という〈存在〉の原理である。近代において国家が新たな〈超越的な存在〉として立ち現れるという「再魔術化」の現象が、日本においては天皇が「生き神」となるというかたちで、この血や家族という存在の原理を中心軸として展開したのである。

この血や家族という存在の原理は、「ずっと血がつながっている」という「タテの関係」を「一つの理念、モデル」とする神道にそのルーツを求めることができる。日本においては、「タテの社会のつながりというのが社会秩序を構成する基本」となっている［本書67頁］。そして、日本では仏教ですらも日本社会の根底にあるこの神道的なものを払拭することはできなかったという。

仏教伝来後、日本は仏教国になったが、仏教の基本理念の「無常無我」は一番根本的なところまでは届かず、枠組みも神道的なものが変わらないままで、仏教はそこに非常に豊かな色彩を持ち込んだだけの関係ではないか、というのが私の見方です［本書67頁］。

ナショナリゼーションという過程は、均質化を押し進めることによって国民統合を図るという一面をもつがゆえに、国民を規制・拘束するという側面をもっている。これは、どのような近代

（2） ナショナリゼーションと宗教の関係については、田中滋「宗教への交錯するまなざし—新自由主義経済体制下の宗教」京都仏教会監修／洗建・田中滋編『国家と宗教—宗教から見る近現代日本』法藏館（537—621頁）を参照。

国家の場合でも当てはまることであるが、日本にタテの社会のつながりを重視するという文化（存在の原理）があり、それが天皇とその赤子という形をとったがゆえに、戦前日本における均質化は他国のそれと比べてより強化された可能性がある。

それゆえに、国家神道という宗教を中心軸として展開した戦前日本のナショナリゼーションは、国家を〈超越的な存在＝神国日本〉とみなす再魔術化を引き起こし、国民を豊かにするどころか、「お国のため」という掛け声の下に若者を人間兵器（特攻や人間魚雷など）と化し死に追いやるという悲惨な結末、非人道的な結末を迎えることになる。宗教と国家が強結合することによって、国民は、そうとは自覚することなく、再魔術化された国家のいわば奴隷、言い換えれば歪んだナショナリズムの奴隷となっていたのである。

そして、仏教もキリスト教もそうした国家の暴走を止めることができないどころか、その翼賛体制の一翼を担ったのである［本書99―104頁］。

5　戦後の宗教法人法と宗務課問題

宗教法人法とは？

「団体を法律上の人格として扱う『法人』の考え方」は「西欧近代法」にともなって持ち込まれた考え方であり［本書97頁］、法人化することによって、団体は法人（legal person）として普通の人（自然人 natural person）と同じように法律上の権利義務をもつ主体として社会で活動できるようになる。たとえば、財産を保有し契約を結ぶことができるようになる。

世俗化が進んだ社会においては、法律上は宗教団体も他の団体と対等な一団体に過ぎない。宗教法人法は、営利企業が法人格を取得して取引活動などを行なうことができるのと同じように、宗教団体が法人格を取得し、たとえば購入した土地の名義をその宗教団体名義で登記できるようにするためだけの法律である。基本はそれだけであり、「法人を設立し、規則の改正を行うのは宗教法人自身の権限」［本書173頁］なのである。

宗教法人の「認証」と宗務課問題

宗教法人の設立やその規則の改正は、宗教法人の権限である。だから、「所轄庁、行政の許可や認可は必要なものではない」［本書173頁］。しかし、戦後すぐの歴史的経緯から、宗教法人の設立は「自由設立（届出）」制度ではなく、「認証」制度の下で行なわれている［本書125頁］。

しかし、その「認証」は、宗教法人法の精神からすれば、「法の規定に違反していないかどうかの確認を求めるだけ」のものであり、「宗教法人法は、本来、政教分離を徹底するため、あくまで受け身の行政を前提として」いる［本書173頁］。

宗務行政は消極行政を旨とする―これは宗務課でずっと考えられてきたことです。出来るだけ宗教に立ち入らない、関わらない。それが宗務行政のあり方として正しい、とする考えは、戦後の宗務課で形成された認識で、それがずっと伝承されてきていたのは事実です

〔本書127頁〕。

しかし、官僚の立場からすれば、「他の部局から新任の課長が来ると、すごく戸惑うわけです。『何もしないのがいいという課で何をすればいいのか』」〔本書127頁〕ということになる。そして、「予算を取るということが役人の世界では仕事ができることと同義だという風に考えられて」〔本書20頁〕いるので、宗教法人対象の啓蒙活動（宗教法人実務研修会）などといった「経常予算を獲得してきた人は名課長として名を残す」〔同右〕ことにもなる。

宗務課は、このように受け身の消極行政からの脱却を潜在的に願望していた。そうした願望を実現する機会を与えたのがオウム真理教の地下鉄サリン事件であり、それに続く宗教法人法改正である。

オウム真理教は東京都所轄の単立法人だったが、本部は山梨県の上九一色村にあり、そこでサリンを製造していた。そうなると、「所轄庁は事実を把握したり、指導したりすることが出来ないではないか。このように宗教法人を野放しにしていいのか」と国会で質問が出たのがきっかけで改正論が一気に台頭したと思います。そうして、宗務行政が消極行政、受け身の行政であることにいらだち、「悪い宗教がいっぱいあるが、それに対して自分たちは何もできないじゃないか」と不満を持っていた行政の連中が、国会での動きに乗じて宗教法人法の改正に持って行ったものです〔本書162―163頁〕。

認証の引き延ばし──これはもはや立派な宗教弾圧だ！

宗教法人法の改正の頃から目立ってきた傾向が、「書類受理を延々と引き延ばすことによって、実質的に認証を遅らせ、行政がこれは良くない宗教だって思うものを法人化するのを諦めさせるというやり方」［本書176頁］である。

引き延ばしは「3年ルール」などと呼ばれますが、宗教法人法で、申請から3ヵ月以内に認証に関する決定をしなくてはいけないと定めた精神から考えれば、3年間引き伸ばすことが合法だなどとはとても言えない［本書176－177頁］。

これは、実質上、「所轄庁が『良い宗教』と『悪い宗教』を振り分ける」［本書177頁］のに等しく、行政裁量の域を越えて、もはや立派な宗教弾圧だと言えよう。東京都の担当官は、ある雑誌の取材で驚くべき発言をしている。

「(審査基準を低くしたら) 反社会的な団体が宗教団体を装って潜り込んでくる可能性がある」などと語っていまして、「相当な数」の設立認証の相談があるが、「実際に認証するのは年間数件だけだ」と得意気に言っているのですね［本書178頁］。

宗教法人の「認証」＝「公認」宗教化？

宗教法人として「認証」されることとは、戦前のような「公認宗教」となることではないが、人々はそれを公認宗教のようなものとして受け止める。これは、国家神道体制の深化という形で、戦前において、国民国家内部の人、モノ、貨幣、法・制度、文化・情報などほとんどすべてのものをその国民国家固有のものとするところのナショナリゼーションが過剰なまでに進行した結果である。さらに言えば、そうしたナショナリゼーションの深化ゆえに、社会における国家の比重が不必要なまでに増大し、その「お墨付き」が過度に重視されるようになった結果であると言えよう。ほとんどすべての分野において、国立は県立・市立や私立よりも権威があり、信頼できると今でも考えられている。

こうして、「戦後の宗教法人法では、法人になるかならないかは自由」であるにも拘わらず、宗教団体には、宗教法人に「ならないといけないような感覚」があり［本書106頁］、一方、マスメディアも、「所轄庁が宗教団体をコントロールするものだという誤解」をもっており、「宗教団体が何か問題が起こすと、所轄庁は何しているんだという批判」［本書182頁］を展開する。

そして、マスメディアのこうした論調に対して、官僚たちは、「権限を持って何とかしたいという思い」をもち、「その延長線上で、完全に法律に違反して認証を3年もだらだら引き延ばすルールができた」［本書182頁］ということである。ここには、宗教法人法の精神とはかけ離れた形でまさに奇妙な悪循環が生まれているのである。

しかし、宗務課の願望は宗教法人法の改正で果たされたわけではない。彼らが目指すのは、宗教法人の設立を、「認証」ではなく「許可」にし、宗教法人に対して行政解散ができるようにすることであるという。

私が宗務行政のOBたちの考えとして聞いているのは、あと残っているのは「認証」制度を変えて「認可」にすること、裁判所が解散命令を出すことを変えて、行政解散ができるようにすることだ、という話です。そうなると完全に行政庁が宗教をコントロールすることができる［本書173頁］。

省有化―ナショナリゼーションの小型版

しかし、なぜ宗務課はこのような願望をもつのであろうか。一つには、先に述べたように、「認証」しか仕事がなく、本来なら存在する必要すらない部署を作ってしまったという歴史に由来する宗務課特有の矛盾自体が、二つには、どのような省庁であれ、省庁はその所管する人や組織をみずからのクライアントとして取り込もうとする傾向をもつことがこうした願望を生むのであろう。

後者は、先に述べたナショナリゼーションの省庁版・小型版である「省有化」が惹起する願望である。省庁は、「その省庁に関係するすべての人・組織、モノ、文化・情報などのほとんどすべてをその省庁の所管とし、なおかつその省庁にとって好都合なものにしようとする」わけである。私は、これをナショナリゼーションの訳語の一つである「国有化」をもじって「省有化」と呼んでいる。日本の〈官僚―族議員―利益団体〉という系列の下に生まれる利権構造＝癒着構造は、まさにこの「省有化」のメカニズムによって生まれる。

この省有化は、近代国家において大なり小なり起こる現象であり、省庁同士がそのテリトリーを争うセクショナリズムや省有化の結果生まれる癒着構造は日本だけの現象ではない。しかし、日本におけるナショナリゼーションがタテ社会の論理によって強固なものとなっているとするならば、日本における省有化もやはりタテ社会の論理によってより強固なものとなっていると言えるかもしれない。

「裁判は行政が勝たなければいけないという、妙な伝統みたいなもの」［本書181頁］が日本にあるのは、まさにパトロンとしての省庁が、そのクライアントを構成員とするタテ社会のつながりの頂点にいなければならないという意識が働いているからであろう。

また、福島の原発事故で話題となった「原発村」は、旧通産省（現・経済産業省）の下に「省有化」された人や組織、それゆえに異を唱えることを忘れてしまった人や組織が生み出した非常に閉鎖的な組織であり、まさにその閉鎖性が悲惨な原発事故の大きな原因となったのである。

監督系省庁と省有化

もう一つ注意しなければならないのは、宗務課という部署の特徴である。省庁はさまざまな角度から分類することができるが、その分類の一つとして、事業系省庁か監督系省庁かというものがある。

前者は、主に直轄費や補助金によってクライアントをコントロールし省有化しようとするが、後者は、規制を強化したり複雑化することによってクライアントをコントロールし省有化しようとする。道路やダムなどの建設に携わる旧建設省（現・国土交通省）などは事業系省庁の典型であるが、宗務課は監督系に入る。その宗務課が認証を許可に変え、行政解散の権限を手に入れようとしているとするならば、それは、監督系省庁の官僚の立場からすれば至極当然な願望なのかもしれない―たとえそれが信教の自由や政教分離の原則に反するものであったとしても。しかし、それは決して許されることではない。

宗務課は、認証を許可に変え、行政解散の権限を手に入れることによって、「完全」に「宗教をコントロールする」［本書173頁］ことができるようになる。このように省有化を進めるという動機に駆られて行なわれる法改正は、省庁に関係する人や組織をそのクライアントとし、またそれらに対するコントロール可能性を高める方向で行なわれるのである。

宗教法人法改正と法律の個別志向性

江戸時代の法度（法律）は、「非常に個別的で、体系的でない」。それは、当時の社会では、個別のものを重視する〈存在〉の原理が一般性や論理整合性を重視する〈行為〉の論理に勝っているからである。

江戸時代の法律は、幕府が個別の細かい事柄について幕府の命令として出すかたちですね。寺院法度も、例えば浅草寺に対して「お前のところの本寺は上野の寛永寺にするから本寺のいうことを良く聞け」などという命令として出している。非常に個別的であって、体系的ではなかった［本書82頁］。

存在の原理の優越の下では、法律は個別性（＝個々の〈存在〉）に引きずられ、すべての人やモノに適用可能な普遍的な体系性を獲得することが困難である。言い換えれば、一般化・普遍化や論理整合性への志向性が働きにくい。たとえば、江戸時代、侍が町人を殺すのとその逆とでは、その社会的な重大性が異なり当然処罰も異なってくる。侍であるか町人であるかという〈存在（身分）〉上での差異・区別が決定的に重要なのである。しかし、これでは刑法が万人に普遍的に適用される体系性を獲得していくことは困難である。

「合法的支配」とは異なり、存在の原理の優越の下にある「伝統的支配」においては、「形式的な法」が存在しない。そのため、ウェーバーの言葉を借りるならば、「法的には非形式的で非合理的な・個々のケースについての衡平や正義の見地にしたがって、しかも『人のいかんをも考慮に入れて』」統治が行われるのである。[3]「伝統的支配」はまさに〈存在〉の原理にもとづいている。

これに対して、宗教改革や市民革命を経て日本よりも早く〈行為〉の論理が〈存在〉の原理に優越するようになった西欧では、〈行為〉の論理の優越の下で、行為と行為を関係づける一般化・普遍化可能なルール（形式的な法）が重視されるようになる。そのルールは、それが適用されるのが具体的に誰であるのか（存在の原理）によって左右されにくいものとして作り出され、それゆえに論理整合的な体系性を獲得していくことができる。

しかし、行為の論理の下に形成された近代法もその適用過程や改正過程において存在の原理に引きずられることがある。行為の論理が存在の原理によって侵食される、言い換えれば、個別性によって法律の一般性・普遍性あるいはその根本原理が侵食されることがある。

法律に対する存在の原理の不当な介入は、法律の適用場面においては、ごく普通に見られる。アメリカにおいて、たとえば万引きをした少年が白人か黒人であるのかによって、言い換えれば、白人か黒人かという存在の原理が介在することによって、警察での処遇が異なってくる場合があるというのはよく知られた事実である。

また、オウム真理教の地下鉄サリン事件を契機とする宗教法人法の改正は、法律の改正過程における存在の原理による侵食の一つの悪しき事例である。

宗教法人法は、宗教団体に法人格を与えるための法律である。ところが、今回の宗教法人法改正は、オウム真理教が行なったような犯罪の抑止を目的としていたわけである。宗教法人法という法律は、たしかに宗教法人を対象にした法律である。しかし、その法律内部に宗教法人を処罰するような条項を加えるのは、まさに宗教法人法の精神に反することであり、それは刑法などに委ねられるべきなのである。「今回のオウム事件の教訓は、宗教法人法の不備ということではな

（3）　M・ウェーバー『支配の社会学I』（世良晃志郎訳、創文社、1960）42―43頁。

く、具体的な犯罪の容疑がある場合には、警察、課税庁など強制権を持つ官庁は、毅然とした対処をする必要があった」［本書186頁］ということであって、宗教法人法の改正によって対処するべき問題ではなかったということである。

日本では特殊なケースにも対応できるように法律を改正していくことがしばしば見られるが、そうしたやり方は、個別性が法律の一般性・普遍性あるいはその根本原理を侵食し歪めていくという状況を生み出す。宗教法人法の今回の改正はまさにそうした歪んだ改正なのである。

また、今回の改正は、宗教法人に書類提出を義務づけることなどによって、宗務課が宗教法人をそのクライアントにするという省有化が目指されていた点においても、言い換えれば、省庁に宗教団体を従属させるという意図の下で行なわれたという点においても、法改正に歪んだ形で存在の原理が介入しているのである。

6　公益性論批判―グローバリゼーションの下での「宗教と国家」

現在、社会貢献が各種の団体や組織に当然のように求められている。こうした社会風潮のきっかけとなったのが阪神・淡路大震災でのボランティアの活動である。１９９８年のＮＰＯ法の成立はそうした社会状況を反映したものである。その後、ボランティアの活躍は東日本大震災を含め災害発生時における一つの重要な焦点にすらなっている。宗教団体も例外ではなく、むしろ他の団体や組織に率先してボランティア活動などを行なうことを求められているかのようである。先にも述べたように、世俗化の進行に伴って宗教は行為の論理にコミットすること、活動的であることがまさに求められているのである。

しかしながら、こうした状況は、阪神・淡路大震災をきっかけに日本の人々が社会貢献に目覚めたからだけなのであろうか。

グローバリゼーションと新自由主義国家

阪神・淡路大震災が起きたのは1990年代半ばで、この時期は、社会主義国・ソ連の崩壊（1991年）にともなって東西冷戦構造が解消され、グローバリゼーションが本格的に展開し始めていた時期でもある。グローバリゼーションの進展が「宗教と国家」の関係に影響を及ぼすことはないかに見えるが、決してそうではない。

グローバリゼーションは、従来の国家のあり方に大きな変化をもたらしつつある。それは、国家と市場経済との関係の変化に顕著に現れている。企業活動が国内市場を中心に展開していた時代には国家は国内の企業間競争を見守るだけでもよかった。また、企業が問題を起こした場合には、現実にはそうではなかったが、国民生活を守るためにそれを厳しく取り締まることもできた。しかし、グローバリゼーションが進行して、企業間競争がグローバルに展開されるようになると、国家は国民生活を犠牲にしてでも企業を支えようとするようになる。たとえば、非正規雇用者ばかりではなく、働く者すべてに厳しく企業に有利な労働者派遣法改正などはその典型的な事例である。

また、福島原発事故後の原発プラントの海外輸出、防衛産業・軍需産業を利する「武器輸出三原則」の「防衛装備移転三原則」への転換や戦争法案とも呼ばれる安保法案なども、まさにそうした方向性を示す事例である。

国家の役割は、たとえどれほど偏ったものであったとしても、その構成員に対して富の再配分を行なうことにある。奴隷制国家の下では、奴隷への再配分はまさに限られたものでしかないであろう。これに対して、近代国民国家における国家の役割は、その主役である国民を焦点として富の再配分を行なうことにある。近代国家がその機能特化した各分野間の相互調整、たとえば農業、工業などの各種産業分野、教育分野、医療・福祉分野等々の相互調整を図る役割を担っているのも、国民が豊かな生活を送れるように富の再配分を行なうためである。

グローバリゼーションの進行は、国家にこの役割を放棄させる圧力となっており、その圧力をむしろ進んで引き受けていくのが新自由主義である。新自由主義経済体制の下での国民への富の再配分の特徴は、「企業が儲ければ、そのおこぼれが国民にも行き渡るはずだ」という「トリクルダウン理論」に依拠した杜撰かつ無責任なものである。

また、省有化やその結果生み出される省庁と企業との癒着も、新自由主義経済体制の徹底を目指すという観点から見ると、現在、それを抑止するどころか、むしろ推奨されていると言うこともできるかもしれない。新自由主義は非関税障壁となる省庁による規制緩和を求めるが、そのターゲットとなっている規制の多くは実は国民を守るための規制である。すなわち、新自由主義が求める規制緩和は強者を利し、市民生活をないがしろにするものに他ならない。

公益性論と宗教法人非課税論

新自由主義経済体制は、先に述べたナショナリゼーションの志向性と矛盾する。たしかにナショナリゼーションは、「他の国がどうなろうとも、我が国だけは」というエゴイズムを内包している。しかし、ナショナリゼーションには、いかにそれが建前に過ぎない場合が多いにしても、国民が主役であるという前提がある。ところが、新自由主義経済体制では、その前提はもはや捨て去られている。

では、国民の幸福はいかに確保するべきなのか。新自由主義にコミットする政治家や財界人たちも、表面上はそれが重要であると言わざるを得ない。特に選挙の洗礼を浴びる政治家はそうである。もしも国家財政が豊かであるならば、福祉政策に予算を投じればいい。しかし、日本は、自民党政権が内需拡大を求めるアメリカの圧力の下で１９９０年代に公共事業規模を過剰拡大した結果、法外な財政赤字を抱え込んでしまっている。地方自治体も、その影響で財政赤字が膨大なものとなっている。

そこで強調されるのが、家族や地域による相互扶助や支援であり、各種団体や組織の社会貢献である。公益性論はこうした脈絡の下でクローズアップされているのである。そして、宗教団体に対しても、公益性や公共性が要求されるという状況が生まれているのである。世俗化の進行に伴って行為の論理にコミットすることへの圧力に恒常的に曝され、また戦前、過剰なナショナリゼーションの下で国家に飼い馴らされた歴史をもつ宗教団体は、公益的な活動にコミットせよとの要求をはねつける勇気をもてないでいる。

しかし、こうした状況は、公益事業をおこなっているかどうかによって「よい宗教」と「悪い宗教」とを行政が分けていくことにも繋がりかねないあまりにも乱暴で危険な話しである。

カトリックの修道院も（中略）元来は社会と関わらないことが基本にあるのですね。こういう宗教は宗教ではないのか、宗教として価値がないのかという問題です。（中略）信仰の結果として、信仰を貫くためにぜひこういう事をしたいという動機があって生まれてくる公益的活動、社会的貢献であれば行ってもかまわないと思うのです。しかし宗教は公益的でないといけない、公共性がないといけないという理由で活動する方向に進むと、宗教を殺してしまいかねない［本書203―204頁］。

このような宗教団体をめぐる公益性論・公共性論は、宗教法人の非課税問題にすでに波及している。宗教法人や学校法人などの公益法人に対して日本では法人税の課税はおこなわれていない。「その一番の理由は、株式会社と違って収益を獲得して、それを関係者に分配する団体ではないから」［本書222頁］である。すなわち、日本における税の論理では「法人の非課税は公益性の有無」［本書217頁］とは関係がない。

ところが、「公益法人については、公益性があるから、つまり行政の肩代わりで社会貢献をしている団体だから税をかけずに保護している」という誤った「認識が蔓延して」しまっている。

そして、このような「公益性と非課税を結びつける論理」を立てると、「宗教法人は非課税だから、公益的な活動をしなければならない」というような「非常におかしなことに」なる［本書217頁］。

公益性論の現代的なルーツはグローバリゼーションにある。しかし、それは国民のためという仮面を被っており、正面切った反論を展開しづらいという厄介さをもっている。たしかにそうではあるが、宗教者は宗教法人と公益性とを結びつける論理の誤りを是非とも理解しなければならない。そして、ナショナリストの仮面を被って新自由主義に走る政治家こそ、近代国民国家の本来の役割を思い出し、公益性や公共性にコミットすべきなのである。

7　おわりに

利益を極大化しコストを極小化する市場経済＝貨幣万能主義、戦争による加害・被害を顧みない軍事＝暴力万能主義、倫理を無視した科学万能主義、国民を奴隷化する国家万能主義等々。世俗の人々はこれらの世俗万能主義に陥りがちである。宗教者に求められているのは、世俗万能主義を排し、個々の社会をそして世界を多元性・多様性に彩られたものにすること、そして、人々に新しい価値への道を開くことなのである。

そのためには、宗教者自身が宗教とはいかなるものであるのかを再確認し、またみずからの宗教的信念に自信をもつことを通して、世俗世界からの不当な要求に対しては毅然とした態度でそれを拒否することができるようにならなければならない——信仰の自由を侵し政教分離の原則に違反する古都保存協力税をまさに京都仏教会が廃止に追いやったように。本書が「宗教の自由」「宗教実践の自由」を尊重する宗教者の手助けになること、そしてジャーナリストを含む国民のすべてがこれらの自由の重要性を理解することを切に願う。

あとがき

駒澤大学名誉教授　洗　建

私は1935年京城（現・韓国ソウル）で生まれ、敗戦までの10年間、幼少期をその地で過ごした。私の父は朝鮮総督府鉄道省で鉄道建設の技師をしていたが、父も京城中学を卒業したと聞いていたので、私の一家は、祖父の代から、かなり早い時期に朝鮮に移住していたのだとは思っていた。しかし、いつ、どのような経緯で移住することになったのかは、つい最近まで知らなかった。両親ともすでに亡くなっており、知ることはできないだろうと考えていた。

そのヒントを得ることになったのは、日本統治時代の京城の小学校の連合同窓会である。私も誘われて1、2回出席したことはあったが、あまり興味がなくほとんど欠席していた。だが、姉は熱心に出ていたので、ある情報を得ることができた。韓国の若い女性の文化人類学者が、戦前の日本人京城居住者の「当時と戦後」について調査する目的で来日して、この同窓会に接触したのである。

姉はインタビューを受け、父も祖父も朝鮮総督府に勤めていたことを話した。すると「公務員であったのなら、韓国公文書館に人事記録が残っているから、調べてあげる」と言ってくれたのである。私は姉とともに東京のホテルで待ち合わせ、彼女からその記録を見せてもらった。

そこには、1914年に祖父が陸軍少尉を退官し、朝鮮総督府に任官したと記されていた。それを読んで、ハッとした。幼い頃に、軍服姿の誰かの写真が、部屋に飾られていたので「これは誰?」と祖母に聞いたところ、「これはお爺ちゃんよ。日露戦争(1904〜05)に行ったの」と聞かされたことを思い出したのである。その頃は何となく、戦争が終わったら当然、日本に帰ってきたものと勝手に想像していた。しかし、事実は違っていた。祖父は日露戦争終結後10年近く経ってから、朝鮮で軍隊を退官している。日本には帰っていなかったのである。

私はあらためて、日朝の近代史を調べ始めた。日露戦争の主戦場は、旧満州(中国東北部)の地である。日本軍は李王朝の承認もなく、朝鮮半島を経て満州に入った。だから、日露戦争は、まず日朝戦争として始まったのである。朝鮮軍を撃破して、満州に進撃した。そして、戦後になっても、日本は軍隊を帰国させず朝鮮半島に留めて、占領状態の中で、李王朝に日本の保護国となることを承認させる日韓協約を締結したのである。

矢継ぎ早に、数次にわたる協約を締結し、その中で朝鮮軍の解体、武装解除を強要した。当然、これを快しとしないかなりの数の朝鮮軍人は軍を脱走し、農村に潜んで農民や儒生と共に抵抗運動を展開した。初代朝鮮統監の伊藤博文は、日本軍を送って彼らを掃討した。時代遅れの火縄銃などで抵抗する農民達を、一村丸焼きにするなど、強硬な弾圧であったという。

1910年には日韓併合が行われ、朝鮮王朝は滅亡し、日本は朝鮮総督府を置いて総督が直接統治に当たった。朝鮮人も日本臣民であり、朝鮮半島は日本の国土とされた。反抗運動はその後も散発したが、抗日運動家達が中国などに逃れ、14年頃には半島内がほぼ鎮圧されたということである。その年に祖父は軍を退官して総督府に移籍し、家族を呼び寄せ、移住することにしたものであるらしい。１９００年生まれの父はその時14歳、いまだ中学生であったわけである。

私の記憶では、両親が朝鮮の人に威張り散らしたり、叱責したりする姿は見たことがなかった。むしろ、貧しい近隣の朝鮮の人には何かと親切にしていたように思う。日本の敗戦によって、警察権が朝鮮の自治警察の手に渡り、交通機関も彼らによって運営されるようになった。日本人の家には毎晩のように強盗が押し入ってきたが、それでも自治警察は取り締まらない。日本人であるだけで、市電にも乗せてもらえなくなった。幼い私には「なぜか？」という理不尽さの感覚が残った。

私の一家が日本に引き揚げてきたのは、45年の11月。山口県の仙崎港に着いて、初めて見る日本の景色や町の様子の中で、10歳の子供心に強く印象に残ったものが二つある。一つは、日本の山の緑の美しさである。紅葉をちりばめながら山を覆う緑の豊かさに圧倒された。それというのも、京城で見慣れた山は、いずれも赤茶けた山肌を露出した禿げ山ばかりであったからである。今のソウルの景観は全く違う。韓国の山もすべて緑に覆われている。京城の冬は寒い。緯度は仙台とほぼ同じなのだが、大陸続きの朝鮮半島はずっと寒かった。漢江が凍ると氷はその上をトラックが走れるほどの厚さになった。京城の山が禿げ山だったのは、燃料を買うことも出来ないほどの貧しさに追いやられた朝鮮の人々が、山の木を切って暖を取るほかなかったからなのである。

もう一つ心に刻まれた印象は、路上で肉体労働に従事している人が、日本語を話す日本人であることだった。子供の狭い見聞に過ぎないが、京城では肉体労働に就いている日本人は見たことがなかった。不思議とも思わず、それは朝鮮の人の仕事だと思っていた。朝鮮人も日本臣民であると言いながら、構造的な差別が厳然としてあったのだということを理解したのは後になってからだ。両親ら日本人が個人的に親切であったかどうかは関係ない。敗戦後、日本人であるだけで、電車に乗せてもらえなかったことも、当然だったのだと今では納得する。

私が宗教法を研究テーマとすることになった経緯は本文中に述べた。しかし、そのさらに奥深くには、私の個人史とも関係して、日本の近代とはいったい何だったのかという、より根源的な問いがあった。日本はアジアで唯一、いち早く近代化に成功した。しかし、その近代化は、西欧列強に対抗するための富国強兵に資する技術や産業、制度の導入に限られていて、近代文明を支えていた西洋の価値観の導入は拒絶した。

その方針は「和魂洋才」と称されたが、「和魂」とは、吉田松陰などを通して明治政権と結びついた国学の精神であった。その国学には独善的な日本の優越感（大和魂）、万邦無比の国体観（天皇の特殊性）がつきまとい、本居宣長の思想にもすでにそれが垣間見られる。こうした思想が「朝鮮半島はわが国防衛の生命線」という考えにつながり、アジア侵略に導くことになった。日清・日露戦争の勝利体験は日本人の間に、西洋への劣等感の裏返しとして、朝鮮、中国をはじめとするアジア諸民族に対する「蔑視」の感情を広範に植え付けた。

しかし結果は、第二次世界大戦の悲惨な敗戦となり、ＧＨＱによって近代国家の普遍的価値としての「個人の尊厳（基本的人権）」に基づく民主主義がもたらされた。現行憲法前文には、主権在民、人権の尊重、平和主義が高らかにうたわれている。この憲法はアメリカの押しつけ憲法であるとして、自主憲法制定を主張する勢力があり、現政権によって憲法改正の動きが一段と顕著になってきている。しかし、押しつけられたのは当時の支配権力とその流れをくむ者達なのであって、大多数の国民は現行憲法を喜んで受け入れたのである。

改憲派は、「天賦人権論」は日本の伝統にはそぐわないと主張するが、仏教の「一切衆生悉有仏性」の思想には、個人の尊厳に相通ずるものがあり、わが国の思想的伝統の中にその基盤となり得るものがなかったとは言えない。明治初期にはルソーの『社会契約論』が『民約論』として部分訳され、これに基づく自由民権運動が知識人や民衆の間に広く展開したのである。明治憲法制定時には、政府が定めた「大日本帝国憲法」よりはるかに民主的な民間の憲法草案が数多く発表されている。民権運動は、明治政権によって圧殺された。そして、今また同じような危機が再現しようとしている。

敗戦後、国家体制の基本理念として、憲法で近代国家の普遍的価値が確立された。だが、実際の政治の実情において、この理念が実現されているかどうかは、また別の問題である。憲法は立法、行政、司法の三権を分立して統治権力の相互チェックを求め、中でも国民によって選ばれた国会が国権の最高機関であると定めているが、わが国の実情をみると行政府が際立って優位に立っていると思われる。わが国の法律は90%以上が政府提案、つまり官僚によって作られている。その法文には行政の裁量による運用解釈の余地を滑り込ませてあり（いわゆる霞ヶ関文学）、現実には「法の支配」というより、かなり恣意的な官僚支配の傾向がみられる。一方、立法府では、議員達は党議拘束によって縛られ、討論の過程で議員個人の判断で自由に意見を変えることができない。立法府はあたかも政府提案の追認機関に成り下がったかのようにみえる。

司法府も、訴訟の当事者が共に民間人である民事事件はともかく、一方の訴訟当事者が行政機関たる検察である刑事事件では有罪率が9割以上という異常な高さであり（起訴便宜主義という訴訟制度も関係しているのではあるが）、国に対する行政訴訟でも被告の国側の勝訴が圧倒的に多い。それというのも、明治以来の伝統として、審判者である判事と行政機関である検事が、判検交流という人事交流をしており、本来は中立の判定者であるはずの判事が、訴訟の一方の当事者と常に交流しているからである。

このような現実を考えると、国民の厳粛な信託により、人民の意志によって統治権力が構築されているというよりも、昔ながらの「お上」が「下々」に対して上からの統治を行っているかのような側面が、いまも色濃く残っているように思われてならない。

本書ではこのような諸問題を宗教に係わる側面から述べてきたつもりである。企画段階から編集、出版に至るまで、あらゆる面でお世話下さったのは、臨済宗相国寺派宗務総長・佐分宗順氏、龍谷大学教授・田中滋氏、同志社大学教授・田中治氏、京都仏教会事務局長・長澤香静氏、大本山相国寺寺史編纂室研究員・藤田和敏氏、そして中外日報社取締役東京本社代表兼論説委員長・津村恵史氏である。これらの方々に引っ張って頂かなくては、怠惰な私の力では、本書が日の目を見ることはなかったであろうと思う。この場を借りて深く感謝申し上げたい。

2016年7月

終わりに

相国寺教化活動委員会委員長　佐分　宗順

今我々にとって風化させてはいけない歴史がある。目を背けたい過去に蓋をして、目先の利益にしか目を向けることができなくなっている我々現代人にとって、過去の出来事を今の時点にたぐり寄せて、検証してみることは、同じ過ちを繰り返さないためにも大きな意味があると思う。京都仏教会とともに取り組んできた運動を次世代に伝えることは今の我々の使命である。

古都税反対運動問題は、それ以降、京都仏教会の活動の原点となった。鹿苑寺、慈照寺を抱える本山である相国寺は、京都仏教会の主要なメンバーとして、この問題とその後の景観問題や宗教法人法問題などに取り組んできた。それは国家や行政に対する反対運動であると同時に、宗教団体である寺院内部の対立や寺院対寺院の対立を引き起こした。その結果教団内部に対する説得と啓発に多くの力を投入しなければならなかった。しかしその努力が京都仏教会の主張のただしさを証明することとなり、小さな団体であっても運動を持続する力を与えた。

何故寺院は対立しなければならなかったのか。明治の近代国家成立以来、寺院けそれまでの経済的基盤であった天皇家をはじめとする時の権力者たちの外護や寺領などの経済的基盤を失い、自らの自治の確立と経済的自立の道を切り開らかなければならなかった。その中で近代国家の貨幣経済の構造に呑み込まれ翻弄され、自らの立ち位置を見失ってきたという実情があった。結局多くの教団は先の第2次世界大戦をはさんで、あまり振り返りたくない負の歴史の遺産を抱えて「お上のいうことに逆らうことはできない」、「世間体が悪い」、「悪者にはなりたくない」、「自分たちの金銭的な損失がなければいいではないか」という極めて世俗的な考えが教団内部で支配的になり、その姿勢が問題に立ち向かおうとする動きに警戒心を抱き、かかわりを断とうとする動きにつながったのではないか。

寺院も近代社会の経済構造の中で生きて活動している以上、そのシステムから離れることはできない。それでもその構造の中で生きながらも寺院を世俗と隔てるものは、あらゆるしがらみから自由な存在であり、誰よりも権力や権威から自由であろうとする宗教者の姿勢である。

千年以上の歴史を持つ仏教の伝統はたかだか百年の歴史しか持たない近代国家に先立つ。その時々の都合で政策を変更し、基本的人権を支える信教の自由や政教分離の解釈を変え、宗教政策を変える国家を、千年の歴史の伝統を継承するものの視点で批判していくことが伝統仏教の使命ではないか。信教の自由や政教分離の考え方は長い宗教の歴史の中から生まれてきたことを念頭に置いて我々は国家に対していかなければならない。我々のこういう動きは、変化を好まない一部の既成仏教の寺院にとってはやっかいな存在であると考えられている。この状況を克服し同じ仏教者として協力し合わなければ仏教はその本来の力を取り戻すことは難しい。

そうした中、相国寺や京都仏教会の運動を側面から支えたのがこの座談会に参加していただいた、洗建氏をはじめ、座談会の座長を務めていただいた田中滋氏、田中治氏である。古都税問題の後、社会的批判を浴び、あまりよくないイメージでとらえられていた京都仏教会に対して、関係を避けようとする多くの学者や社会的立場のある人々がいる中、その批判をよそに顧問として力を貸していただいた。また京都仏教会が反対運動に慎重になった時には、「ほかの団体ができないことをやるのが京都仏教会ではないか、普通のことをやるのなら京都仏教会の存在意義はない」と激励していただいたこともあった。この人たちの存在が我々を励まし、運動を支えた。

この座談会の出版を提案したのは田中滋氏である。洗建氏の思想や論理はその著作から学ぶことはできるが、研修会や講演の後、洗氏を囲む雑談の中で気づかされる貴重な話がある。それを座談会の形式を借りて引き出したいというこの目論見はどこまで成功したかわからないが、理論や思想とともに、我々の運動を支えたものをくみ取ることができていればと思う。

そして現在もっとも精力的に現代社会の諸問題に取り組んでおられる佐藤優氏を囲んで座談会を開くことができたのは望外の喜びであった。われわれの組織の枠を離れて、新しい視点でご批評いただいたことで、この本の幅を広げて頂けたと思う。多忙の中時間を割いて頂いた佐藤氏に感謝申し上げる。

最後にこの八回にわたる長時間の座談会を快く引き受けていただいた駒澤大学名誉教授洗建氏、座長を務めていただいた龍谷大学教授田中滋氏、同志社大学教授田中治氏、京都仏教会事務局長・長澤香静師、中外日報社取締役東京本社代表兼論説委員長・津村恵史氏、大本山相国寺寺史編纂室研究員・藤田和敏氏に感謝申し上げる。この方々の力によってこの本は出来上がった。

2016年7月

洗　建（あらい・けん）
1935年、朝鮮・京城（現・韓国ソウル）生まれ。早稲田大学大学院修士課程修了。東京大学大学院博士課程満期退学（宗教学）。東京大学助手、文化庁宗務課専門職員、駒澤大学助教授、教授を経て、現在、同名誉教授。編著書に『宗教と法制度』（相国寺教化活動委員会）、『国家と宗教―宗教から見る近現代日本』（田中滋と共編、法藏館）、『日本の宗教』（共著、大明堂）、『占領と日本の宗教』（同、未来社）などがある。

田中　滋（たなか・しげる）
1951年、兵庫県生まれ。京都大学大学院博士課程満期退学（社会学）。追手門学院大学教授を経て、現在、龍谷大学社会学部教授。編著書に『国家と宗教―宗教から見る近現代日本』、『宗教法人へのまなざし―宗教法人法改正をめぐって―』（相国寺教化活動委員会）、『里山学講義』（共著、晃洋書房）、『都市の憧れ、山村の戸惑い』（編著、晃洋書房）などがある。

田中　治（たなか・おさむ）
1952年、愛媛県生まれ。京都大学法学部卒業、京都大学大学院修士課程修了、京都大学大学院博士後期課程研究指導退学。京都大学博士（法学）。大阪府立大学経済学部教授・同学部長を経て、現在、同志社大学法学部教授。編著書に『アメリカ財政法の研究』（信山社）、『租税行政と権利保護』（共編著、ミネルヴァ書房）、『現代税法講義』（共著、法律文化社）、『租税判例分析ファイル』（共編著、税務経理協会）などがある。

佐藤　優（さとう・まさる）
1960年、東京都生まれ。同志社大学大学院神学研究科修士課程修了後、外務省に入省。対ロシア外交のスペシャリストとして活躍し、「外務省のラスプーチン」などといわれた。鈴木宗男氏の事件に絡んで逮捕され失職、現在は文筆家として評論など幅広く活躍する。独自の視座からの国際情勢分析に定評がある。同志社大学神学部客員教授。『獄中記』（岩波書店）、『聖書を読む』（共著、文藝春秋社）、『プラハの憂鬱』（新潮社）など共著を含め著書多数。

国家を超える宗教

発行日	2016年12月15日　初版第1刷発行
編　者	田中 滋
監　修	相国寺教化活動委員会 〒602-0898 京都市上京区今出川通烏丸東入相国寺門前町701 大本山相国寺内　TEL.075-231-0301
発行所	東方出版株式会社 〒543-0062　大阪市天王寺区逢阪2-3-2 TEL.06-6779-9571　FAX.06-6779-9573
装　丁	森本 良成
印　刷	株式会社中外日報社 〒601-8004　京都市南区東九条東山王町9 TEL.075-671-3211　FAX.075-671-2140

乱丁・落丁本はお取替え致します。　ISBN978-4-86249-273-9